Das Identitätsproblem des Christentums im Lichte der Tiefenpsychologie

Hanna Wolff

Neuer Wein - Alte Schläuche

Redaktion: Wolfgang Erk

CIP-Kurztitelaufnahme der Deutschen Bibliothek

Wolff, Hanna:
Neuer Wein – alte Schläuche:
d. Identitätsproblem d. Christentums im Lichte
d. Tiefenpsychologie / Hanna Wolff.–
3. Aufl. – Stuttgart: Radius-Verlag, 1985.
  (Radius-Bücher)
  ISBN 3-87173-590-6

1. Auflage (1.–10. Tsd.) Herbst 1981
2. Auflage (11.–15. Tsd.) Frühjahr 1983
3. Auflage (16.–20. Tsd.) Herbst 1985

ISBN 3-87173-590-6
© 1981 by RADIUS-Verlag GmbH Stuttgart
Umschlag: Gerhard Schröder
Gesamtherstellung: Clausen & Bosse, Leck
Printed in Germany

Inhalt

Selbstidentität der Christen?

»Niemand setzt ein neues Stück Stoff auf ein altes Kleidungsstück, denn das neue Stück reißt doch nur wieder aus, und dann wird das Loch noch größer.

Es füllt auch niemand frischen Wein in alte Schläuche. Tut er es doch, platzen die Schläuche, der Wein fließt aus, und die Schläuche sind auch hin. Neuen Wein füllt man in neue Schläuche. So erhält sich beides.«[1]

Dieses Wort ist zentral charakteristisch für Jesus. Es ist anschaulich. Daß mit den Schläuchen die zusammengenähten Tierfelle gemeint sind, die damals als Weinbehälter dienten, dürfte bekannt sein.

Das Wort *neu* ist tatsächlich so bezeichnend für Jesus wie kaum ein anderes. Das gesamte Neue Testament verwendet es durchgehend, und noch das letzte Buch, die Offenbarung, sagt von ihm: »Ich mache alles neu.«[2]

Mit besonderer Betonung sagt Jesus in diesem Wort, daß nicht nur der Inhalt seiner Botschaft neu sei, sondern daß dieser neue Inhalt auch unbedingt neue Schläuche verlange, das heißt dem zentralen Bezug wirklich entsprechende Vollzugsweisen, gemäße Begriffe, Anschauungsformen und Orientierungen, schließlich eine neue gemäße Weise der Auseinandersetzung mit der Umwelt, damals und heute. Das Wort neu umfaßt also das gesamte Problem der *Selbstidentität des Christen* oder des christlichen Existenzvollzuges.

Indem Jesus so deutlich Inhalt und Erscheinungsweise aufeinander bezieht, erteilt er aber eine uneingeschränkte Absage an alle *Harmonisierung*, an alle Angleichung oder Vermengung. Wir sind nicht aufgefordert, von irgendwoher eigentlich doch noch recht gute, bestens erhaltene oder noch brauchbare Schläuche herbeizubringen. Altes und Neues soll vielmehr *nicht* harmonisierend vermengt werden. Der neue Inhalt verlangt *neue* Schläuche. In diese Perspektive muß also die Frage nach der Selbstidentität des Christen gestellt werden, die Frage: Ist er, was er sein *kann*, ist er, was er sein *soll*?

Beide Fragen sind zu verneinen, weil der Christ, die Christen, die Kirchen, die Theologie seit eh und je gerade auf Harmonisierung eingestellt waren und sind, diametral entgegen dem Wort vom neuen Wein und den neuen Schläuchen. Wieso?

Bereits um die Mitte des 2. Jahrhunderts n. Chr. trat *Marcion* vor die christliche Gemeinde mit der Anklage, daß sie das Neue Testament nicht rein erhalte, vielmehr vermenge und harmonisiere, speziell mit den ganz anders gelagerten Anschauungen des Alten Testamentes und seiner Gesetzesreligion. Er stammte aus der am Schwarzen Meer gelegenen Stadt *Sinope*. Um das Jahr 85 wurde er als Sohn des dortigen Gemeindevorstehers geboren. Marcion muß hier erwähnt werden, denn er berief sich grundlegend und immer wieder auf unser Wort vom neuen Wein und den alten Schläuchen! Sein Einspruch zeigt zugleich, daß es um ein altes, mit der Entstehung des Christentums gesetztes Problem geht, um ein Grundproblem, nämlich speziell des Verhältnisses zum Alten Testament. Die hier sich ergebenen Spannungen hat sich die Christenheit, haben sich die Theologen jederzeit bemüht zu entspannen und auszugleichen. Der Psychologe wird urteilen: Die Tendenz zur Harmonisierung steckt dem Christen mithin von den ersten Anfängen her im Blute, er ist, so wird er vermuten müssen, ein von Geburt an Behinderter, *an der Findung echter Selbstidentität Verhinderter*. Es werden wahrscheinlich nicht viele Christen den Mut haben, sich diese Tragödie zu vergegenwärtigen und die notwendigen Konsequenzen zu ziehen. *Marcion* hatte ihn.

Marcion war ein genialer Christ. In einer der Harmonisierungstendenz bereits völlig ergebenen Gemeinde hörte er aus der Stimme Jesu das Einzigartige, das Unvergleichliche, das unbedingt Neue. Im Prolog seines Werkes *Antithesen* ruft er: »Oh Wunder über Wunder, Verzückung, Macht und Staunen ist, daß man gar nichts über das Evangelium sagen, noch dasselbe denken, noch es mit irgend etwas vergleichen kann.«

Marcion stammelt vor Begeisterung. Er ist von der in Jesu Wort und Leben uns nahekommenden liebenden Zuwendung schlechthin ergriffen. Dieses Grunderlebnis bedeutet zugleich eine Wandlung des Gesamtmenschen: »Von der barmherzigen Liebe ergriffen und ihr sich im Glauben hingebend, ist der Erlöste in eine Sphäre erhoben, an welche die Legalität nicht heranreicht. « Jesus ist ein *einzigartiges Phänomen*, hier sind wir *jenseits jeder Legalität*. Mit beiden Aussagen hat *Marcion* grundrecht, mit beiden Einsichten ist er selbst ein Phänomen in einer nichtverstehenden Umwelt, die ihn denn auch im Jahre 144 in Rom als Ketzer aus der christlichen Gemeinde ausschloß. Aber die treffende Frage, die er an seine Gegner richtete, blieb unbeantwortet, diese Frage, was denn Christus eigentlich Neues gebracht habe, wenn alles schon im Gesetz und in den Propheten enthalten oder vorgezeichnet war? Und den Vorwurf, daß sie ein judaisiertes Evangelium hätten, konnten sie ebensowenig widerlegen.

Marcions Werk *Antithesen* hat *Adolf von Harnack* aus den Widerlegungen des Tertullian im wesentlichen rekonstruiert.[3] Wir gehen nicht weiter auf jene anderen Elemente *Marcions* ein, die zeitbedingt und nicht zu wiederholen sind. Wir haben die beiden hier interessierenden Punkte hervorgehoben, die *Marcion* zu einer ganz großen Gestalt in der Geschichte der christlichen Selbstfindung machen.[4]

Und nun überspringen wir die Jahrhunderte. Wie steht es heute mit *Marcions* Frage: Was ist denn eigentlich neu an Jesus, wenn alles Wesentliche im Alten Testament bereits enthalten oder vorgebildet ist? Was wissen denn Christen heute zu antworten?

Wenig – darf man summarisch antworten. Die bestimmende Tendenz ist vielmehr die, daß man entschieden zu betonen sich gedrungen fühlt: »Jesus wurzelt mit seiner Verkündigung viel stärker im Judentum, als das frühere Forschergenerationen annahmen. «[5]

So werden zum Beispiel die kommenden evangelischen Religionslehrer vorweg belehrt. Also noch mehr Harmonisierung! Und auch sonst, in Gemeinde und Theologie, schwimmen wir in Harmonisierungstendenzen.

Das fing in der Neuzeit mit einem so bedeutenden Forscher wie *Rudolf Bultmann* an. Man hat ihm mit Recht nachgesagt, daß er eine neue Epoche neutestamentlicher Forschung eingeleitet habe, sicherlich in wesentlichen Beziehungen, sicherlich nicht, was sein Jesusbild anlangt. Sein Jesusverständnis ist magerer und dürrer denn je. Kommen wir doch gleich zu dem zusammenfassenden Ergebnis seiner Jesusanschauung. »Mit alledem«, so schreibt er in seinem Jesusbuch, »steht Jesus im Rahmen des echten Judentums, und seine Eigenart besteht *nicht* darin, daß er besonders originelle Gedanken über Gott und Welt vorgetragen hätte, sondern darin, daß er den Gottesgedanken des Judentums in seiner Reinheit und Konsequenz erfaßt hat. «[6]

Dies ist schlechthin ein Tiefpunkt der Jesusforschung, und diese Worte sind in der Bultmann-Schule vielfach und darüber hinaus wörtlich nachgesprochen worden. Was ist an diesem Jesus schon dran? – Offenbar doch nicht viel, jedenfalls nichts Originelles, wie ihm ausdrücklich bescheinigt wird! Darum hat er denn auch nichts hinzugetragen, sondern durchweg Vorhandenes nur besser interpretiert. Jesus ist ein Rabbi wie viele, aber ein Jude genuiner Art, der sein Judentum richtig verstanden hat. Was ist hier von der unverwechselbaren Eigenheit Jesu verstanden? Offenbar doch wenig, eigentlich nichts. Bedauerlich ist auch, daß Bultmann den zitierten Satz bis zum Schluß in den vielen Auflagen, die sein Jesusbuch erlebt hat, unverändert hat stehenlassen. Obwohl er selbst es war, der diffizile Methoden herausgearbeitet hat, die eigensten Worte Jesu aus der Traditionsmasse herauszufinden, haben solche Entdeckungen doch nicht zu einer vertieften Interpretation Jesu selbst geführt. Sein Programm der Entmythologisierung, das einen vom Schutt der Überlagerungen befreiten Jesus der Gegenwart bringen will, hat uns einen neuen, wenig ansprechenden Mythos beschert: Jesus, der ideale und konsequente Jude!

Aber eine solche debasierende Anschauung ist zugleich Rufmord an den Christen. Wenn es stimmt, daß sich »keine originellen Gedanken« bei Jesus finden, jedoch »Judentum in seiner Reinheit«, was sind wir Christen dann? Dann können wir selbst doch auch nur glaubensmäßig unoriginell sein und zuhöchst Judentum in seiner Reinheit vertreten. Nennen wir uns aus solchen Gründen ausgerechnet *Christen*?

Ist von Selbstidentität der Christen einerseits, von ihrer Beziehung zum Judentum andererseits die Rede, dann ist ein beispiellos dramatisches Ereignis der *Synodalbeschluß* der Rheinischen Kirche vom Januar 1980. Jahrelange Vorbereitung sollte dazu helfen, daß theologisch, sachlich, menschlich das Verhältnis zum Judentum mit wirklicher Entschiedenheit, mit Mut und Gründlichkeit neu durchdacht werde. Denn mit Recht stand man unter dem Eindruck, daß vieles vor dem Vernichtungsgreuel an den Juden Gesagte nun nicht mehr in derselben Weise wiederholt werden könne. Was aber tatsächlich als weisendes Wort der Landessynode beschlossen worden ist, stellt, was Harmonisierung und Angleichung anlangt, eine einsame Spitze dar, die in der gesamten Kirchengeschichte ihresgleichen nicht hat. In diesem offiziellen Kirchendokument ist Harmonisierung derart vorangetrieben, daß sie der christlichen Selbstaufgabe gleichkommt. Es hat darum entsprechende Kontroversen in der gesamten Ökumene ausgelöst. Dabei fehlt es nicht an Kritik, aber solche Kritik ist nur einzelnen Blitzen bisher vergleichbar, die über einen Gesamthintergrund von irregeleitetem Enthusiasmus zucken.

Zentral bestimmend ist der Anstoß, den der Synodalbeschluß an dem Wort »neu« nimmt. Wir wollten das »neue Gottesvolk«, der »neue Bund« sein, und so wurde durch die Jahrhunderte das Wort »neu« in der Bibelauslegung gegen das jüdische Volk gerichtet. »Dadurch haben wir uns« nicht nur an der spirituellen, sondern auch »an der physischen Auslöschung des jüdischen Volkes schuldig gemacht«. Daran ist etwas sehr Richtiges, ich bin ebenfalls allergisch gegen das »neue Bundesvolk« und das »geistliche Israel«, das ich als Christ sein soll. Aber ich polemisiere gegen die genannten Bestimmungen aus ganz anderen Gründen, darum nämlich, weil wir sie nicht nötig haben, weil sie genuine Gradheit des christlichen Selbstverständnisses verbiegen und pervertieren. Wir brauchen diese Anlehnung an das Judentum, die eine deutliche Suche nach Legitimierung jederzeit war und ist, in gar keiner Weise. Der Christ ist Christ, indem er sich auf Christus beruft, und jede andere Legitimationssuche indiziert lediglich Mangel an vollmächtiger Jesusrelation. Aber nun kommt das Wort »neu« im Neuen Testament vor, und Jesus erklärt ausdrücklich das meiste seiner religiösen Umwelt für »alte Schläuche«, in die er seinen »neuen Wein« nicht gießen will. Und darum ist es mehr als verständlich, daß der Synodalbeschluß im Fortgang mit diesem makabren Wort nicht mehr so recht zugange kommt. Er kann auch nicht all die notwendigen Konsequenzen aus seiner Grundabsicht ziehen, auf keinen Fall in »Gegensatz« zu treten. Denn die bündigste und grundlegendste Folgerung müßte doch nun zweifelsohne die sein, daß wir in Zukunft auch aufhören, von einem »Neuen« Testament zu reden, denn jedes neue Testament tritt zum vorausgegangenen in Gegensatz und hebt es auf. Welch eine Perspektive! Oder soll man lieber sagen: Welch eine Kirchensynode! Noch richtiger wäre psychologisch zu sagen: Das ist kein Sachdenken, sondern in solche Sackgassen führt Zwangsdenken, hier Denken unter dem Zwange des Holocaust-Komplexes.

Die ausführliche und psychologisch grundsätzliche Auseinandersetzung mit dem fraglichen, tatsächlich sensationellen Synodalbeschluß folgt später. Zur Kennzeichnung des Tatbestandes, wie es tatsächlich mit unserem christlichen Selbstverständnis bestellt ist, sei hier nur noch bemerkt: »Wir bekennen uns zu Jesus Christus, dem Juden, der als Messias Israels Retter der Welt ist und die Völker der Welt mit dem Volk Gottes verbindet.« Und entsprechend wird unsere Kirche verstanden als »durch Jesus Christus in den Bund Gottes mit seinem Volk«, letzteres ist das jüdische Volk, »hineingenommen«. Hier wird das Zwangsdenken immer offensichtlicher, und das genuine christliche Selbstverständnis rinnt völlig aus. Und auch viel Theologie ist in den genannten Sätzen nicht enthalten. Denn zunächst ist Jesus Christus nicht »Messias Israels«, er hat sich selbst definitiv *nicht* so verstanden, was auch die raffiniertesten exegetischen Winkelzüge der Gegenwart uns nicht aufschwatzen können. Und Israel selbst hat Jesus *nie und nimmer* als seinen Messias anerkannt, und darüber können auch die etwas höflicheren Worte der Ablehnung, deren man sich heute bedient, nicht hinwegtäuschen. Besonders aber mache ich darauf aufmerksam, daß man, unfrei durch »Zwangsdenken«, wiederum tut, was man ja doch eigentlich um keinen Preis will, nämlich man übt Zwang gegen oder wider Israel, Jesus soll ihnen doch als Messias aufgezwungen werden. So ist die Prämisse bereits unbillig.

Und dann wird weiterhin postuliert, daß die »Welt und die Völker der Welt« durch jenen »jüdischen« Messias zum Heile kommen, indem sie durch ihn »mit dem Volk Gottes«, das ist Israel, verbunden werden. Das ist eine unbiblische Aussage. Paulus hatte dafür leidenschaftlich gekämpft, daß es einen direkten Zugang zu Jesus und Gott gebe, daß niemand durchs Judentum in irgendeiner Form hindurchmüsse. Jenes bestimmende Bundesdenken, in jenen »Bund« von einst zwischen Gott und Israel sollen wir ja »hineingenommen« werden, ist ebenso archaisch wie anachronistisch. Es ist psychologisch Aufforderung zur Regression, solches einem modernen Menschen zuzumuten, der in Ost wie West, Nord wie Süd unterdessen etwas von freier Persönlichkeit gehört hat.[7]

Doch fügen wir noch zwei weitere kurze Konkretisierungen hinzu, um die Dringlichkeit wie die Problematik zu unterstreichen, die der Frage nach der christlichen Selbstidentität gerade in der Gegenwart eignet.

Die Vertreterversammlung der *Evangelischen Akademikerschaft* zieht auf einer Tagung aus solchen verwirrenden Gedankengängen denn auch noch unhaltbarere Folgerungen. In ihrer Entschließung lesen wir: »Wir als ›Heiden‹ – die also nicht zum sogenannten Bundesvolk der Juden gehören – glauben an Gott durch Jesus Christus; die Juden bedürfen dieses Mittlers nicht, da Gottes Bund mit seinem Volk ungekündigt ist.«[8] Wir brauchen Christus, die Juden brauchen ihn nicht, denn sie haben ihren privaten Heilsbund mit Gott. Das sagen ernstzunehmende Christen! Gibt es keinen einzigen unter diesen Gebildeten, der sich daran erinnert, im Konfirmandenunterricht den Bibelvers gelernt zu haben: »Es ist in keinem anderen Heil, ist auch kein anderer Name unter dem Himmel den Menschen gegeben, darin wir sollen selig werden«[9], nämlich der Name Jesu Christi? Und gibt es niemand unter den Betroffenen, der sich weiterhin daran erinnert, daß es der Jude Petrus ist, der so spricht? Die Relativierung des eigenen Glaubens ist hier so unumwunden brutal ausgesprochen, daß der Vorgang zu einem sachlichen Skandal wird. Man muß sich fragen: Wo gibt es heutzutage denn überhaupt noch gegründete und klar bewußte Selbstidentität der Christen?

Jedenfalls nicht unbedingt in der Theologie. Dazu sei noch ein letzter Beleg beigebracht. *Ulrich Wilckens* schreibt in seinem übersetzten und kommentierten *Neuen Testament*: »Jesus legt die jüdische Gesetzesüberlieferung im Sinne der von ihm selbst gelehrten vollkommenen Gerechtigkeit aus. Jesu Lehre hebt die Forderungen des Mosegesetzes keineswegs auf. Er lehrt im Gegenteil ihre unverbrüchliche, ewige Geltung. Denn das Mosegesetz fordert Gerechtigkeit, das heißt ein Tun, das dem Willen Gottes voll enspricht. Jesu Jünger sollen in diesem Sinne Gerechtigkeit üben und darin die Lehrer und Frommen der jüdischen Umwelt übertreffen.«[10] Die Christen sind also in Glaubensdingen und sollen sein: *die besseren Juden*, das ist eindeutiges Resümee dieser völlig unjesuanischen theologischen Begriffsklitterei. Man tut im übrigen wohl niemand Unrecht, wenn man abschließend feststellt, daß das letzte Zitat ungefähr die Durchschnittsmeinung der meisten Christen und Theologen darstellt.

Mit der christlichen Selbstidentität ist es also, wie wir mit eklatanten Belegen illustriert haben, schlecht bestellt, nicht nur bei einzelnen unklaren Köpfen, sondern an Haupt und Gliedern überhaupt.

So war es schon zur Zeit des Marcion, so ist es sogar schon im Neuen Testament, wie wir bei Erörterung der folgenden Einzelfragen sehen werden. Die auszusprechende These ist die: *Das Christentum ist bisher nie wirklich aus dem Schatten des Judentums herausgetreten!* Das ist seine Schuld, das ist seine Tragik, das ist sein Existenzproblem.

Dieser letzte Satz hat keinen polemischen oder gar antisemitischen Ton. Dieser Punkt muß wohl recht klargemacht werden. Sicherlich ist es eine Schande, die die gesamte Völkerwelt zu tragen hat, wenn die Frage der Existenz Israels heute immer noch diskutiert und teilweise auch verneint wird. Sicherlich haben wir dem leidgeprüften jüdischen Volk weitherzig und tatkräftig helfend entgegenzukommen, viel tatkräftiger jedenfalls, als das heute tatsächlich geschieht. Dieses Buch denkt also nicht von ferne daran, irgendeine antijüdische Tendenz zu verfolgen. Und wer ihm trotzdem eine solche nachsagen sollte, macht sich der Verleumdung schuldig.

Aber – dem Judentum entgegenkommen zu wollen, indem man in religiöser Hinsicht objektiv bestehende Gegensätze vertuscht, verharmlost, ja leugnet, das ist keine genuine oder fruchtbare Art des Entgegenkommens. Ein solches Vorgehen, das heutzutage aus psychologischen Gründen, die wir nennen werden, auf eine extreme Spitze getrieben ist, ist etwas ganz anderes, nämlich: eigene Unklarheit, Gleichgültigkeit und Verleugnung der eigenen Sache, subjektiv Unaufrichtigkeit und oft abgrundtiefe Dummheit.

Ob es sich überhaupt noch lohnt, sich auf die Selbstidentität der Christen zu besinnen? Vielleicht nicht mehr, viel Zeit ist einer evangelischen Christenheit, in der in Deutschland zum Beispiel im Durchschnitt nur noch drei Prozent der Bevölkerung in die Kirche gehen, jedenfalls nicht mehr gelassen.

Viel Zeit, zu sich selbst zu kommen, ist besonders darum nicht mehr, weil das abendländische Christentum in ein höchst alarmierendes Entwicklungsstadium getreten ist: Es genießt in vollen Zügen offizielle Repräsentationsgeltung, dies bei Staatsakten verschiedenster Art. Jeder dieser Akte treibt einem doch die Röte der Angst ins Gesicht, weiß und sieht man doch, daß kaum eines der sich beugenden frommen Gesichter in der Nachfolge Jesu steht. Unangefochtene Repräsentationsgeltung ist kollektiv vollzogene Vergleichgültigung. Das ist ein muribundes Entwicklungsstadium.

Was immer die guten oder schlechten Aussichten, die katastrophalen oder erdrückenden Perspektiven sein mögen, es ist ein sich zur Wehr setzender, auflodernder Lebensimpuls, der uns sagen läßt: *Wir wollen endlich aufhören, die »besseren Juden« zu sein, wir wollen Christen, wir müssen wir selber sein!*

Entprojizierung des Forschers

Judentum und Christentum fühlen sich heutzutage gedrungen, insbesondere unter dem Eindruck des Holocaust-Horror, mit neuer Verstehensbereitschaft aufeinander zuzukommen. Das kann natürlich nur gelingen, wenn man redlich, wahrhaftig, sachlich und wissenschaftlich verfährt. Bei einem solchen objektiven Vorgehen wird sich unvermeidlich zeigen, daß entgegen heutiger Oberflächenansicht die Gegensätze zwischen Judentum und Christentum sehr viel größer sind, als man meint oder sogar gelten lassen möchte. Aber solche Gegensätze schließen Sympathie und Toleranz von Mensch zu Mensch natürlich in keiner Weise aus. Auf die Breite der laut und kämpferisch geführten Auseinandersetzung gesehen, ist man von einer solchen Grundhaltung jedoch recht weit entfernt.

Im Gegenteil, heutzutage beherrschen ausgesprochen Emotionen die Debatte. Man bedient sich halb- oder gar nicht wissenschaftlicher Mittel, um seine Behauptungen durchzusetzen oder um bestehende Verschiedenheiten und sich ausschließende Fakten hinwegzudeuten. Man ist unwahr und feige, ideologiebesessen oder unterwürfig. Man fragt sich, warum verhalten sich Menschen so, die es besser wissen könnten und müßten? Mit echter menschlicher Begegnung und echter sachlicher Wahrheitsforschung hat vieles, ja vielleicht sogar das meiste auf diesem Kampffeld wenig zu tun. Die entscheidende Antwort ist offensichtlich, daß sich die Menschen so verhalten, wie sie eben sind, zu oft selbst verwirrt und darum noch mehr Verwirrung stiftend, zu oft anmaßend und Rivalität noch anfeuernd. Es handelt sich also zentral um ein psychologisches Problem der agierenden Menschen. Um welches?

Alle Streiter für Ausgleich, Befriedigung oder Harmonisierung – zu oft treten sie übrigens gar nicht harmonisch auf – stehen im Banne *zweier massiver Kollektivkomplexe*. Die gesamte internationale oder ökumenisch bewegte Debatte hat tatsächlich an ihnen Anteil. Es sind *autonome Komplexe*. Zu einem autonomen Komplex werden Inhalte, denen wir ausweichen oder die wir gar nicht wahrhaben wollen, weil sie zu belastend oder zu peinlich sind. Wir integrieren sie gerade nicht in unser Bewußtsein, wodurch es zu einer echten Auseinandersetzung kommen würde. Wir verdrängen sie vielmehr. Sie sinken verdrängt zwar ab ins Unbewußte, hören damit aber keineswegs auf, höchst lebendige, wirksame Mächte zu bleiben. Uns unbewußt schießen sie vielmehr hervor, wenn die psychische Gesamtkonstellation ihnen Gelegenheit bietet, um unser Tun und Denken ebenso machtvoll wie uns unbewußt zu bestimmten. Nicht wir sind es dann, die handeln und denken, planen und fordern, sondern jene unbewußten Inhalte sind es, die das alles tun, nämlich uns entsprechend motivieren und dynamisieren. Wir haben dann aufgehört, Herr im eigenen Hause zu sein, wie omnipotent wir uns auch aufführen mögen, wir regieren nicht, wir werden regiert, natürlich ohne es zu wissen. Von zwei autonomen Komplexen dieser Art ist die gesamte Debatte über christliche Selbstidentität und Auseinandersetzung mit dem Judentum zutiefst beherrscht. Diese Komplexe zu erkennen und sich mit ihnen auseinanderzusetzen, also das analytische und tiefenpsychologische Problem, ist mithin – ob man das wahrhaben will oder nicht – das eigentlich vorrangige Problem. Ob ernsthaft Aussicht besteht, daß man es umfassend angehen wird, ist gewiß zweifelhaft, aber für die Wahrheit ist das kein Argument.

Auf diese psychische Belastetheit unserer Diskussion habe ich kurz schon früher hingewiesen.[1] Was nun die Juden anlangt, so kommen sie von ihrem *Golgatha-Komplex*, wie ich es nenne, nicht los. Als Gottesmörder sind sie überdies durch die Jahrhunderte verfolgt, geschunden und gemartert worden. Der neue Staat Israel wollte dieses Odium nicht länger auf sich sitzen lassen. »Die Frage, wer für Jesu Tod die Verantwortung trage, erhielt eigenartigerweise in unserer Zeit unerwarteten Auftrieb, als am 14. Mai 1948 der neue selbständige Staat Israel gebildet wurde. War dieser nicht der ideale Nachfolger jenes altjüdischen Staates, der vor nahezu neunzehnhundert Jahren unter den Schlägen der römischen Legionen zusammengebrochen war?« Dessen derzeitiger Hohepriester Jesus der Gotteslästerung für schuldig befunden hatte? Jedenfalls versuchte man, beim obersten Gericht des neuen Israel rechtliche Schritte zur Revision des Prozesses Jesu einzuleiten. Ein mehr als ungewöhnlicher Vorgang! »Der Ruf nach einer Revision des Prozesses Jesu kam nicht aus der Mitte der christlichen Kirchen; er erging vielmehr aus jüdischen und freireligiösen Kreisen, die in guten Treuen und etwas naiv meinten, eine offizielle jüdische Rehabilitierung Christi würde dem Frieden zwischen den Juden und den Nichtjuden und ebenso zwischen Judentum und Christentum dienen. Unter dem Eindruck des furchtbaren jüdischen Schicksals im Zweiten Weltkrieg kam es in Holland und Frankreich zu formellen Anträgen, eine Revision sei an die Hand zu nehmen. Doch führten diese Begehren zu keinem Resultat.«[2] Dies nicht zuletzt wegen der Unmöglichkeit, handfeste juristische Unterlagen nach so langer Zeit auszugraben.

Unterdessen hat der jüdische Golgatha-Komplex mit seiner sie umtreibenden Tendenz zur Selbstrechtfertigung ganz andere Wege eingeschlagen. Mehr als ein jüdischer Gelehrter beweist historisch-kritisch, daß jener Prozeß vor dem Hohenpriester, von dem das Neue Testament berichtet, überhaupt niemals stattgefunden habe. Niemals hätten die derzeitigen Juden Jesus verurteilt, was immer ihm angetan ist, geht auf das Konto der Römer. Auch die schreienden, Jesu Kreuzigung fordernden Massen sind eine Erfindung judenfeindlicher Tendenz. Rein gar nichts hat irgendein Jude mit Jesu Tod zu tun. Daß die Verfluchung Jesu noch in der Neuzeit in den jüdischen Gebeten figurierte, vergißt dieses Komplex-Denken natürlich. Man versichert im Gegenteil, daß jüdische Frömmigkeit ja überhaupt keinen Anlaß gehabt habe oder hätte, sich feindlich gegen Jesu zu stellen. Er sei halt ein fortschrittlicher Rabbi von gutem Schrot und Korn gewesen, der, so versicherte mir eine jüdische Professorin vor Studenten, ja doch nichts gelehrt habe, was nicht jeder fortschrittliche Rabbi der Zeit ohnehin auch gesagt hätte. Eine ganze Phalanx von jüdischen Gelehrten und Schriftstellern ist aufgestanden, um Jesus als »einen der ihren« zurückzufordern, um ihn »heimzuholen«, wohin er eigentlich gehört, nämlich in die jüdische Gemeinde, ihren »Bruder Jesus«, der eben zu oft verkannt worden sei. In dieser Tonart könnten wir lange fortfahren. Allerdings hat diese Befreundung ihre polemische Kehrseite, ein Umdenken allgemeiner Art sei allerdings notwendig. Die Christen müßten schon erkennen, daß heutzutage die Oberammergauer Passionsspiele zum Beispiel, die selbstredend nach biblischen Berichten gespielt werden, »ein deutsches Ärgernis für die Juden der Welt sind«. Die Christen müßten auch verstehen lernen, daß ihr sogenanntes Neues Testament »das judenfeindlichste Buch« der Weltliteratur sei, und diese Einsicht gäbe ihnen einiges zu tun. Wir müßten es also total judenfreundlich umschreiben, und da das wohl kaum gelingen könnte, müßten wir es eigentlich anstandshalber abschaffen. Die völlige Maßlosigkeit dieser und ähnlicher Superapologie ist sachlich nicht zu verstehen, sondern nur psychologisch. So äußert sich heute der jüdische Golgatha-Komplex.

Auch wir Christen stehen unter den unbewußten, harten Zwängen eines autonomen Komplexes, den wir, wie gesagt, autonom nennen, weil er mit uns macht, was *er* will, und das oft ganz besonders dann, wenn unser Bewußtsein sich vor sich selber rühmt, hier nun aber einmal eine wirklich selbständige Entscheidung getroffen zu haben. Ich habe früher vom Auschwitz-Komplex gesprochen, besser noch reden wir wohl vom *Holocaust-Komplex*, zumal seit jenen so benannten Verfilmungen das Wort Holocaust zum Symbolwort für die Gesamtheit der Greuel geworden ist, die den Juden im Zusammenhang mit dem Hitler-Reich von Christen angetan worden sind, sicherlich das Ärgste von allem, was ihnen in einer mehrtausendjährigen Geschichte widerfahren ist.

Mit diesem Holocaust-Komplex ist es psychologisch eine noch viel kompliziertere Angelegenheit. Dies nicht etwa nur wegen der unvorstellbar brutalen Massivität der gemeinten Vorgänge, von der man in der Tat nicht weiß, wie ganze Generationsfolgen sich mit einer solchen psychischen Belastung integrierend abfinden sollen. Die spezifische Kompliziertheit, die wir meinen, ist zweitens durch die Art der Entstehung des Christentums und durch all die ungelösten Probleme der christlichen Selbstidentität bedingt, die man von Anfang an eben nicht gelöst, sondern vielmehr verdrängt hat.

Wir kommen unmittelbar zur Sache, wenn wir uns des Zitates erinnern, das *Pinchas Lapide* aus einem Werk *Adolf von Harnacks* in seinem Beitrag zur *Umkehr und Erneuerung* bringt. Harnack sagt: »Eine solche Ungerechtigkeit wie die der Heidenkirchen gegenüber dem Judentum ist in der Weltgeschichte fast unerhört. Die Heidenkirche streitet ihm alles ab, nimmt ihm sein heiliges Buch und, während sie selbst nichts anderes ist als transformiertes Judentum, durchschneidet sie jeden Zusammenhang mit demselben: Die Tochter verstößt die Mutter, nachdem sie sie ausgeplündert hat.«[3] Es ist selten in der Theologie ein so aufrichtiges Wort gesprochen worden wie dieses bitterharte Wort Harnacks.

Die ersten Zeugen, die frühen Gläubigen, die anfänglichen Gemeindezirkel haben von Anbeginn das Christusereignis als Antwort auf diejenigen religiösen Grundfragen verstanden, die seit Jahrhunderten das Judentum bewegten, deren wichtigste Verheißung und Erfüllung, Gesetz und in Auseinandersetzung damit nun das Evangelium, sodann Gerechtigkeit und Rechtfertigung sind. Der weittragendste Umstand bei dieser Rezeption aus dem Überkommenen ist der Umstand, daß das Rechtfertigungsproblem und damit natürlich der Begriff der Gerechtigkeit in die Mitte trat. Natürlich gab man jetzt zum Teil ganz entgegengesetzte, andere oder neue Antworten; mit der Übernahme der *Thematik* fallen unweigerlich auch im *Sachlichen* wichtige Entscheidungen. Aber nicht nur was die Thematik anlangt blieb man abhängig, sondern auch aus der bisherigen Tradition trat man nicht wirklich heraus. Man eignete sich einmal die jüdische sogenannte Heilsgeschichte, sodann die jüdischen Heiligen Schriften an, die nun Altes Testament wurden. Beide Übernahmen waren nur möglich, indem man Tradition wie Schrift rigoros Umdeutungen unterwarf. Die wesentlichen Heilsaussagen vom Schöpfungsbund an bis zum letzten Propheten wurden nun insgesamt als auf Christus zielend interpretiert. Und mit entsprechenden Umdeutungen wurde die jüdische Heilsgeschichte nun christliche Heilsgeschichte. Man deutete, erklärte und exegesierte prinzipiell »auf Christus hin«, man tat es durch die Jahrhunderte hindurch. Erst als in der Neuzeit eine entwickeltere, kritische, ernsthafter wissenschaftliche Methodik entstand, spürte man doch, daß man mit der genannten auf Christus ausgerichteten Deutungsweise zu oft in zu große geschichtliche Peinlichkeiten geriet. Die neue Devise hieß schließlich »von Christus her«. Was vom Evangelium herkommend sich als bedeutend, wesentlich oder vorwärtsweisend im Alten Testament erzeige, das sollte nun der rote Faden der genuinen, schließlich dann zu Christus führenden Heilsgeschichte sein. Ein sehr eindeutiges Vorgehen wurde freilich nicht erreicht, und noch vor wenigen Jahrzehnten gab es eine lebhafte Auseinandersetzung über das »Christuszeugnis im Alten Testament«, der sich im Grunde die beiden vorher genannten Devisen verbanden und von historischer Wissenschaftlichkeit nun gar keine Rede mehr war. Kurz, die Art, wie das Christentum sich der jüdischen Tradition und der jüdischen Schriften bemächtigt, das Judentum »ausgeplündert« hatte, sagt Adolf von Harnack grob, hatte eine sachliche Zwangslage geschaffen, das war sie und blieb sie. Es gingen keine Erleuchtungen von ihr aus, sondern immer neue Zwänge.

In eine besondere sachliche Zwangslage geriet das Christentum von Anfang an, und im Laufe der leidvollen Begegnungen immer mehr, im Verhältnis zum Judentum. Die Juden waren zunächst Christus-Mörder, als solche als Volk Gottes »verworfen«, »verblendet« und »verstockt«. Die Folge konnte nur Abscheu, Abkehr und Distanzierung sein. Im Verbund mit so mannigfachen soziologischen und politischen Problemen wurden daraus Pogrome, Verfolgung und soziale Entrechtung.

Zugleich aber hörten die Christen niemals auf, den Juden Christus zu predigen, aber nicht nur als einen universalen, jedermann angehenden Heiland, sondern ganz besonders und spezifisch als ihren Messias. Immer wieder bewiesen sie ihnen, daß Christus der von ihnen erwartete Messias tatsächlich sei. Das konnten sie bis in die Gegenwart hinein natürlich nur so, daß sie den Juden ihre eigene christologische Interpretation der jüdischen Heilsgeschichte und der jüdischen Heiligen Schriften als die allein richtige, als die allein verbindliche, als die allein gottgewollte aufdrängten. Nur so konnten sie zu erweisen unternehmen, daß es Christus sei, der in all jenen Schriften und all jenen Überlieferungen als der von ihnen selbst erwartete Messias gemeint sei. Das hieß selbstverständlich zugleich, daß man den Juden fortlaufend eindringlich klarmachen mußte, daß sie ihre eigene Vergangenheit, ihre eigenen Heiligen Schriften, ihre eigene Religion total mißverstünden, wenn sie in dieser Beziehung anderer oder eigener Meinung seien. Die Christen allein verstünden das Judentum christlich richtig, die Juden verstünden das Judentum jüdisch falsch. Das war und blieb die Position, die faktisch aber einen unerträglichen Zwang, eine Vergewaltigung sondergleichen bedeutete. Denn nun fügten die Christen zur sozialen Entrechtung die geistige Entrechtung. Sie ließen es nicht zu, daß die Juden ihr Judentum auf ihre jüdische Weise verstanden und lebten, ihrer eigenen Tradition folgend. Sie stellten solch Verhalten jedenfalls grundsätzlich als Irrtum in Frage.

Was hier mit relativ einfachen Worten als soziale und geistige Entrechtung beschrieben ist, hinter denen aber historisch so viel Furchtbares steht, hat als verursachenden Hintergrund eine doppelte Projektion. Einmal las man ganz einfach, wie schon beschrieben, das eigene Christusverständnis in die jüdischen Quellen hinein. Wie jede Projektion den Gegenstand oder die Person, auf die sie gerichtet, vergewaltigt, so natürlich auch hier. Aber es sei besonders betont, daß die Unsachlichkeit dieser Projektion heute wissenschaftlich erwiesen ist, jedenfalls für die, die hören und verstehen können, das heißt an ihr nicht teilhaben. Es macht sich zum Beispiel ungemein feierlich und erhebend, wenn in christlichen Gottesdiensten zur Adventszeit die sogenannten Weissagungen, zumeist von Konfirmanden, rezitiert werden, etwa die Prophetenworte von dem kommenden Helfer oder Heiland oder Friedensfürst und so weiter. Dabei wird bei Rednern wie Hörern ganz selbstverständlich vorausgesetzt, daß das alles großartige prophetische Hinweise auf den christlichen Advent, auf das Kommen Christi sind. In Wahrheit sind solche gottendienstlichen Akte eine große Peinlichkeit, eine direkte Unwahrhaftigkeit gegenüber der Gemeinde. Denn wir wissen heute mit nicht zu erschütternder Gewißheit, daß sich keine einzige dieser sogenannten Weissagungen auf Jesus bezieht. Im übrigen steht hinter solchen Deutungen ein magisch primitives Verständnis der sogenannten alttestamentlichen Propheten. In Wahrheit waren diese Gottesmänner aber natürlich keine zauberhaften Enträtsler der Zukunft.

Und eine zweite Projektion ist bei den oben genannten Sachverhalten am Werke. Warum, so fragt man doch, dieser nahezu fanatische Eifer, sich wie ein Schmarotzergewächs an das Judentum und seine religiösen Güter anzuranken, das man andererseits doch auf mehr als eine Weise verabscheute? Damit ist hingewiesen auf das uns beschäftigende Hauptproblem, das heißt auf die nicht oder nur teilweise gelungene Findung christlicher Selbstidentität. Das ist der immer wieder zu beobachtende tiefenpsychologische Vorgang: Ein Problem, das man bei sich selber nicht zu lösen vermag, projiziert man nach außen, man wirft es wie ein oft erstickendes Netz über andere Menschen oder Dinge. Noch einfacher gesagt, den Halt, den man in sich selber nicht aufzubringen und zu finden vermag, sucht man draußen. Die Anklammerung an das Judentum ging bis ins Rituelle oder äußerlich Symbolhafte. Es waren zum Beispiel die Führer in Jerusalem, die von den neu hinzukommenden Christen selbst den Akt der Beschneidung forderten, und Paulus hatte schwer zu kämpfen, diese Verengung abzuwenden. Es sind diese beiden Projektionstendenzen, die sich zu dem zusammenfinden, was wir vorher die durchlaufende Harmonisierung genannt haben.

Aber noch nicht völlig erklärt ist, warum es andererseits immer wieder zu so massiven Aggressionen gegen das Judentum kommen kann, so daß wir vom Holocaust-Komplex der Christen sprechen konnten. Die Harmonisierungstendenzen, so ist deutlich geworden, haben ihre Ursache nicht im Objekt, das zu derartigen positiven Bezugnahmen aufforderte, sondern in der mangelnden Selbstidentität der Christen. Sie sind also eine christliche Mangelerscheinung, grob und recht geradeaus gesagt, sie sind ein christliches Armutszeugnis. Das klingt überspitzt, ist es aber gar nicht. Sehen wir vergleichsweise auf die Religionsgeschichte, so gibt es reichlich Beispiele dafür, wie eine Religion aus einer anderen hervorgegangen ist oder direkt deutlich mit einer anderen verwandt ist. So ist der Buddhismus oder der Jainismus aus dem Hinduismus hervorgegangen, oder der Islam stützt sich auf das Alte Testament. Aber es gibt kein weiteres ähnliches Beispiel dafür, daß eine Religion zu ihrer »Mutterreligion« in einem so pervertierten Verhältnis stünde, wie das beim Christentum der Fall ist.

Wie die positiven Anknüpfungs- und Harmonisierungsversuche tiefenpsychologisch gesehen in der mangelnden Selbstidentität der Christen ihren Grund haben, so verhält es sich mit den christlichen Aggressionen dem Judentum gegenüber genau ebenso.

Denn die Juden sind jederzeit ein lebender Vorwurf für die Christen! Die christologische Deutung des Alten Testamentes wird von den Juden strikt zurückgewiesen. Die christliche Rezeption der jüdischen sogenannten Heilsgeschichte wird von den Juden nicht toleriert. Der aufgedrängte Messias wird auch nach zwei Jahrtausenden nicht akzeptiert. Das Gesetz, wie es die Juden selbst verstehen, ist nach wie vor Grundlage jüdischer Frömmigkeit, was immer Christen dagegen vorgebracht haben. Die Juden lehnen es völlig ab, sich als verworfenes Volk zu fühlen, sondern haben sich, unter welchen Schwierigkeiten auch immer, zu einer neuen staatlichen Selbständigkeit und einem neuen starken Nationalgefühl aufgerafft. So könnten wir fortfahren. Das alles aber bedeutet doch für die Christen, daß alle ihre Anknüpfungs- und Harmonisierungsversuche fehlgeschlagen sind. Und die wenigen Einsichtigen unter ihnen müssen gerade an den Reaktionen der Juden erkennen, daß ihre Projektionen auf Heilsgeschichte und Heilige Schriften der Juden eben Projektionen sind und weiter nichts. Aber diese wenigen Einsichten zählen gar nicht. Die kompakte Masse hält unbeirrt an den alten Positionen fest. Gleichwohl spürt sie unbewußt, daß mit der Gesamtposition etwas nicht in Ordnung ist. Aber sie leben ja in der Projektion, wie wir hinreichend gezeigt haben! Darum werden sie nicht die kritische Frage stellen, was bei *ihnen* denn der Störfaktor sei. Im Denken des Projizierenden hat immer ausnahmslos der *andere* die Schuld, in diesem Falle die Juden also. Je leidenschaftlicher man von seinen Projektionen regiert wird, desto maßloser werden die Aggressionen gegen das Projektopfer. So ist nun einmal die Operationsweise des Projektionsvorgangs. Das ist die alltägliche Erfahrung in der analytischen Therapie. Das ist auch die Erfahrung der Geschichte, das ist die Erfahrung der tragischen jüdisch-christlichen Schicksalsverbindung im besonderen.

Die christlichen Aggressionen gegen das Judentum haben, ebenso wie die Harmonisierungsversuche, ihre Ursache in der mangelnden Selbstidentität der Christen.

Das ist ein sehr klarer Sachverhalt. Er ist bündig und eindeutig. Jedermann kann ihn einsehen, vorausgesetzt, er ist bereit und willens, aus jenen alten orthodoxen Projektionen herauszutreten. Aber diejenigen, die vorangehen müßten, die Kirchen, die Bischöfe, die Synoden, die Kirchenlehrer oder die sogenannten aufrechten Christen, sie haben ja jenen todbringenden Projektionen einen großen Namen gegeben, für den sie, so erklären sie, tapfer einstehen müssen. Sie reden vom »wahren Glauben«. Das allerdings macht die Gesamtlage pervers.

Es macht die Gesamtsituation zugleich unaufrichtig und hoffnungslos. So ist der sensationelle Synodalbeschluß der Rheinischen Landessynode, der ein Markstein der Besinnung sein soll, gar nicht so freundlich wie er sein möchte und oberflächlich gesehen auch klingen mag. Es wird von ihm, so ist vorauszusehen, keine wirkliche »Erneuerung« ausgehen, weil ihm keine wirkliche »Umkehr« zugrunde liegt. Das alte Projektionsdenken wird einfach fortgesetzt, indem, worauf schon aufmerksam gemacht wurde, Jesus Christus »als Messias Israels der Retter der Welt« ist oder besser bleibt. Jesus Christus ist in Wahrheit Retter der Welt als der, der er und was er ist aufgrund seines Evangeliums. Diesen direkten Zugang zu Jesus vermag aber die Rheinische Synode, wie wir sehen, überhaupt nicht zu finden. Sie verharrt bei dem Projektionsgebilde des »Messias Israels«, als den Israel ihn schon tausend- und abertausendmal abgelehnt hat. Hinter diesen scheinbar freundlich dahinfließenden Worten steht in Wahrheit die alte Gewalttat des charakterisierten Projektionsdenkens. Israel *muß* ihn als Messias akzeptieren, weil sonst unsere Dogmatik in Unordnung kommt.

Unaufrichtig und hoffnungslos ist die Situation, so sagten wir. Das macht gerade der von Umkehr und Erneuerung redende Synodalbeschluß oder die an ihn sich rankende Theologie deutlich. Dies, indem hier weiterhin der Umweg beschrieben wird, den wir alle zu nehmen haben, um zu unserem Heil zu kommen. In den Bund, den Gott mit Israel geschlossen hat, werden wir durch Christus hineingenommen. Wie es denn im Blick auf alle Völker der Welt gilt, daß Jesus sie mit dem Volk Gottes, also Israel, verbindet.[4] Dies ist eine zum Stöhnen elende Theologie. Dies ist eine der besinnungslosesten und hemmungslosesten Anlehnungen an Israel, die es in der Geschichte jüdisch-christlicher Auseinandersetzungen gegeben hat. Dies ist ein nahezu totales Eingeständnis, daß uns jedes Bewußtsein christlicher Selbstidentität fehlt. Hier haben wir uns und alle anderen nahtlos in die jüdische Heilsgeschichte hineinprojiziert, statt endlich zu lernen, auf eigenen Füßen als Christen zu stehen. Aber solche Projektionen halten nicht, todsicher erfolgt die Enantiodromie, der revoltierende Umschlag ins Gegenteil, das heißt neue Aggression, das heißt erneut Holocaust.

Die letzen Ausführungen werden vielen als eine unerhörte, verantwortungslose Überspitzung erscheinen. Diese letzten Worte werden Leidenschaften wecken und Verdammungsurteile hervorrufen. Aber nur bei denen, die keine Ahnung vom Wesen eines autonomen Komplexes haben. Wir hatten ausgeführt, daß es wegen des ständigen Lebens und Denkens in der Projektion zu jener Aggressivität kommt, deren Symbolwort heute Holocaust ist, um dann unsererseits vom autonomen Holocaust-Komplex zu sprechen. Ein autonomer Komplex ist ein reißendes Untier, von dessen vernichtender Gefährlichkeit man sich in der Tat im allgemeinen keine auch nur annähernd zureichende Vorstellung macht. Darum will ich durch zwei Beispiele aus der Praxis sein Wesen und seine Operationsweise veranschaulichen.

Zunächst ein einführendes Beispiel, das man jedoch kaum einfach nennen kann, denn auch hier geht es um das Lebensglück zweier Menschen, aber es ist ein psychisch eher durchsichtiger Fall. Die Frau beklagt sich bitter über ihren Mann, der nur Interesse für seinen Beruf habe, dann aber, nach getaner Berufsarbeit, nicht gestört werden will. Er meide jeden Kontakt mit Bekannten, Freunden, ja Verwandten. Habe man einmal jemand eingeladen, dürfe man gewiß sein, daß sie nicht wiederkommen, wenn sie nämlich einen Abend lang das abstoßende Verhalten ihres Mannes gesehen hätten. So sei es dahin gekommen, daß er es im Laufe der Zeit geschafft habe, sie völlig zu isolieren. Sie komme sich in einer unerträglichen Weise vereinsamt vor. Der Mann, zur Aussprache bestellt, beginnt: Sehen Sie, es liegt alles an meiner Frau. Sie hat es doch im Laufe der Jahre tatsächlich geschafft, mich von der Außenwelt total zu isolieren. Wir haben keine Beziehungen mehr zu Bekannten oder Freunden, ja sogar nicht einmal zu Verwandten. Und nun rollt mit gleichen Vokabeln, gleichen Motivationen und Klagen der bereits gehörte Bericht, nur aus einem anderen Munde, noch einmal ab, endend mit der Klage über die nicht mehr zu ertragende Isolation und Vereinsamung. Die gegenseitigen Vorwürfe waren offenbar so oft hinüber und herüber erhoben worden, daß sie zu einem Ritual geworden sind und nun wie ein auswendig gelernter Text rezitiert werden. Was geschah hier, wer projizierte hier? Wie die nähere Analyse ergab, taten beide es in gleicher Weise. Die äußeren Umstände und Beziehungsverhältnisse, so konnte ihnen gezeigt werden, entsprachen ganz und gar nicht dem vom einen wie vom anderen gezeichneten Bild. Daß dies mit eindeutiger Tatsächlichkeit aufgewiesen werden konnte, machte aber nicht den geringsten Eindruck. Es war, als ob niemand von beiden sehen, hören oder klar denken konnte, denn auf jeden Hinweis auf andersartige Tatsachen wurde konstant das bekannte Projektionsritual unbeirrt zelebriert. Die Ehe, das war der Hintergrund, war innerlich zerbrochen, jeder war nur noch ein isolierter einzelner in ihr. Dafür machte aber ein jeder einmal den anderen und im übrigen die ganze Umwelt verantwortlich. So hatten sie sich den Schwarzen Peter bereits seit Jahrzehnten hin- und hergereicht, er war zum autonomen Komplex geworden, der jeden auf seine Weise absolut regierte, der auf harte Tatsachen gar nicht mehr eingehen, sondern nur noch in seiner rechthaberischen Destruktion perpetuieren konnte, bis auch der letzte Brocken Gemeinsamkeit wie zwischen Mühlsteinen zerrieben war oder sein würde.

In dem anderen Fall, den ich hier anführen will, klagt eine

Ehefrau, daß es mit ihrem Ehemann nicht mehr auszuhalten sei, er sei am »Durchdrehen«. Er lege sich in die Badewanne, schließe sich im Bad ein und lese so die Losungen, die Bibel oder ein anderes Buch. Er tue es im Kohlenkeller oder auf dem Dachboden, während doch alle um ihn seien. »Durchgedreht« habe ihn seine Mutter, die sie täglich, ohne auch nur einen Tag auszulassen, sozusagen heimsuche, sie könne als Witwe einfach keinen eigenen Lebensstil finden. Ich bat, den Mann doch einmal zu schicken. Dieser kam dann öfter, ich war erstaunt, einen sehr seriösen und gebildeten Mann vor mir zu haben. Seine Mutter? Nein, die komme nicht so oft, das könne sie gar nicht, denn sie wohne ja in einem Ort am anderen Ende von Deutschland. Als Tatbestand enthüllte sich, daß es die Frau war, die an einer massiven Mutterbindung litt, es war ihre Mutter, die durch ständige Gegenwart und entsprechende Diskussionsbeteiligung die gesamte Familie derart beherrschte, daß er selbst, wie das Bildwort sagt, völlig an die Wand gedrückt war und tatsächlich gelegentlich in Bad und Kohlenkeller flüchtete, um eine Minute für sich persönlich zu erhaschen. Die Frau, von mir vor diese Tatsachen gestellt, war wohl eine Sekunde betroffen, fing sich aber dann schnell auf ihre Weise: Sehen Sie, es ist doch so … und so weiter, der alte Bericht wurde unverdrossen wiederholt, sie hatte ihn ja über viele Jahre hin aufgebaut und sozusagen auswendiggelernt.

Die jungen Menschen benutzen heute gern das Wort »irre«. Sie würden, wenn sie einen solchen Bericht hörten, wohl auch sagen: Das ist ja irre! Tatsächlich, ist ein Komplex, hier die Mutterbindung und die gesamte dadurch bedingte Einstellung der Frau zu ihrem Mann, autonom geworden, dann haben wir gewissermaßen ein *partielles Irresein* vor uns. Darum können einwandfreie Tatsachen überhaupt nicht mehr gewürdigt werden. Nun ist der Realitätsbezug derart gestört, daß die Umstände völlig verdreht werden. Man ist immer im Recht, man ist es und man bleibt es, was da auch als sogenannte Tatsache auftauchen mag, man bleibt bei seinem Recht, man steht ganz und gar in ihm, man geht in ihm unter, die Umgebung meistens aber auch. So geschah es auch in diesem Fall, der autonome Komplex blieb Sieger. Der erste, der diesem Diktator zum Opfer fiel, war der Mann, der aus Überdruß und Verzweiflung sich erhängte.

Wenn der fragliche Synodalbeschluß nach zweitausendjähriger Auseinandersetzung mit dem Judentum das als Neubesinnung, Umkehr und Erneuerung predigt, was er tatsächlich verlauten läßt, dann leistet er keine Hilfe, sondern beschwört, unbewußt natürlich, Gefahren herauf, die eine Fortsetzung von Holocaust sein können oder werden. Wo autonome Komplexe regieren, da ist in Ehen, Familien, einzelnen Parteigruppen, Völkern, unter allen Völkern immer Holocaust.

Ich habe oben gesagt, daß in dieser gesamten jüdisch-christlichen Auseinandersetzung autonome Komplexe am Werke seien, die uns immer wieder in die Irre und Entfremdung führen. Weil aber solche autonomen Komplexe eine derart gigantische Gefahr und Gefährdung darstellen, darum muß die Situation mit den harten Worten benannt werden, die sie erfordert, um ihren katastrophalen Charakter ans Licht zu bringen.

So sehen die alten Schläuche und Lappen aus, von denen Jesus sagt, daß er seinen neuen Wein nicht in sie gießen und sie nicht flicken will, daß wir sie vielmehr auf den Müllhaufen der Geschichte werfen sollen!

Wir zählen beschämt die Millionen Opfer auf, die dem Holocaust zum Opfer gefallen sind und weiter fallen. Wir ermahnen uns selbst und werden ständig gemahnt, solche Greuel nicht leichtfertig zu vergessen.

Aber vergessen wir doch nicht *das größte Holocaust-Opfer*, und das ist *Jesus Christus*, seit zweitausend Jahren immer neu durch unsere Projektionen entstellt, gemartert und sogar immer wieder totgesagt.

Die verschiedenen und sich widersprechenden Jesusbilder oder Jesusauffassungen stellen also, auf den Grund der Vorgänge gesehen, nur einen ganz geringen Teil sachlicher Auseinandersetzung dar. In der Hauptsache sind sie Niederschlag der Neurosen, Komplexe oder sonstiger psychischer Beeinträchtigungen ihrer Verfasser, ja oft ganzer Zeitepochen, deren Repräsentant jene sind. Es kommt also darauf an, daß man aus jenem Neurosenkrampf, jenem verfälschenden Projektionsgeschehen, jener neurotischen psychischen Verblendung heraustritt, wenn man etwas Sachliches über Jesus erkennen will, wenn man für die eigenständige, selbstgewachsene Originalität Jesu einen Blick bekommen will, nicht zuletzt, wenn man Christ aus eigener, das heißt hier wirklich christlicher Habe sein möchte. Man muß, sagen wir zusammenfassend, aus dem Projektionsgeschehen heraustreten, das seit zwei Jahrtausenden in Sachen Christi im Gange ist.

Alles kommt mithin auf die Entprojizierung des Wahrheit Suchenden, des Bekenners oder des Forschers an. Diese Einsicht zu vermitteln, ist die Absicht und das Anliegen dieses Abschnittes unserer Ausführungen. Die Entprojizierung des Forschers ist die zentrale Aufgabe, wollen wir zu genuiner christlicher Selbstidentität kommen.

Das Objekt allein kritisch zu untersuchen, genügt in der Tat nicht. Das tat neben vielen anderen zum Beispiel der erwähnte *Bultmann*, indem er eindringlich das Objektive oder die Quellen kritisch entmythologisierte. Aber das Objekt allein kritisch unter die Lupe zu nehmen, genügt in der Tat nicht. Zu allem Gesagten kommt als überzeugendstes Argument die Christusfigur hinzu, die hier nun entsteht. Es ist, wie wir gesehen haben, eine magere, im Grunde nicht allzusehr imponierende Rabbifigur, die dann erst durch die weitreichenden Imaginationen eines Paulus Auftrieb und Ansehen bekommt. Diese Jesusfigur hat in Wahrheit keinen Hintergrund, von dem sie sich charakteristisch abheben könnte. Der Hintergrund ist bereits »besetzt«, wie wir sagen, nämlich durch jene genügsam benannten historischen Projektionen, zu denen die theologischen, philosophischen und ganz individuell persönlichen des Forschers noch hinzukommen. Somit ist eindeutig gewiß, Fakten allein genügen nicht, es kommt immer auf den an, der sie handhabt. *Nur der in seiner eigenen Person von Projektionen befreite Forscher kann Objektives echt objektiv erkennen, handhaben oder verstehen.* Ein in sich gefangenes, ein zugleich von so vielen Fremdwerten überwältigtes, ein »stumpfes« und »undifferenziertes« Bewußtsein ist auch für die theologische oder kirchliche Arbeit zu schlecht.

Zu solch einer Befreiung vom Projektionsgewirr hilft bekanntlich die analytische Tiefenpsychologie, dies gerade, in-

dem sie den Bewußtseinshintergrund von all jenen heterogenen Bezügen befreit, die ihn, dem Subjekt unbewußt, unrecht-
mäßigerweise besetzt halten. Die Tiefenpsychologie hat darum
eine eminente wissenschaftliche Bedeutung, die sie zu einer
propädeutischen Disziplin aller Wissenschaftlichkeit macht,
eben indem sie echte Begegnung von Subjekt und Objekt erst
ermöglicht. Wir sollten in der Tat unsere besten Erkenntnismöglichkeiten aufwenden, um die Gestalt Jesu möglichst ad-
äquat zu begreifen. Unsere besten Erkenntnismöglichkeiten
müssen aber allemal erst in uns von unbewußten Trübungen
befreit werden.

In solch tiefenpsychologischer neuer Sicht habe ich die Gestalt Jesu schon vorher zu sehen und zu beschreiben versucht,
nämlich in meinem Buch *Jesus der Mann. Die Gestalt Jesu in
tiefenpsychologischer Sicht.*[5]

Daß hier so etwas wie ein neues Jesusbild entsteht, hat man
mir reichlich bestätigt, seine Eindrücklichkeit beweisen die
vorliegenden fünf Auflagen und die Übersetzungen des Buches. Mit vielen konkreten Beispielen aus der Praxis unterbaut,
hebt mein anderes Buch *Jesus als Psychotherapeut. Jesu Menschenbehandlung als Modell moderner Psychotherapie* die brisant praktische Seite solcher Forschungsweise insbesondere
hervor.[6] Dieses dritte Buch nun, das mit den genannten thematisch und wissenschaftlich in eine Reihe gehört, will auch Projektionskulissen einreißen, daß die Sicht frei werde und der
Christ Atem schöpfen kann. Aber die Aufgabe ist in diesem
Falle vielleicht noch schwieriger, denn das Themawort »Alte
Schläuche – neuer Wein« beinhaltet ja eine unerhörte Bedeu-
tungsweite und fordert eine erschreckende sachliche Bereitschaft, denn es wendet sich gegen altehrwürdige Projektionskulissen, die seit Jahrtausenden stehen und doch kein Recht
haben, auch nur ein einziges Jahr weiter stehenzubleiben.

Tiefenpsychologie deckt nicht die Motive auf, die im Spiele
sind, sondern das, *was die Motive in Wahrheit motiviert*. Letzteres kann vor ungeahnte Überraschungen stellen, kann wie
Dynamit unter gewohnten Denkgehäusen wirken. Ich möchte
wohl, daß von diesem der Tiefenpsychologie eigenen Dynamit
auch in diesem Buch etwas gespürt wird.

Es ist darum ein unkonventionelles Buch. Es muß ein unkonventionelles Buch sein, denn es muß der Mut aufgebracht werden, Projektionskulissen, die unser offizielles Jesusverständnis von Anfang an belasten und unterdessen unzählige Male abgesegnet worden sind, als solche zu erkennen und möglicherweise abzuräumen.

Dies Buch propagiert keine Theorie, es denkt nicht daran, für eine bestimmte Methode zu werben. Es will auf die heute bestmögliche Weise, wie ich meine, nach der Wahrheit graben, der Wahrheit Jesu, und sie dann unbeirrt sagen – soweit es das vermag.

Mit dem »unbeirrt sagen« hat es aber seine eigene Bewandtnis, und das besonders heute. Das möchte ich nocheinmal zum Ausdruck bringen. In der jüdisch-christlichen Diskussion sind beide Seiten heute nicht wirklich ehrlich. Und diese Unehrlichkeit mutig abzubauen, gehört vor allem zur Entprojizierung. Sie sind unehrlich aus Angst, aus Angst vor der öffentlichen Meinung, und das ist eine besonders bedauerliche Angst. Die Juden reden unwahrscheinlich liebevoll von ihrem Bruder Jesus, der bei näherem Zusehen nichts weniger als ihr Bruder ist, weil sie nämlich Angst haben, weiter als Christusmörder zu figurieren. Die Christen andererseits haben den Juden gegenüber ein derart erdrückendes Schuldkonto, daß sie zu jeder nur möglichen religiösen Konzession ihnen gegenüber bereit sind, bis hin zur Aufgabe der Selbstidentität, dies aus der schlecht verschleierten Angst, wiederum als Antisemiten zu gelten. Aber Angst ist ein schlechter Berater, auch in sachlicher Auseinandersetzung und Wahrheitsfindung.

Die Fragestellung

Obwohl ich mich aufs äußerste bemüht habe, die Tatsache und die Gefahr des Projektionsvorganges so eindrücklich und anschaulich wie möglich darzustellen, bin ich mir doch bewußt, wie ungewöhnlich schwierig es ist, den tiefenpsychologisch orientierten Gesichtspunkt, auf den es uns ankommt, weiteren Kreisen einsichtig und begreiflich zu machen. Es ist darum vielleicht nicht überflüssig, noch zu einer anderen Veranschaulichung zu greifen, die *Bertolt Brecht* in seinem Drama *Die Rundköpfe und die Spitzköpfe* so eindrucksvoll durchführt. Wir hatten bisher vom Abtragen der Projektionskulissen als dringend gefordert gesprochen, weil diese das wahre Bild Jesu verstellen. Das ist eigentlich immer noch ein Bild und weniger eine wissenschaftliche methodische Zielangabe. Zu der *methodischen Fragestellung*, die klar angibt, *wie* denn nun jene Projektionskulissen abgetragen werden sollen, möchten wir nunmehr hinführen, aber eben mit möglichst viel sachlicher Anschaulichkeit.

Brecht meint, daß die angeblich großen Führer, Politiker oder Erneuerer in Wahrheit immer wieder allzusehr Maurersleuten gleichen, die einen aufgetretenen Schaden, der am Gemäuer sichtbar geworden ist, einfach *übertünchen*, statt den wesentlichen Grundschaden in den Fundamenten anzugehen. Er läßt die Maurersleute sagen: »Ist wo etwas faul und rieselt's im Gemäuer, dann ist's nötig, daß man etwas tut. Denn die Fäulnis wächst ganz ungeheuer. Wenn das einer sieht, das ist nicht gut. Da ist Tünche nötig, frische Tünche nötig! Wenn der Saustall einfällt, ist's zu spät! Gebt uns Tünche, dann sind wir erbötig, alles so zu machen, daß es nochmal geht. Da ist schon wieder ein neuer häßlicher Fleck im Gemäuer! Das ist nicht gut. Gar nicht gut. Da sind neue Risse! Lauter Hindernisse! Da ist's nötig, daß man noch mehr tut! Wenn's doch endlich aufwärts ging! Diese fürchterlichen Sprünge sind nicht gut! Gar nicht gut! Drum ist Tünche nötig! Viele Tünche nötig! Wenn der Saustall einfällt, ist's zu spät! Gebt uns Tünche, und wir sind erbötig, alles so zu machen, daß es nochmal geht. Hier ist Tünche! Macht doch kein Geschrei! Hier steht Tünche Tag und Nacht bereit. Hier ist Tünche, da wird alles neu, und dann habt ihr eure neue Zeit!«[1]

Man muß die ganze bittere Ironie spüren, mit der die letzte Zeile hingeworfen ist. »Und dann habt ihr eure neue Zeit!«, die in Wahrheit gar nichts Neues an sich hat, sondern nur billig übertünchtes Abgetragenes und Ausgetragenes ist. *Brecht* spricht nicht vom Christentum, sondern allgemein von dem, was wir gern politischen, sozialen oder geistigen Fortschritt nennen, er spricht vom Entwicklungsgang der menschlichen Bezüge überhaupt. Was als Fortschritt, Verbesserung, Erneuerung gepriesen wird, so karikiert er, hat meist nur Propaganda- oder Schauwert ist nur neue Tünche über altem Plunder. Warum greifen Verantwortliche immer wieder zu diesem billigen Übertünchungsverfahren? Offenbar aus Feigheit, »alles so zu machen, daß es nochmal geht«, das genügt ihnen, sie haben die Tendenz, billig davonzukommen. An die Fundamente rühren, die Wurzel eines Übels aufdecken, das erfordert einen Mut, den die kollektive Feigheit im allgemeinen nicht hat.

Brechts Reflexionen sind in der Tat geeignet, unseren Abbau von Projektionskulissen, von dem wir sprachen, prägnant seinem Wesen nach weiter zu konkretisieren. Er ist das Gegenteil von Übertünchen, er geht an die Wurzel des Übels, er rührt an die Fundamente. Er tut gerade das, was nach *Brechts* so bitterem und so wahrem Urteil so wenig üblich, so wenig opportun, so ganz und gar nicht beliebt ist. Abbau von Projektionskulissen muß also im Gegensatz dazu entschiedenen Mut aufbringen, er darf oder will nicht der Gefahr des Übertünchens erliegen. Er darf das Wort von den alten Schläuchen, die für Jesu Wahrheit jedenfalls nichts mehr taugen, nicht als einen veranschaulichenden Spruch nur nehmen, sondern er muß wirklich aufspüren, was alter Schlauch genannt werden muß, um es dann tatsächlich wegzuwerfen.

Wilhelm Reich hat einen anderen plastischen Begriff für jenes Abräumen von Projektionskulissen, genauer dafür, daß es immer wieder dazu kommt. Spricht *Brecht* vom Übertünchen als einem fehlsamen Grundakt menschlichen Verhaltens, dann spricht *Reich* vom »Ausweichen«. Von diesem vielseitigen Geist in Kürze eine treffende Information zu geben, fällt schwer. Mit einem Jurastudium beginnend, wandte er sich psychosomatischen Problemen zu, gab eine Trieblehre, eine Theorie der Charakterstruktur heraus, wandte sich der Analyse wie der Kulturphilosophie zu, besonders bekannt wurde seine Lehre von der Lebens- oder Bioenergie, Organenergie genannt. Was uns hier angeht, so schrieb er 1953 ein Werk mit dem Titel »*Christusmord*«, das seit 1978 auch in deutscher Übertragung vorliegt. Es ist ein mit glühender Ergriffenheit, mit mitreißender Leidenschaft und einer nicht zu übertreffenden Eindringlichkeit geschriebenes Bekenntnis. Jesus ist ihm Inbegriff für Leben überhaupt, für wahres Leben, für jenes wesenhafte Leben, das Ideologien, Dogmatismen, Zwänge, Strafnahmen immer wieder nicht sein lassen, was es sein möchte. Darum – »das große Ausweichen vor Christus, der das Leben ist, erzeugt das milliardenfache Morden durch die Jahrtausende. Im Namen des Christentums, um Christus auszuweichen, wird Blut die Flüsse hinunterfließen, werden Leichen von den Bäumen baumeln, werden Schreie von dicken Gefängnismauern widerhallen und werden die Wahnsinnigen, die in Kontakt mit Christus sind, ein Leben in Ketten führen müssen, alles im Namen Christi« – alles im Namen der Verleugnung eines wahren, heilen, ganzen Lebens. Diese Worte können leicht überzogen erscheinen, aber sie bezeugen tatsächlich nur den strömenden Ausbruch bewegter Existentialität, der sich in Reichs Jesusbuch niedergeschlagen hat. Die Geschichte des Christentums wie der Menschheit erscheint hier weniger als ein Vorankommen, sondern vielmehr als ein immer erneutes Ausweichen. Dieses Ausweichen ist aber nichts Gelegentliches oder Zufälliges nur, sondern steckt als ein allerdings pervertierter Trieb angeblicher Selbsterhaltung tief in der menschlichen Wesensstruktur. Denn wenn sie sich nicht mit aller Gewalt gegen Jesus wehren würden, müßten und würden sie sich ja erkennen, wie sie in Wahrheit sind, nämlich selbst bei ihren hehrsten

Unternehmungen »gepanzert mit Unwahrheit« rundum, letzteres ein Zentralbegriff bei Reich. »Das *grundsätzliche Ausweichen vor dem Wesentlichen* ist *das* Problem des Menschen.« Es ist das große negative Rätsel menschlicher Existenz.

Ist Jesus so umfassend als Prinzip allen Lebens überhaupt gefaßt, dann ist seine Kreuzigung eigentlich ein ständig sich wiederholendes Geschehen. Überall da geschieht sie, wo gegen das Leben gehandelt wird, gegen Bewegung, Entwicklung oder Fortschritt, wo Leben in erstarrter Struktur begraben wird. »Das Christusproblem ist weitaus umfassender. Es betrifft den Kampf von Bewegung gegen erstarrte Struktur. Nur Bewegung ist unendlich. Struktur ist endlich und abgeschlossen.« Und weil wider Leben, das sich unendlich entfalten will, immer wieder erstarrte Struktur als Damm und Ende gesetzt wird, kann Reich zu Folgerungen wie dieser kommen: »Die Kreuzigung Christi war letzte Konsequenz ganz allgemein menschlichen Handelns und nicht – nur – die Tat irgendeines Hohenpriesters oder Statthalters ... Die Kreuzigung war auch nicht typisch für das jüdische Volk oder dessen Priester. Die Kreuzigung Christi geschah und geschieht noch laufend in vielen Ländern. Sie ist allgemein menschlich und nicht typisch jüdisch«[2], so lautet die bedeutsame letzte Konsequenz.

Gerade diese Gedanken sind tiefenpsychologisch von allergrößter Bedeutung. Sich der Entwicklung versagen, bedeutet *Regression*, niemals nur einfach Stillstand. Dieses lähmende »Sitzen-bleiben-Wollen«, von dem Reich wiederholt plastisch spricht, bedeutet als Regression immer neue Neurotisierung. Denn wer sich dem Fortschritt oder der Entwicklung verweigert, stellt sich quer zum Leben, das bedeutet Neurotisierung als Folge von Regression.

Nun müßte man meinen, daß die Kirche, in deren Evangelium das Wort von dem Geist steht, der nicht aufhören wird, in alle Wahrheit zu leiten, ein nimmermüder Anwalt jener unendlichen Bewegung ist und bleibt, die Entwicklung und Leben in einem heißt. Zu diesem problematischen Aspekt unseres Öffentlichkeitslebens macht *Gerhard Grohs* von der Universität Mainz, Mitglied der Synode der EKD wie des Zentralausschusses des Ökumenischen Rates der Kirchen eine bemerkenswerte Reflexion, wenn er urteilt: »Es ist bezeichnend, daß Gustav Heinemann und Ludwig Raiser Präses der EKD-Synode werden konnten und Martin Niemöller Kirchenpräsident. Heute findet man die Träger des kämpferischen Protestantismus nicht mehr in hohen kirchlichen Ämtern. Sie haben Männern Platz gemacht, die eher wegen ihrer diplomatischen Fähigkeit und ihrer Kompromißbereitschaft oder ihrer Verwaltungskompetenz gewählt wurden als wegen ihres Mutes, unbequeme Wahrheiten zur rechten Zeit zu sagen« – übrigens ein typischer Verhaltenszug an Jesus. »Die Schwäche des heutigen Protestantismus beruht darauf, daß die profilierten Laien und Theologen die kirchlichen Ämter verlassen oder nicht zu ihnen gelassen werden und daß die frühere, durchaus nicht immer konfliktfreie, aber belebende Zusammenarbeit zwischen Laien und Institution zerbrochen ist. Um es auf eine Kurzformel zu bringen: Der heutige Protestantismus stellt sich dar in Laien ohne Institutionen und Institutionen ohne Inspiration.«[3]

Wenn ein aktiver Vertreter höchster Stellen so ausdrücklich den Mangel an Inspiration beklagt, unbequeme Wahrheiten zur rechten Zeit zu sagen, dann sagt das prinzipiell dasselbe wie Wilhelm Reichs Anprangern des ständigen Ausweichens vor dem Wesentlichen, um »sitzen bleiben zu können«, um nicht vorwärts gehen zu müssen. Und auch Bertolt Brechts Übertünchen, wo von Grund auf erneuert werden müßte, zielt in dieselbe Richtung: Sich nicht der Entwicklung stellen, und das heißt allemal, wie betont wurde, regredieren, wovon die deutsche Übersetzung heißen müßte: psychisch verkrüppeln.

Es steht zu befürchten, daß die Kirche als historische Religion und wegen der damit gesetzten bleibenden Beziehung auf die historische Gestalt Jesu jederzeit in der besonderen Gefahr steht, diese Bezugnahme in mehr oder weniger regressiver Weise zu tun. Wenn sie nämlich geschichtliche Rückbezogenheit nicht zur existentiellen gegenwärtigen Macht werden lassen kann. Aber eben: Dazu gehört Inspiration.

Ein Beispiel für kirchliche psychische Regression will ich mit folgendem Bericht geben: Ich wurde kürzlich zu einer Tagung in die Schweiz eingeladen. Die Tagung stand unter dem Thema »Abraham«. Das aber hieß für diese als ökumenisch angezeigte Tagung im besonderen: Einen Vortrag unter dem Stichwort »Abrahams Opfer«, womit natürlich Isaaks Opferung gemeint war, hielt ein Jude. Unter dem Themawort »In Abrahams Schoß« sollte ein Christ das Wesentliche seiner Glaubenshaltung vortragen, und einem Mohammedaner war ein Beitrag unter dem Leitwort »In Abrahams Zelten« vorbehalten, dies wohl in Erinnerung an die nomadischen Vorzeiten der Mohammedaner. Alle drei hatten doch die Beziehung zum Alten Testament und damit die Rückbeziehung auf Abraham gemeinsam. Warum also nicht diese tatsächliche »Gemeinsamkeit« zum zusammenhaltenden Band für das Ganze machen? Man war sogar ein bißchen stolz auf diesen Einfall und nahm es mir sichtlich übel, daß ich nicht bereit war, mich mit meinem Christentum in Abrahams Schoß zu legen. Faktisch entbehrt der Entwurf ja nicht der Komik – wenn es nicht so bedenklich stimmen würde: Man hatte überhaupt kein Gespür dafür, daß man mit einer derartigen geschichtlichen Rückwärtsorientierung ja doch auch die Bewußtseinsebene jener grauen Vorzeit akzeptieren würde, auf der man unmöglich seine Glaubenshaltung von heute ausbreiten kann. Dies ist illegitime, weil mit unzureichenden Mitteln unternommene Zusammenführung oder Harmonisierung. Dies ist offenbarer Mangel an christlicher Selbstidentität und daraus resultierend unbedachtes wie unbewußtes Zurückbiegen auf eine längst überwundene Ebene, also Regression. Im übrigen kann man keine ökumenische Tagung thematisieren, ohne Christus in den Mittelpunkt zu stellen.

Regression offen betrieben – und was für Hinweise könnte man da nicht noch anbringen –, wirkt aber ihrerseits neurotisierend oder psychisch krank machend. Wir werden weiter unten, wenn das Material dazu erarbeitet ist, das *krank machende Gottesbild* in seinen wesentlichen Zügen zeichnen, womit die christliche Öffentlichkeit ihre eigene Wirksamkeit ständig paralysiert.

Wenn wir also zu einem wesenhaft echten Jesusverständnis kommen wollen, dann müssen wir aus all jenen regressiven Umklammerungen heraus, wie von einem anderen Gesichtspunkt her im vorigen Abschnitt eigens gesagt. Hier sei betont, daß die Öffentlichkeitsregelung des Christentums gerade heute eine deutliche und empfindliche Grenze hat. Was uns nämlich von Politikern, Staat und der Masse des eigenen Kirchenvolkes zugestanden wird, ist so etwas wie ein *regressiver Freiraum*, dessen Signatur man in Anlehnung an Reich benennen könnte: Möglichst sitzen bleiben! Also sich ja nicht zu weit in Neuland vorwagen! Die Kirchen sollen, das Christentum soll – so ist die Meinung – in einer kritisch beobachteten Unverbindlichkeit verharren, eben um nicht unbequem zu werden. Geschieht das doch, so spricht man sofort von christlicher Einmischung und klopft den Avantgardisten kräftig auf die Finger, man scheut sich auch nicht, sie wörtlich daran zu erinnern, daß ihr eigentliches Geschäft »beten« sei. Fühlt sich jedoch irgendein Kirchenmann plötzlich berufen, zu vorhandenen politischen Trends ausdrücklich seine Zustimmung als christlich vertretbar zu geben, dann beruft man sich gern darauf und empfindet es als bedeutsam. Daß das Christentum aber nicht nur Wichtiges, sondern Fundamentales zum Werdegang der Menschheit sagen will, zu Politik, Wirtschaft, Technik, Ökologie, Hausbau, Kunstgestaltung, Musik oder zu Käfighennen, Abtreibung, Tierschändung, Lohnpolitik, Aufrüstung oder Nachrüstung und was der realen Belange mehr sein mag, ein solches Christentum ist ganz unüblich und wird daher kritisch betrachtet und behandelt. Wenn aber der Präsident unseres Staates und der Bundeskanzler erklären, mit der Bergpredigt könne man nicht regieren – an sich schon eine infame Formulierung –, dann stimmt die Öffentlichkeit ihnen schnell und selbstverständlich zu. Schuster bleib bei deinen Leisten! Heißt es denn etwa nicht so?

Wir sind also nicht nur innerlich von dem destruktiven Zug zur Regression bedroht, wir leben auch äußerlich, was die reale Existenz anlangt, als Christen in einem zumeist nur sanktionierten Freiraum, wodurch die psychischen Gefahren noch potenziert werden. Die repräsentative Geltung, die dem Christentum offiziell bei Staatsakten, besonders bei Begräbnissen, selbstverständlich zugestanden wird, ist besonders geeignet, den wahren inneren Sachverhalt zu verharmlosen.

Denn Regression ist nicht harmlos, weder die von innen

noch die von außen kommende. Dafür eine sehr anschauliche kurze Konkretisierung: Ich habe in meiner Sammlung von Bildern aus dem Unbewußten, die also nicht nach bewußt gewähltem Motiv gezeichnet sind, sondern spontan, nach gleichsam blindem Impuls einfach hingeworfen sind, ein Dia, das ein von einem jungen Mädchen gezeichnetes Bild wiedergibt. Es zeigt das folgende: An der oberen Schmalseite eines längeres Tisches steht ein großer, ein überragender Weihnachtsmann; seine Haltung ist nicht eindeutig. Will er seine Rute betätigen oder seinen Gabensack öffnen? An den beiden Längsseiten des Tisches sitzen je zwei Mädchen, von denen drei den Kopf auf den Tisch gesenkt haben, leblos, kraftlos und total erschlagen. Die vierte aber versucht offenbar, sich krampfhaft mit angeklammerten Armen und Händen aufrecht zu halten – Widerstand zu leisten, können wir sagen. Dieses vierte Mädchen ist die Zeichnerin des Bildes. Sie versucht auf dem Bild noch, sich gegen einen patriarchalischen Alleinherrscher von Vater durchzusetzen. Durch ständiges Reglementieren, Kommandieren, Ermahnen, Zurechtweisen und natürlich auch Strafen sind die Kinder von jeder Eigenentwicklung abgeschnitten, nicht in die Freiheit entlassen. Sie sind wie junge Bäume, deren Triebe immer neu kupiert werden, schließlich gehen sie ein. Jener Familiendiktator übt seine Macht übrigens nicht ohne Freundlichkeit, er gibt sich selbst ständig wie ein Geber aller guten Gaben, darum das traurig sarkastische Bild des Weihnachtsmannes. Aber auch dem vierten, auf dem Bild noch aufbegehrenden Mädchen ist der Widerstand, das heißt die berechtigte Selbstdurchsetzung nicht gelungen. Schließlich mußte es auch den Kopf auf den Tisch werfen und sich geschlagen geben. Für den Rest ihres Lebens war damit der Stab über alle vier gebrochen, sie blieben Außenseiterexistenzen, keiner Entwicklung mehr fähig, das weitere Existieren war eher ein langsames psychisches Eingehen. An der Entwicklung konsequent gehindert, zur Regression verdammt, geht man schließlich ein. Regression ist Todesurteil, dessen Vollstreckungstag allerdings noch nicht feststeht.

Ich denke, damit sind von der Tiefenpsychologie her genug und drastische Warnungen ausgesprochen, und wir können zu unseren methodischen Schlußfolgerungen kommen.

Wir haben von den subjektiven Projektionen gesprochen, die das Jesusbild verfälschen, die darum, soll etwas Echtes und Genuines zustande kommen, zurückgezogen werden müssen. Wir haben weiter im Anschluß an drei namhafte Stimmen uns warnen lassen, ja nicht jenen beliebten Entwicklungshemmern hörig zu werden, denen flache Menschlichkeit jederzeit zu gern verfällt. Denn diese Regression heißt, das Leben verfehlen, Jesus überdies ganz gewiß verfehlen, der unendlich sich entwickelndes Leben schlechthin ist.

Nun ist es aber ein nicht hinwegzudenkender Befund, daß das Jesusbild zwei Jahrtausende hindurch mit Projektionen regressiver Art über und über belastet worden ist. Das ist natürlich auch die Ursache dafür, daß die Suche nach christlicher Selbstidentität immer wieder irregeleitet wird.

Wenn es sich aber so verhält, müßte man also vor allem den Mut haben, aufzugraben und beiseite zu schaufeln, wegzuwerfen und abzuräumen, um und um kritisch zu sichten, was wirklich wesentlich jesuanisch ist und was nicht. Nur so kann ja für alle christliche Selbstfindung die wahre Gestalt Jesu als zentrale Beziehungsmacht auftauchen.

Das uns zunächst verpflichtende Arbeitsprinzip ist damit deutlich herausgearbeitet. Es besteht im Abräumen, im Beiseiteschaufeln und Bloßlegen. Es ist also zunächst durch und durch *analytischer* Art. Spezieller und sachbezogener formuliert ist unser Arbeitsprinzip in die Frage zu fassen: *Was alles gibt es bei Jesus nicht?* Mag man es ihm auch noch so oft, noch so autoritativ zugeschrieben haben. *Das* wäre, wenn als nicht-jesuanisch erkannt, notgedrungen wie unbekümmert zur großen Deponie geschichtlicher Verirrung wegzuschaffen.

Aber unser Vorgehen kann keineswegs nur analytischer Art sein. Um zu erkennen, was jesuanisch ist und was nicht, muß ja eine positive Konzeption im Hintergrund stehen, um als kritischer Maßstab zu dienen. Das ist auch der Fall. Mit diesem integrierten Jesusbild zu beginnen, ist aber gar nicht ratsam. Denn der naive Leser würde wohl sofort argumentieren: Also ein neuer Schlüssel, der alle Schlösser schließen soll! Diesem zu leicht, zu schnell, zu billig erhobenen Anwurf, selbst nur eine neue, wenn auch andere Projektion über den fraglichen

Gesamtkomplex auszubreiten, setzen wir uns gar nicht erst aus. Darum *entwickle* ich, wie es mit sachlicher Notwendigkeit zu jenem synthetischen Gottesbild bei Jesus kommen muß. Die festgestellten nicht-jesuanischen Motive stelle ich dann in dem schon angekündigten *krank machenden Gottesbild* zusammen, durchaus das Gottesbild christlicher Konvention und Praxis. Mich leitet also vornehmlich ein tiefenpsychologischer Gesichtspunkt, wie schon im Untertitel der Arbeit programmatisch gesagt. Ich will aber besonders hinzusetzen, daß gerade die Arbeit mit meinen Patienten mich auf die folgenden ausgeführten Gesichtspunkte gelenkt hat. Darum werden die Patienten auch immer wieder zu Worte kommen. Die Dogmatik ein bißchen zu verändern, habe ich kein Interesse. Die Dogmatiker sollen selbst sehen, was sie mit den Erkenntnissen anfangen, die auszusprechen die moderne Tiefenpsychologie nicht umhin kann. Schon bei dieser Abräumungsarbeit geht es zu wie bei der Restaurierung alter Bilder oder Wände. Je mehr Tünche abgetragen wird, umso leuchtender schimmert das echte Bild durch, das genuine Bild, nach dem alle christliche Suche nach Selbstidentität fragt.

Dem als Warnung dienenden krank machenden Gottesbild stelle ich dann unmittelbar gegenüber das genuine, das heile und echte Gottesbild Jesu, von dem ich hier nichts vorwegnehmen will. Damit müßte unsere Untersuchung auf eine großartige, befreiende Synthese hinauslaufen.

Zunächst aber: *Was alles gibt es bei Jesus nicht?*

Diese methodische Stellungnahme bringt alles Abweichen abrupt zum Stillstand, sie sperrt sofort alle Gleise für Linksabbieger wie Rechtsabbieger. Diese Fragestellung nimmt nichts unbesehen hin, sondern sucht jede Projektionskulisse zweifelhaften Ursprungs auf. Natürlich gibt es noch viel mehr, als wir hier aufspüren werden. Aber die nachstehend Benannten sind von besonderer Wichtigkeit.

Diese Fragestellung ist nicht gewillt, vor irgendeiner Dummheit oder irgendeinem Vorurteil ehrfürchtig das Haupt zu senken, nur weil sie sich in eine altehrwürdige Glorie hüllen.

Diese Fragestellung versucht, den Mut zur Kühnheit aufzubringen, ja unternehmungslustig zu sein, weil sie sich von so vielem, das behindert, frei gemacht hat.

Darum: Was ist es denn, das es bei Jesus überhaupt nicht gibt – obwohl man dauernd davon redet?

Richtet nicht!

Es ist schon verwunderlich. Da ist einer, der immer wieder einschärft: Richtet nicht! Rottet ihn aus, den Richtgeist, der über andere herfällt und kein gutes Haar an ihnen läßt. Nehmt euch lieber selbst genauer unter die Lupe. Und wenn er nicht nur mahnt, sondern sogar mit stärksten Tönen wettert, das alles hilft ihm gar nichts: Im Handumdrehen wird er selber zum Richter gemacht, nicht etwa nur zu einem Richter, wie es viele gibt, oder nur zu einem Landgerichtsdirektor, nein, er wird eine steile Karriereleiter hinaufgeschickt. Er wird zum Weltenrichter, der Vergangenheit, Gegenwart und Zukunft in seinen Händen wägt. Und in einem fort, seit Tausenden von Jahren, erinnern wir uns bei feierlichen Gelegenheiten daran, das Apostolische Glaubensbekenntnis sprechend, daß er einst kommen wird, »zu richten die Lebendigen und die Toten«. Wir hören nicht auf, ihm diese unbeschreiblich erhabene oder schlechthin erschreckende Rolle zuzuschieben, aber ich bin ganz sicher – weil ich nämlich sein Evangelium kenne –, daß, wenn er wiederkäme, er traurig erstaunt unserem Zelebrieren zuhören würde, aber die ihm zugeschobene Rolle des Weltrichters würde er *nicht* annehmen. Weil er ja nie etwas Derartiges im Sinn gehabt hat, weil er sich ja nur wundern könnte, daß man ihn derart von Grund auf mißverstehen konnte.

Völlig klar ist jedenfalls, daß Jesus mit dem gesamten Komplex des Richtens und Rächens nichts zu tun haben will. Schon

43

eine Erbstreitigkeit, die ihm unterbreitet wird, läßt ihn sehr prinzipiell werden. Er sei doch kein Advokat! Wegen solcher Verkennung klingt eine gewisse Empörung aus seiner Zurückweisung: »Mensch, wer hat mich zum Richter oder Erbschlichter über euch gesetzt?« Könnt ihr denn nicht sehen, heißt das, wen ihr vor euch habt? Ihr habt einen vor euch, der »Richtet nicht« sagt und das auch meint. Besonders der Evangelist Johannes hat diesen Grundzug im Wesen Jesu betont. »Ich richte niemand!« heißt es hier, oder »ich bin nicht gekommen, daß ich die Welt richte«, und ähnlich des öfteren. Was er will und vertritt, ist etwas Besseres, Überlegeneres, etwas, das »mehr hinhaut«, Konflikte aufzulösen. So hätte er vielleicht gesagt, wäre ihm unser Jargon in den Sinn gekommen.[1]

Aber es bleibt gar nicht nur bei der Zurückweisung, ein empfindlicher Hauptnerv ist offenbar angeschlagen, darum folgt sofort der kritische Appell: »Wie kannst du« überhaupt? Hast du denn überhaupt ein Recht zum Richten und Streiten? »Wie kannst du zu deinem Bruder sagen: Laß mich den Splitter aus deinem Auge herausziehen! – und dabei steckt in deinem Auge ein Balken. Du Heuchler!« Man muß den energischen Zugriff heraushören, den diese weiteren Worte tatsächlich darstellen.[2] Aus der Zurückweisung ist eine Infragestellung geworden, eine sehr grundsätzliche. Dies ist kein mildes Wort, das zum Insichgehen mahnt, sondern ein absolut realistisches Bloßlegen der unverschämten Heuchelei, die allen Richtgeist motiviert. Einen Balken im Auge können wir uns im übrigen nicht gut vorstellen; wir sollen ihn uns auch gar nicht vorstellen können, denn die subjektive Minderwertigkeit, die hinter allem Richtgeist steht, ist unvorstellbar. Das absichtlich so gewählte paradoxe Bild setzt gerade den, der richten will, ins Unrecht – und zwar abgrundtief. Splitterrichten kommt allemal von Balkenträgern! sagt Jesus und spricht damit ein ganzes Bündel tiefenpsychologischer Einsichten aus, wie wir sehen werden.

Diese Worte »Richtet nicht« und »Ziehe zuerst den Balken aus deinem Auge« gehören jedenfalls zusammen. Mit ihnen verurteilt Jesus den Richtgeist, dessen subjektiv negativen Ursprung er aufdeckt.

Man könnte fragen, ist das so wichtig? Heutzutage? Wo

steckt da die Aktualität? Wo trifft denn das die Welt der Gegenwart? Trifft es überhaupt?

Richtgeist heute

Jesu markante Wendung gegen den Richtgeist trifft die Gegenwart gewiß mit besonderer Aktualität. Dies sei konkret unterstrichen. Wer sind denn heutzutage die Richter, die destruktiven Balkenträger, die herunterreißen, beschuldigen, verdammen, herabwürdigen, Rufmord begehen und vor Lebensvernichtung nicht zurückschrecken?

Die Ideologien sind heute die furchtbaren Richter. Die Ideologien haben nicht nur ins Ghetto, in die Gaskammern und Krematorien getrieben. Sie fahren fort, den, der anders denkt, zu verfolgen, zu vertreiben, sogar aufs offene Meer zu verjagen, die Opfer einem grausamen Schicksal im Kampf mit den Elementen auszuliefern. Folter ist nicht eine Brutalität der fernen Vergangenheit, deren Marterkammern wir auf alten Burgen schaudernd besichtigen. Ideologien foltern weiter, sie foltern wieder mit neuen Methoden, sie tun es unter vielen Völkern in vielen Ländern. Selbst Kliniken und Sanatorien sind zu verschwiegenen Folterkammern geworden. Der Boykott, mit dem ein Andersdenkender oder Kritiker derart isoliert werden kann, daß er lebendig tot ist, stellt eine der besonders wirksamen Torturen der heutigen ideologischen Richter dar. Wir sehen es täglich, der Richtgeist, immer bereit zu verdammen und umzubringen, geht um unter den Völkern der Gegenwart, in einem Ausmaß wie vielleicht nie zuvor. Er hat seit dem Zweiten Weltkrieg zu nahezu hundertfünfzig großen und kleinen Kriegen, ungezählten Vertreibungen, Gewalttat und Blut geführt. Jesu Kampf gegen den Richtgeist war nie so aktuell wie gegenwärtig.

Die politischen Parteien sind heutzutage prominente Vertreter des Richtgeistes. Je schwieriger die Probleme des Wirtschaftskampfes, der Ölversorgung, der Technisierung oder die Spannungen eines übervölkerten, gepferchten Zusammenlebens werden, umso mehr macht sich ein totalitärer Richtgeist selbst in angeblich demokratischen Parteien geltend. Nur meine Linie hat Recht, sie ist geschlossen durchzusetzen oder mit Parteidisziplin, wie man es nennt. Wer von der Parteilinie abweicht, selbst in Einzelfragen, ist vom Ausschluß oder zumindest einem Parteiverfahren bedroht. So aber wird die freie Demokratie faktisch zur Parteidiktatur. Ist das schon innerhalb der Partei die Tendenz, wird der Angehörige einer anderen Partei schnell »verteufelt«, wie die laut erhobene Klage lautet. Auf diese Weise werden vielfache Pro- und Antibarrikaden aufgeworfen, die Sachlichkeit ebenso wie Gemeinschaft schwer schädigen. Wenn in diesem brodelnden Richtkampf eine Sekunde das Wort Jesu ernst genommen würde, das des Balkens im eigenen Auge zu gedenken mahnt, – es wäre eine totale Veränderung unseres politischen Gesamtlebens, ein traumhaftes Ereignis.

Primitive Selbstdurchsetzung sei weiterhin als die große Quelle eines rücksichtslos primitiven Richtgeistes genannt, der das Völkerleben, Gemeinschafts- wie Einzelleben geradezu verseucht. Meine Belange, mein Anteil am Wohlstand zählen, meine Sympathien und Antipathien entscheiden, und sie werden mit jedem Mittel durchgesetzt. Primitive Selbstdurchsetzung, diese globale psychische Vernichtungstendenz scheut nicht zurück vor Terrorismus, Mord, Raub, Geiselnahme und Gewalttat jeglicher Härte. Attentate sind an der Tagesordnung. Diese primitive Selbstdurchsetzung, die den gesamten menschlichen Belangen heutzutage einen ordinären, dekadenten oder gesamtneurotischen Anstrich gibt, weiß wenig mehr vom Mitmenschen als meinem Nächsten, vielmehr, jeder, der mir in den Weg kommt, ist mein Feind, der meine Faust locker macht. Agressiver Richtgeist ist mithin eine Gesamtbefindlichkeit der Gesellschaft wie der Völker geworden. Die Folge ist die Aufrichtung von Feindbildern, Kriegspsychose und eine Politik, die nur ein Gleichgewicht des Schreckens heraufführen kann.

Genug der zeitbedingten Bezugnahmen. Es ist gewiß, Jesu Weisung »Richtet nicht« ist aktuell. Sie spricht zu einer Menschheit, die nicht nur von diesem oder jenem Problem bedrückt wird, die vielmehr nach ihren elementaren Überlebenschancen forschen muß. Jenes »Richtet nicht« würde dabei eine echte Hilfe sein.

Jesus erklärt, er richte niemand. Und er fordert, daß niemand einen anderen richten soll. Aber ich habe doch Recht, sagt der Ankläger, der den Beschuldigten belastet. Jesus läßt sich auf die Unmenge der Argumente, die das eigene Recht beweisen sollen, überhaupt nicht ein. Er schlägt vielmehr allem Rechthabenwollen die Waffen aus der Hand, indem er an den Balken im eigenen Auge erinnert. Das ist ein typisch jesuanisches Gleichniswort, das durch drastische Übertreibung gerade das Wesentliche zeigt, auf das es ankommt. Wer nämlich einen Balken im Auge hat, kann ebenso dem Menschen mit dem sprichwörtlichen Brett vor dem Kopf verglichen werden, das heißt, er kann nicht sehen. Was weiß er also, was sieht er also in seiner so schwer beeinträchtigten Sicht vom anderen? Aber die verunsichernde Frage ist kraft des Bildes vom Balken mit einer solchen Massivität gestellt, daß der Ankläger total verunsichert ist. Aus dem: Wie steht es denn bei dir selbst? ist geworden: Ja, wie steht es denn bei mir?

Es steht schlechter als bei deinem Gegenüber. Bei diesem ist nur ein Splitter zu entfernen, der Kritiker hat das Problem eines Balkens zu bewältigen. Tiefenpsychologisch geurteilt, symbolisiert der Balken wie der Splitter den »Schatten«. Der Schatten eines Menschen ist unbewußt. Er wird oft die »dunkle« Seite genannt, denn unter diesem Aspekt meint man alles noch nicht Verwirklichte, das aber aus innerer Notwendigkeit der Person ansteht. Schatten meint aber auch alles Unterdrückte, Abgewiesene, Vergessene oder Abgesunkene. Als unbewußt ist das helle Licht des Bewußtseins nicht auf ihn gerichtet. Darum kann sich hier ebenso alles Negative, Böse oder Destruktive leicht ansiedeln. Schatten meint also einen sehr komplexen, vielstrukturierten oder umfassenden Aspekt des Unbewußten. Der Schatten ist ein tatsächlich mächtiger »Balken«. Jeder Mensch hat einen Schatten, er gehört zur Struktur der menschlichen Psyche. Darum ist die Allgemeingültigkeit, mit der Jesus argumentiert – ein jeder soll seines Balkens gedenken –, durchaus zutreffend.

Der primitive Mensch projiziert seine unbewußten Probleme bekanntlich in die Außenwelt. Der Selbstwerdungsprozeß beginnt damit, daß er anfängt, diese Probleme als seine eigenen zu erkennen und bei sich selbst zu bearbeiten. Kommt es aber nicht dazu, fährt er fort, seinen Schatten nach außen auf Dinge und Menschen zu projizieren, so wird er mit Jesu Worten zum Splitterrichter. Das Splitterrichten ist mithin eine *Schattenprojektion*, die von Jesu praktischer Psychologie grundsätzlich in Frage gestellt wird. Zugleich macht er sehr treffend deutlich, daß Schattenprojektion etwas sehr Destruktives und sehr Selbstschädigendes ist. Darum spricht er ernste Warnungen aus:

»Richtet nicht, dann werdet ihr auch nicht verurteilt werden. Verzeiht, und euch wird verziehen werden. Gebt, und euch wird gegeben werden.« Grundsätzlich: »Mit dem Maß, mit dem ihr messet, werdet ihr auch gemessen werden.«[3]

Die Parallelstelle bei Matthäus setzt ein »damit« ein, jetzt heißt es: Richtet nicht, damit ihr selbst gut davonkommt. Dieses *damit*, das sich auch anderswo, besonders in ethisch grundsätzliche Worte, eingeschlichen hat, ist eine irreführende Weise der Berichterstattung. Aus ihr kann man eine egoistisch motivierte, primitive Ethik herauslesen, die raffiniert danach schielt, wie sie selbst am besten fährt. Das wäre natürlich eine Mißinterpretation. Der Schlüssel zum richtigen Verständnis ist deutlich an die Hand gegeben: »Mit dem Maß, mit dem ihr messet, werdet ihr selbst gemessen werden.« Das ist wiederum eine wichtige tiefenpsychologische Einsicht. *Die psychische Wertebene, auf die man sich begibt, bekommt man mit all ihren negativen wie positiven Konsequenzen zu spüren.* Das hat mit einem Lohngedanken, den man bei Jesus immer wieder hat finden wollen, überhaupt gar nichts zu tun. Jesus vertritt keine Lohnethik, das ist mit allem Nachdruck zu sagen. Wenn er das täte, hätte er getrost beim Gesetz bleiben können, dort gibt es Lohn und Strafe. Was Jesus in dem hier angeführten Wort zum Ausdruck bringt, ist keine Lohnethik, sondern er bezeichnet die der jeweiligen Haltung entsprechende *immanente Konsequenz*. Das Maß, das meine Projektion anderen anlegt, trifft mich selbst. Nicht nur andere sind geschädigt, ich schädige mich selbst genauso. Das hat mit Vergeltung und Lohn nicht das mindeste zu tun.

Den Funktionszusammenhang, den Jesus hier beschreibt, haben wir in der Tiefenpsychologie genauso. Umwelt, Elternhaus, tragische Umstände mögen den Anlaß etwa zu einer schmerzlichen Fehlentwicklung gegeben haben, aber sie sind keine Erklärung im Sinne der Entschuldigung. Die Frage, der sich Analysanden zu stellen lernen müsssen, ist die: Was aber habe *ich* daraus gemacht? *Nur das zählt.* Fahre ich ein Leben lang fort, Vater und Mutter für das verantwortlich zu machen, was aus mir geworden ist, dann hindert mich das nur an der eigenen Persönlichkeitswerdung. Dann projiziere ich schließlich all mein Versagen auf Vater und Mutter, ich verharre in *selbstdestruktiver Projektion*, keiner Selbstverantwortung fähig.

Daß Richten, in unserer Sprache Schattenprojektion, dem anderen schadet, daß ich zu solcher Schädigung kein Recht habe, brachte Jesus ebenso, deutlich genug, zum Ausdruck. Auch für den anderen ist und bleibt *Richten* ein *destruktiver Projektionsakt*, denn ich belaste ihn meinerseits, schädige und verletze ihn mit meiner eigenen Negativität. So wird der destruktive Projektionsakt des Richtens gleichsam zu einem psychischen Strafvollzug, an Unbetroffenen oder kaum Betroffenen vollzogen.

Dafür ein gleichsam schlichtes Beispiel, das jedoch treffend genug ist. Im Hause des Analysanden, von dem noch die Rede sein wird, waren zwei Mädchen zusammen mit ihrer Bewährungshelferin untergebracht, ein Experiment der Resozialisierung. Durch irgendeine Lücke, niemand weiß wie, bekommen die Hausbewohner jedoch Wind von den Umständen. Sofort richtet sich eine Wand auf. Man grüßt nur noch verhalten oder nicht mehr, man blickt lauernd und abschätzend. Daß jene kleine Gruppe unerwünscht ist, kommt auf mehr als eine Weise zum Ausdruck. Die Atmosphäre wird gespannt und unerträglich. So sind der Resozialisierung schwere Brocken in den Weg gerollt. Von ähnlichen Vorkommnissen, entlassene Strafgefangene oder Behinderte betreffend, berichten Medien und Zeitungen, jeder weiß davon. Wir müssen fragen: Was für kleine, enge, im Grunde böswillige und gehässige Leutchen müssen das in jenem Hausblock gewesen sein, denen beim Anblick zweier Mädchen, die einen neuen Weg ins Leben suchten, nur arge Vermutungen kommen konnten, so daß ihr Verhalten prompt derart absinken konnte? Wie unser Fall konkretisiert, bedeutet also eine solche richtende Haltung eine Art *psychischen Strafvollzuges,* vollzogen an Unschuldigen.

Richtgeist ist also ein *psychischer Zerstörungsakt der Eigenmenschlichkeit wie der Mitmenschlichkeit.*

Nicht unsere Ebene

Ist es denn wirklich so, daß Jesus das »Richtet nicht« so entschieden durchhält? Verwendet er denn nicht selbst richterliche Vorstellungen? Sehen wir uns darum kurz einige Gleichnisse an, bei denen wir ja dem Geistesgut Jesu am nächsten stehen, Gleichnisse, in denen solche Vorstellungen verwendet werden, und achten wir darauf, wie sie verwendet werden. Da ist zum Beispiel das »Gleichnis vom ungerechten Richter«, wie es genannt wird. Dieser Richter ist jedoch von vornherein keine Zierde seines Standes. Gott und Menschen sind ihm vollkommen gleichgültig, und das Recht ist es auch, wie es ausdrücklich heißt. Die arme Witwe, die in der Stadt lebt, scheint ein begründetes Anliegen zu haben, es gibt ihr jedenfalls den ungewöhnlichen Mut, nicht locker zu lassen, nicht nachzugeben, den Richter damit immer wieder anzugehen. Aber schließlich macht ihn die Quengelei der Witwe, so gibt er zu, schier verrückt, ja er beginnt, sich vor ihr zu fürchten, sie »wird mich zu Tode quälen«, sie wird mich »fertigmachen«, »sie bringt mich unter die Erde«, mag sie also haben, was sie will! Was zeigt das Gleichnis? Es zeigt, wie die *Richterrolle zu Bruch geht.* Die Witwe hat den Richter innerlich besiegt, mit ihrer Ausdauer, ihrem unverzagten, sich durchkämpfenden Vertrauen. Darauf kommt es an! Mit einem solchen Einsatz nimmt die Witwe die überlegene Haltung ein.[4] Nicht der Richter, sondern sie spielt mithin die Hauptrolle im Gleichnis.

Oder da ist das Gleichnis vom »Gang zum Richter«. Denkt doch nach, so stößt Jesus die Besinnung der Menge an, ihr könnt schon erkennen, was recht ist, wenn ihr nur wollt. Nehmt folgendes Beispiel. Jemand ist drauf und dran, dich zu verklagen. »Dann gibst du dir doch Mühe, die Sache mit ihm in Ordnung zu bringen, bevor es zum Prozeß kommt. Wenn du erst vor Gericht stehst, wird dich der Richter der Polizei übergeben, und die Polizei steckt dich ins Gefängnis.« Und da ist schwer herauszukommen. Darum: Auf dem Weg noch besinne dich, begib dich überhaupt *nicht auf die Ebene, die nicht die deine*, die dir wesensfremd ist. Es gibt für dich durchaus noch andere Mittel.[5]

Und wie steht es weiterhin zum Beispiel mit dem »Gleichnis vom Unkraut unter dem Weizen«[6]? Auch dieses Gleichnis *warnt vor dem Richten*, das unter Umständen ein sehr *voreiliges* sein kann. Bei dem Unkraut, das die Jünger sofort ausreißen wollen, handelt es sich um den sogenannten Lolch. Erst an den Ähren kann man den Lolch deutlich vom Weizen unterscheiden. Voreiliges Ausraufen würde also Schaden anrichten. Das Unkraut, diesen Nebengedanken hat das Gleichnis auch, wird sich schon als Unkraut erweisen.

Das sind zentrale Gleichnisse, und in den Gleichnissen sind wir der originalen Verkündigung Jesu bekanntlich am nächsten. Sie alle verurteilen das Richten ebenso wie die entsprechenden Einzelaussprüche Jesu. Sie sind allesamt Gleichnisse wider das Richten. Es kann ja gar nicht anders sein, denn Jesu Haltung als ganze überbietet die richterliche, rechtliche Ebene. Die entsprechende psychische Konsistenz spiegelt sich mithin überall.

Aber da werden ja auch noch ganz andere Anschauungen vertreten, wird man vielleicht einwenden. Da ist zum Beispiel der Schalksknecht, dem so viele Schulden erlassen waren, der selber aber um eines kleinen Betrages willen seinen Schuldner übel traktiert. Von dem wird erklärt, daß er seinen Peinigern übergeben werde. Und der Mann, der ohne ein sauberes Kleid zur königlichen Hochzeit kommt, soll wegen offen erwiesener Mißachtung in die Finsternis hinausgeworfen werden. Oder im Gleichnis vom anvertrauten Geld wird dem dritten Knecht, der überhaupt nichts Positives mit der kleinen, ihm übergebenen Summe anzufangen wußte, alles Vertrauen entzogen und in Aussicht gestellt, in die Dunkelheit verbannt zu werden.

In diesen und ähnlichen Texten ist doch von Gericht und Gerichthalten die Rede? Darauf ist mit »nein« zu antworten und näher präzisierend zu sagen: Allerdings wird die *Bedeutung der Verantwortung* von Jesu immer neu eingeschärft. Allerdings wird überall unmißverständlich deutlich gemacht, daß Böses auch Böses zur Folge hat, und Jesus stellt die Menschen hart in die Entscheidung und weiß von verspielten Gelegenheiten zu reden. Aber wenn Jesus in solchen Zusammenhängen, die schwerwiegenden negativen Folgen kennzeichnend, von Heulen und Zähneklappern und Finsternis spricht, dann führt er die Rechts- oder Richterordnung nicht wiederum ein. Bei Ausmalung der Gleichnisse knüpft Jesus vielmehr an volkstümliche oder gängige Vorstellungen an, dadurch gewinnen sie Farbe und Leben. Jesus bedient sich dieser Vorstellungen also in rein *assoziativer* Weise, er knüpft an, niemals tragen sie den Aussageakzent.

Entscheidend aber ist, daß die wie Gerichtsurteile klingenden Worte in Wahrheit nichts als *Konstatierung von Fakten* sind. Das Maß, das wir anlegen, ist auch an uns angelegt, hieß es zuvor. Bestimmte Verhaltensweisen haben bestimmte Folgen. Es ist gar kein hinzukommendes Urteil und Verurteilen nötig. Ein spezifisches Verhalten hat die entsprechenden Folgen als *immanente Konsequenz* in sich. Am Wort vom guten oder schlechten Baum, der konsequenterweise nur gute oder schlechte Früchte tragen kann, werden wir im folgenden denselben Sachverhalt feststellen müssen, es wird eine Tatsache ausgesprochen. So ist es, so geht es zu! Jene die negativen Konsequenzen negativen Verhaltens andeutenden Worte Jesu sind darum Ausdruck – nicht seiner Gerichtsvorstellungen, sondern: seines untrüglichen Realismus.

Ebenso verhält es sich in der Psychotherapie. Auch hier gilt: Bestimmte Verhaltensweisen haben bestimmte Folgen. Wer den Werten der eigenen Persönlichkeit entgegen handelt, erleidet eben Persönlichkeitseinbuße, psychisches Chaos, Neurosen oder andere Erkrankungen. Das sind Fakten, solche Fakten werden erhärtet oder festgestellt. Werten, Bewerten, hinzutretende Gerichtsurteile gibt es in der Psychotherapie grundsätzlich nicht.

C. G. Jung erzählt den Fall eines Mädchens, das ihm mit dem ungewöhnlichen Symptom einer Syphilisphobie vorgestellt wurde. Sie arbeitete in München, und dann plötzlich setzten die nervösen Störungen zum ersten Male ein. Sie mußte nach Hause fahren und wurde hier natürlich, besonders vom Vater, mit aller Sorgfalt gepflegt. Bei dem nächsten Mal traten dieselben Symptome verstärkt auf. Wenn sie Arbeiter mit ihren Geräten auf der Straße traf, geriet sie in Panik, immer fürchtend, von den vorübergehenden Arbeitern mit Syphilis angesteckt zu werden. Es handelte sich bei diesem Fall um einen Vaterinzest, der das Mädchen motivierte, vor der Emanzipation oder dem Reifwerden als Frau zu fliehen. Insofern war die Krankheit eine Geschlechtskrankheit, sie betraf ihr Geschlecht, ihre Entwicklung als Frau. Schließlich mußte sie ihre Arbeit aufgeben, mied jeden Kontakt und saß todunglücklich und völlig isoliert auf ihrem Zimmer, sozusagen in Einzelhaft. Ihre gesamte Existenz war in Frage gestellt. Was tat *Jung?* Er konstatierte ein Faktum, indem er dem jungen Mädchen schlicht und einfach erklärte: Sie sind faul! Der Arbeiter ist nur ein Symbol der Arbeit, die Sie scheuen. Jetzt gehen Sie nach München und halten durch! Das traf derart den Kern ihrer Neurose, daß diese wie ein Luftballon zerplatzte.

Was sollte hier zusätzlich Tadel, Kritik, Verurteilung, Gericht? Weinend in ihrem Zimmer monatelang eingesperrt, hatte sie genug »Gericht«, das heißt negative Konsequenz ihres anfänglichen und dann auswuchernden Fehlverhaltens.

Genauso Jesus: Er konstatiert die negativen Folgen, die aus negativer Haltung sich ergeben. Darum ist es so treffend, wenn es bei Johannes heißt: »Wer mich verachtet und meine Worte nicht annimmt, der hat schon seinen Richter.«[7] Der erleidet eine Persönlichkeitseinbuße, deren negative Konsequenzen sich unweigerlich auswirken. Dafür hat Jesus einen unbestechlichen Blick, aber Gericht halten ist nicht sein Geschäft.

Ist das alles, was soeben angedeutet wurde, nicht unsere Ebene, von der wir uns mithin fernzuhalten haben, so trifft das für den Eid im besonderen zu. »Schwört überhaupt nicht!«[8]

Was wird im Orient nicht ständig geschworen! Kommt die Unterhaltung auf einen strittigen Punkt, wird die eine oder andere Seite die Aussage beschwören. Man ergreift dabei die Ohrläppchen und schwört so bei Haupt und Leben. Man schwört bei Vater oder Mutter, bei Frau oder Kindern, vor allem beim ältesten Sohn, man schwört beim großen Bullen im Stall oder der Ernte auf dem Feld. Man schwört bei allem. Was Wert hat, eignet sich auch zum Schwören. Wenn Jesus sagt, schwört überhaupt nicht, dann müssen wir auch den Orient vor uns haben, der das Gegenteil tut, nämlich immer schwören. Schwören ist die Würze der kräftigen Rede.

Vor den Gerichtsgebäuden in Indien habe ich immer in Scharen die Zeugen hocken sehen, die auf Kunden warten, denen sie vor dem Richter etwas beschwören sollen. Man kann dabeistehen und zuhören, wie sie gedrillt werden, diese Sache so und nicht anders zu bezeugen. Und wenn der Richter so fragt, antwortet man so. Ist der Zeuge oder sind die Zeugen genügend versiert, dann geht es auf, hinein und vor die Schranken. Das wird so geschickt gemacht, mit derart delikater Raffiniertheit, daß jedenfalls der Betrug selten entdeckt wird.

Jesus muß etwas ganz ähnliches beobachtet haben, denn er gibt ja ein paar Proben, wobei geschworen wird, beim »Himmel« – wie im Orient. Bei der »Erde« – wie im Osten, beim »Haupt«, natürlich, das ist besonders beliebt. Jesus erwähnt auch den Schwur bei der heiligen Stadt »Jerusalem«, das ist lokale Besonderheit, aber dafür gibt es lokale Entsprechungen in jedem Land des Ostens. Auch das »falsch Zeugnis« wird mehrfach genannt, und »falsche Zeugen«, die nach dem Bericht der Leidensgeschichte gegen Jesus selbst auftreten, waren also auch den Berichterstattern wohl bekannt.

Der Eifer zum Schwören ist östliche Temperamentssache. Indem Schwören eine Sucht wird und ist, hat der Schwur aber seinen Ernst verloren. Von hier aus gesehen, haben Jesu Worte die Bedeutung: Laßt doch den Unsinn!

Zugleich aber erinnert er daran, daß der Himmel, bei dem man so gedankenlos schwört, »Gottes Thron«, die Erde »seiner Füße Schemel« oder Jerusalem »die große Stadt des Königs« ist. Das sind Bilder, die eindrücklich machen, die jeweilige Anrufung *bedeutet* etwas! Etwas Heiliges, Großes, Ernstes! Mit eurem gedankenlosen Geschwätz von Schwurformeln versündigt ihr euch. Von hier aus gesehen, und das ist das Wichtigere, bedeutet Jesu Verbot Aufruf zum Ernst, zur Scheu, zur Ehrfurcht.

Auch wir kommen aus einer Zeit, in der ständig geschworen wurde, von den obersten Spitzen bis zum letzten Pimpf. Im kollektiven Bewußtsein der Menschen ist der Eid entwertet.

Die vielen Eide im Hitlerreich manipulierten die Massen in eine eidlich gesicherte Hörigkeit gegenüber dem Führer. Das führte zur kollektiven Entmenschung, jedes Verbrechen konnte nun, besonders gegen Juden und Zigeuner, gegen Polen und Homosexuelle, begangen werden. Man gehorchte einem Befehl, man hatte dem Führer einen Eid geschworen, der das eigene Gewissen ersetzte. *Der kollektive Mißbrauch des Eides hat untermenschlichen Morast geschaffen.* Damit verglichen, bezog sich Jesus auf viel weniger gravierende Dinge.

Darum sollten gerade wir wegen jener Zeit und der untermenschlichen Greuel ein offenes Ohr dafür haben, wenn Jesus uns zuruft: Fangt doch nicht wieder mit der Schwörerei an! Wißt ihr denn nicht, wohin ihr damit kommt? Ihr kommt auch ohne Eide aus! – Das ist wahr.

Nehmen wir ein aktuelles konkretes Beispiel, nämlich die öffentliche Vereidigung der Rekruten – häufig verbunden mit dem Großen Zapfenstreich, der nach traditionellem Brauch mit dem Choral endet »Ich bete an die Macht der Liebe, die sich in Jesus offenbart«. Ich kann beim besten Willen nicht erkennen, was die genannte militaristische Veranstaltung mit der Liebe zu tun haben soll, die sich in Jesus offenbart. Es kann sich dabei doch nur um die gleiche psychische Verwirrung handeln, die einen deutschen Bischof in Zustimmung zu einem militärischen Aufrüstungsbeschluß vom »Friedensdienst *mit* und ohne Waffe« als in Übereinstimmung mit Jesu Evangelium sprechen läßt. Mit und ohne Großen Zapfenstreich ist eine öffentliche feierliche Vereidigung der Rekruten Relikt aus einer Gottseidank vergangenen Zeit, in der die Vermischung von Krieg und Evangelium, Militarismus und Religion noch eine Selbstverständlichkeit war. Wir meinen damit die Zeit, da auf den Koppeln der Soldaten »Gott mit uns« stand, in der gewonnene Kriege Segen Gottes und verlorene Kriege Gerichte Gottes bedeuteten. Jesu grundsätzliche Wendung gegen den Eid soll unser Bewußtsein so schärfen, daß wir jene gefährlichen militärischen Unterwanderungen des Evangeliums nicht wiederum zulassen oder sogar glorifizieren. Wir dürfen sie auch durch keine noch so harmlos erscheinende Hintertür wieder hereinschlüpfen lassen.

Auch im Gerichtswesen ist der Eid durch das Wort Jesu zu nichts als einem Übel degradiert. Warum ist das so? Es setzt ein Menschenbild als selbstverständlich voraus, das den Menschen grundsätzlich als Opportunisten und Lügner nimmt, der nur unter besonderer Strafandrohung, die ja mit dem Eid verbunden ist, eventuell zu einer Äußerung der Wahrheit gezwungen werden kann. Dies aber ist ebenfalls ein Tatbestand, der gewiß nicht mit besonderer Anrufung Gottes religiös glorifiziert werden sollte. Auch solche Anrufung Gottes beim Eid ist gleichfalls ein archaisches Relikt, das Jesu radikale Ablehnung des Eides schlechthin verbietet. Jesu Wort will also helfen, auch im Gerichtswesen aus einer archaisch regressiven in eine jesuanisch progressive Bewußtseinslage uns hineinzuentwickeln.

Mit regressiv meine ich, daß man zweitausend Jahre Jesu Wort »Schwört überhaupt nicht« wohl vernommen hat, dennoch aber unbeirrt die Praxis gerade jener Leute fortsetzt, die Jesus schon damals mit seinen Worten zum Umdenken bewegen wollte.

Es ist aber das Verhängnis des Abendlandes, daß es auf den perfiden und nichtswürdigen Ausweg verfallen ist, Jesus zum wirklichkeitsfremden Phantasten zu stempeln. Seine Worte, also auch die über den Eid, kommen mithin in dem Wortschatz der sogenannten Realpolitiker und Fachjuristen nicht vor, denn sie sind, so weiß man genau, ja doch nur Verkehrsregeln für den Himmel. Und so bleibt auf der Erde trotz Jesus alles beim alten.

Es bleibt alles beim alten – das heißt bei einer allgemeinen Stagnation. In der Psyche aber gibt es gar keine Stagnation, hier bedeutet sogenannte Stagnation unweigerlich Regression. Wo ein Mensch nicht vorwärts geht, geht er eben rückwärts. Wo aber viele immer wieder rückwärts gehen, sammelt sich im kollektiven Unbewußten der untermenschliche Morast, von dem wir bereits sprachen, der wie eine Zeitbombe nur auf seinen Auslöser wartet.

Weltgericht?

Aber eins wird man doch nicht übersehen können – so wird man sicher entgegnen –, nämlich das große Gleichnis vom Weltgericht.[9] Wie ein Hirt die Schafe von den Böcken trennt, so wird hier im letzten Gericht aller Tage der Weltenrichter Jesus die Guten und die Bösen scheiden. Gleicherweise aber wundern sich die einen, daß sie in diese Kategorie fallen, wie die anderen nicht begreifen können, warum sie jener Kategorie zugerechnet werden. Es fallen nun die großen Worte: »Ich war hungrig, und ihr habt mir zu essen gegeben. Ich war durstig, und ihr habt mir zu trinken gegeben. Ich war ein Fremder, und ihr habt mich bei euch aufgenommen. Ich war nackt, und ihr habt mir etwas anzuziehen gegeben. Ich war krank, und ihr habt euch um mich gekümmert. Ich war im Gefängnis, und ihr habt mich besucht.« Wann sollte das gewesen sein? fragen die einen erstaunt. Genauso fragen die anderen, denen vorgeworfen wird, daß sie das alles nicht getan haben. Die Antwort lautet: »Was ihr meinen ärmsten Brüdern getan habt, das habt ihr mir getan!« Das Gleichnis stammt aus vielen deutlich aufzuzeigenden Gründen nicht von Jesus. Es wird im Neuen Testament ja auch gar nicht Jesus direkt in den Mund gelegt. Gleichwohl, so urteilt *Herbert Braun* treffend, »man kann das große Gleichnis vom Weltgericht direkt als ein Denkmal bezeichnen, welches die Gemeindetradition dem Anwalt der schrankenlosen Nächstenliebe errichtet: Man dient Jesus in der Weise, daß man Hungernde, Dürstende, Herbergslose, Frierende, Kranke und Gefangene betreut, und dann merkt man es nicht einmal, daß man Jesus dient; man verfehlt den Dienst an Jesus in der

Weise, daß man sich um solche Hilfsbedürftigen nicht kümmert, und dabei wird einem nicht einmal klar, daß es Jesus ist, den man verfehlt hat. Es ist eine großartige Vision, die hier, verschlüsselt unter dem Mythos vom aufdeckenden Weltgericht, vor uns entrollt wird.«[10]

Aber man muß vielleicht noch genauer unterscheiden, wie es sich mit dieser Denkmalssetzung, von der *Braun* spricht, verhält. Der Sockel, auf dem das ganze errichtet ist, ist völlig ungeeignet für das, was er tragen soll. Der Sockel, oder sprechen wir besser vom Rahmen der Erzählung, stellt tatsächlich ungeschmälertes Rechtsdenken dar, wie Jesus es gerade nicht verwendet. Damit folgt die Gemeinde vorjesuanischem Gerichtsverständnis. Jesus selbst hat nie in dieser Weise zwischen Rechten und Schlechten geteilt, um sich der Rechten anzunehmen. Er hat sich im Gegenteil gerade der Unrechten angenommen und gesehen, wie sie Rechte werden können. Der Rahmen der großen Endvision ist also abzulehnen. Aber es ist ebenso hervorzuheben, daß in diesem inadäquaten Rahmen unfraglich wesentlich jesuanisches Gut bewahrt ist.

Einer großen Gruppe wird ausdrücklich bescheinigt, daß sie sich recht verhalten hätte. Denn sie haben sich der Hungernden angenommen, der Vertriebenen, der Obdachlosen, der Zerlumpten und Abgerissenen. Sie sind in die Gefängnisse und Krankenhäuser gegangen, sie haben noch viel mehr getan. Das zu hören verschlägt ihnen den Atem. Wann und wo soll das gewesen sein? Sie erinnern sich ja gar nicht. Hier ist jesuanisches Verhalten in Reinkultur tradiert. »Deine linke Hand soll nicht wissen, was die rechte tut«, heißt Jesu Richtlinie. Genauso haben die Erstaunten sich verhalten. Und da ist die arme Witwe, die zwei kleine Münzen nur im Vorbeigehen in die Kollekte gesteckt hat. Keine Ahnung hat sie, daß sie von Jesus als großes Vorbild hingestellt wird. Denn was ist das Besondere? Die Reichen geben viel, und das tut ihnen dennoch nicht weh, aber »diese Frau, die kaum das Nötigste zum Leben hat, sie hat alles gegeben, was sie besaß, ihren ganzen Lebensunterhalt«, und das hat sie ohne Aufhebens, einfach einer inneren Nötigung folgend, getan! Dies ist es, was ihre Haltung so bedeutend macht. Oder denken wir noch an die Frau, die mit einem Alabastergefäß mit teurem Öl kommt, Jesus zu salben, die aber wegen der nach der Meinung der Jünger viel zu teuren Salbung tüchtig gescholten wird. Jesus nimmt ihre Partei. »Sie hat getan, was sie konnte«. Sie hat alles getan, was sie konnte, sie hat es mit großer Selbstverständlichkeit getan.[11]

Wir sehen also, der genuin jesuanische Inhalt des fraglichen Gleichnisses sprengt direkt den Rahmen, in den er hineingezwängt ist. Warum und wieso? Der Rahmen ist offensichtlich nach üblichen und hergebrachten legalistischen richterlichen Gesichtspunkten entworfen. Der jesuanische Inhalt aber beschreibt eine neue Haltung, deren Hauptcharakteristikum eine strömende Spontaneität ist, wie sie besonders am Gleichnis vom Barmherzigen Samariter anschaulich wird. Eine solche neue Haltung kann als Haltung aber unmöglich zum Gegenstand einer Gerichtsverhandlung im alten Sinne gemacht werden. Anders gesagt, Rahmen und Inhalt spiegeln zwei völlig verschiedene Bewußtseinsebenen wieder, wie sich auch im weiteren zeigen wird.

Das frühe Richter-Mißverständnis

Die Tatsache dieser neuen Bewußtseinsebene hat schon die Urgemeinde, weil sie im Judentum von total anderen Voraussetzungen herkam, nicht verstehen oder integrieren können. Darum berichten, zumal die Evangelien, wohl Worte und Gleichnisse oder Taten Jesu. Aber die Berichterstatter, die immer zugleich Kommentatoren oder Erklärer sind, merken nicht, daß in vielen Fällen ihre eigenen Interpretationen dem Überlieferten nicht nur nicht entsprechen, sondern es oftmals geradezu in ihr Gegenteil verkehren. *Zwischen der Bewußtseinsebene Jesu und der seiner Überlieferer klafft nur zu oft ein Abgrund.* Den nicht zu sehen und nicht ständig zu beachten, führt zu einer völligen Fehlinterpretation der Gestalt Jesu und einer Verfälschung seiner Botschaft. Mit der selbstsicheren Naivität, die einem gründlichen Mißverstehen eigen ist, wird Jesus im Neuen Testament selbst nun weithin zum Weltenrichter, der kommen wird, »zu richten die Lebendigen und die Toten«.[12] Die historisch-ideelle Entwicklung nachzuzeichnen, die hier am Werke war, ist nicht unsere Aufgabe. Hingewiesen werden muß aber noch auf das letzte Buch des Neuen Testamentes, die Offenbarung, die im Zusammenhang mit der Richtervorstellung alles Jesuanische auf eine geradezu grausame Weise einstampft.

In der Apokalypse, deren Verfasser gewiß nicht mit dem des Johannesevangeliums identisch ist, wie früher angenommen, figuriert Christus unter dem Symbol des »zornigen Lammes«, das C. G. Jung mit Recht eine »groteske Paradoxie« nennt, also einen karikierenden Widerspruch zu dem, was Jesus in Wahrheit ist und, deutlich genug aus der Überlieferung erkennbar, in Wahrheit sein will. In der Offenbarung ist vom Endgericht die Rede, und darum wird erklärt: »Der große Tag seines Zornes ist gekommen«, nämlich besagten Lammes. »Wer kann bestehen?« Dieses Gericht nimmt unvorstellbare Dimensionen der Vernichtung an. Die Könige der Erde, die Gewaltigen und Mächtigen wie die Freien oder Knechte verbergen sich in den Klüften der Berge und flehen, die Felsen möchten doch über sie fallen, um sie vor dem schrecklichen Zorn des Lammes zu verbergen. Und daran tun sie gut. Denn was sich nun ereignet, übersteigt jedes vorstellbare Maß an Grauen und vernichtender Raserei. Beben verwüsten die Erde, die Sonne wird schwarz, der Mond wie Blut, die Sterne fallen vom Himmel, Inseln und Erdteile wirbeln durcheinander, Donner und Blitze rasen und zucken, Hagel und Feuer ergießen sich, die Erde verbrennt, ein Drittel aller Kreaturen kommt um, und über dieser kosmischen Wüstenei, die immer weiter grausig ausgemalt wird, erschallt ein dreimaliges Wehe! »Eine wahre Orgie von Haß, Zorn, Rache und blinder Zerstörungswut, die sich an phantastischen Schreckensgebilden nicht genug tun kann, bricht aus und überschwemmt mit Blut und Feuer eine Welt, die man eben noch zu der Liebesgemeinschaft mit Gott zu erlösen sich bemüht hat«, so kommentiert C. G. Jung, um festzustellen: Des Verfassers »von negativen Gefühlen getrübtes Christusbild ist allerdings zu dem eines grausamen Rächers geworden, das eigentlich mit dem Erlöser gar nichts mehr zu tun hat«. Wer immer der Verfasser dieser Entladung von aggressiven und destruktiven Tendenzen sein mag, *Jung* meint, sein Elaborat habe auf jeden Fall viel von seinem eigenen Schatten und wenig vom göttlichen Erlöser an sich. Und sehr richtig fügt er nach eingehender Auseinandersetzung auch dies hinzu: »Man kann es drehen und wenden, wie man will, im Lichte des Evangeliums der Liebe gesehen ist und bleibt der Rächer und Richter eine finstere Gestalt.«[13]

Offensichtlich ist das so, denn das jesuanische »Richtet nicht!« und das verheerend richtende zornige Lamm der Offenbarung sind und bleiben schlechthin inkonsistent. So ist es die neutestamentliche Kanontradition selbst, die die Jesusgestalt teilweise in das völlige Gegenteil dessen verkehrt, was sie in Wahrheit ist.

Hier nun machen wir eine schwerwiegende Beobachtung. Wir gewahren nämlich, daß der *Kanon selbst von im Grunde sich ausschließenden Spannungen durchzogen* ist. Wie soll es auf so spannungsreichem Grund zu einer echten Selbstidentität der Christen kommen? Offenbar ist das doch nur möglich, indem man kritisch zu unterscheiden lernt, nämlich zwischen echt Jesuanischem und ganz und gar nicht gemäßen Anschauungsformen und Projektionen der Überlieferer und Deuter. Kann man das? Will man das?

Darauf ist zu antworten: Nein! Zu einem großen Teil will man das nicht und kann man das auch gar nicht, weil die nötigen sachlichen wie psychologischen Voraussetzungen fehlen. Die Offenbarung nämlich spielt heute gerade in kirchlichen Kreisen wieder eine besondere Rolle. *Barbara Fickert* zum Beispiel meint, daß wir heute in einer vielfach in ihren Grundlagen erschütterten oder apokalyptischen Zeit leben, die ein neues Verständnis gerade für die Apokalypse ermöglichen müßte. Und so kommt sie zu dem fulminant einfachen Schluß, »daß die Offenbarung des Johannes heute genau so gültig und in ihrer Botschaft gewichtig ist wie zu der Zeit, wo sie niedergeschrieben wurde. Sie hat nichts an Aktualität verloren.« Der Höhepunkt totaler Konfusion ist aber mit der Schlußbemerkung erreicht, daß wir im Vaterunser den »Schlüssel« besitzen, »der uns nicht nur die Geheimnisse der Offenbarung des Johannes aufschließt, sondern zugleich die Frage nach dem Sinn von Leid und Tod unserer menschlichen Existenz beantwortet«.[14]

Das sind nicht konfuse Gedanken Einzelner, auch die Kirche in ihren maßgeblichen Äußerungen zeigt kein Interesse, selbstkritisch zwischen genuin Jesuanischem und nicht Jesuanischem zu scheiden. Als Beispiel gelte die von Papst Johannes Paul II. bei seinem Deutschlandbesuch empfohlene neue Tendenz der ökumenischen Zusammenarbeit der Kirchen. Als erstes mit Freude begrüßtes Ergebnis dieser Zusammenarbeit verbucht man, wie wir weltweit gehört haben, die Übereinstimmung hinsichtlich der Aussagen eines altkirchlichen Symbols, nämlich des sogenannten Niceano-Konstantinopolitanum vom Jahre 381, dessen 1600jähriges Jubiläum in das Jahr 1981 fällt. Aber gerade auch hier wird Jesus nachdrücklich als Richter vorgestellt.

Damit schließt die heutige Ökumene ganz ausdrücklich nicht an Jesus an, sondern an eine zeitbedingte und projektionsbelastete, das heißt das wahre Bild Jesu durchaus auch entstellende Interpretation. Offenbar kann sie nicht und will sie nicht an das genuin Jesuanische anschließen.

Die analytische Psychologie jedoch zeigt, daß man das muß. Tun wir es nicht, akzeptieren wir *Schattenelaborate als Heilige Schrift oder Bekenntnis*. Können wir uns etwa die grausigen Bilder der Zerstörung, die wir aus der Offenbarung zitiert hatten, im Munde Jesu vorstellen? Wir können es nicht, daran gibt es keinen Zweifel. Wir können es doch, werden viele entgegnen. Denen jedoch ist zu erwidern, daß sie den genuinen Jesus eben nicht kennen, weil sie offensichtlich auf der Bewußtseinsebene jener frühen Christen stehengeblieben sind, die für das frühe Mißverständnis eines richterlichen Jesus verantwortlich sind.

Der vorjesuanische Richtergott

Die brennende Frage lautet: Wie kann es zu einem solchen Umschlagen ins Gegenteil kommen? Wie wird es, psychologisch geurteilt, denn verständlich, daß man das »Richtet nicht« wohl zwar berichtet, seinem Bedeutungsgehalt nach aber glatt überhört, es vielmehr in längst bekannte Richter- und Gerichtsvorstellungen einbaut, wie wenn man es überhaupt nicht gehört hätte? Zwei Störfaktoren sind dafür verantwortlich, daß das Verständnis nicht nur gehemmt, sondern blockiert bleibt. Es sind Faktoren von kollektivem Ausmaß und darum von prägender sachlicher wie psychischer Mächtigkeit.

Der erste Faktor betrifft das, was man »von Jugend an«, diese Wendung kommt öfter im Alten Testament vor, zu glauben und zu praktizieren angehalten ist. Es betrifft die entscheidende *Prägung des christlichen Glaubens durch das Judentum* und seine Gottesvorstellung. Diese aber ist durch den *Richtergedanken* so zentral beherrscht wie tatsächlich keine andere Religion der gesamten Religionsgeschichte. In der Richter- oder Gerichtskonzeption hat das Judentum seine spezifische wie zentrale Qualifizierung. »Der Herr ist unser Richter«[15], heißt es hier. Er ist der Richter als der Allmächtige, er ist es als der Herr aller Kreatur, er ist es aber auch, wenn er Gnade walten läßt. Hier liegt das Fundament des gesamten religiösen Unterbaus. Mögen Unrecht, Gewalt und Böses in der Welt sich türmen – der Trost, der duchhält, ist der: »Es gibt noch Gott als Richter auf Erden.«[16] Diesem Gericht kann sich keiner entziehen, denn »er kommt zu richten das Erdreich. Er wird den Erdboden richten mit Gerechtigkeit.«[17] Und entsprechend wird man von früh auf gelehrt, Gott zu fürchten, den Willen des allmächtigen Herrn oder das Gesetz zu erfüllen und nach Gerechtigkeit zu streben und darin nicht zu fehlen, soweit man jedenfalls vermag, um eben im Gericht bestehen zu können. Eine solche Religion, in der die Richtervorstellung mit so vielen Implikationen bis ins Private und Alltägliche hinein eine derart dominierende Rolle spielt, kann dem »Richtet nicht« gegenüber nur zweierlei tun, entweder es verwerfen oder aber der eigenen Religion von Grund auf eine neue inhaltliche Thematik geben. Das Judentum jener Zeit entschied sich bekanntlich für die erste Alternative, es verwarf ihn selbst sogar, gerade wegen seines Nichtrichtens, weil er damit geradezu die Grundlagen ihres Glaubens in Frage stellte. Aber auch den ersten aus dem Judentum stammenden Zeugen war Jesu »Richtet nicht« bald eine nur verschwommene Vorstellung. Was man »von Jugend an« gewohnt war, setzte sich schnell wieder durch, und das heißt hier der vorjesuanische Richtergott. Das aber war und bedeutet nichts anderes als *Regression*, Rückfall hinter die Position Jesu. Richten wurde nunmehr wieder großgeschrieben. Indem nun aber solche regressiven Elemente sogar zur Heiligen Schrift wurden, hatte jene Regression erst recht all jene destruktiven Folgeerscheinungen, die wir zuvor ausführlich erklärt haben. Und so kam es, daß Ketzerprozesse, Scheiterhaufen oder Judenverfolgung sich nie und nimmer auf Jesu berufen konnten, wohl aber auf die sogenannte Heilige Schrift der Christen, teils direkt, teils indirekt.

Louis Kretz schreibt in seinem sympathischen Jesusbuch: »Die Pharisäer und Jesus wollen, beide, die Menschen zu dem Leben führen, das Gott verlangt. Aber ihrer beider Vorstellungen von Gott und dem, was er von uns will, sind völlig verschieden.«[18] Daß es sich um so prägnante Gegensätze handelt, war also auch manchen Autoren der neutestamentlichen Berichte bereits nicht mehr deutlich. Sie glitten sehr schnell in die Regression und vererbten auf solche Weise dem Christentum ein psychisch destruktives, neurotisches und fortwirkend neurotisierendes Element. Ob wir wenigstens heute diesen Umstand in seinem ganzen Gewicht erkennen und uns davon frei machen können, ist allerdings die Frage.

Der Patriarch

Der andere Störfaktor, der es auf weiten Strecken der Umwelt Jesu wirklich unmöglich machte, den Tiefsinn seiner Worte auszuschöpfen, ist mit der Tatsache gegeben, daß Jesus auf einer höheren Stufe der Menschheitsentwicklung, des Mensch- und Personseins steht, von der die Masse um ihn durch Welten getrennt ist. Was nämlich trennt sie? Es ist das absolut regierende *Patriarchat*, in dem nicht nur die Juden lebten, sondern die gesamte antike Welt. Der Mann steht im Zentrum, er regiert, lenkt und richtet und gibt in jeder Beziehung den Ton an. Diese antike Welt ist eine androzentrische Welt, männliche Werte wie Mut, Tapferkeit, Furchtlosigkeit im Kampf, lieber zu sterben als sich zu demütigen, sind die Werte, die regieren. Prinzipienstrenge, unverbrüchliches Recht, Macht und Ansehen stehen obenan. Dieser Patriarch – Herr über alles – ist zugleich das Maß und der Richter aller Dinge. So hat es sich auch in den religiösen Vorstellungen, wie gezeigt, niedergeschlagen. Nun ist Messen, Abwägen und Vergleichen, Anerkennen und Ablehnen, das heißt ein *allumfassender Vorgang des Richtens*, direkt und unmittelbar mitgegeben. Und davon hören wir ja im Neuen Testament genug, nicht zuletzt in der Polemik Jesu. Religion im psychischen Bannkreis des Patriarchats ist logischerweise immer Gesetzesreligion, die man tiefenpsychologisch auch *Religion unintegrierter Männlichkeit* nennen kann.[19]

Wenn Jesu eine neue Stufe des integrierten Menschseins bringt, dann ist es klar, daß er durchgehend zur alten Stufe des Patriarchats mit ihrem allumfassenden Vorgang des Richtens in krassen Gegensatz treten muß. Hier gibt es kein Harmonisieren. Hier muß nun »alter Schlauch« heißen, was er ist. Damit aber ergibt sich auch eine Tragik unermeßlichen Ausmaßes für Jesu selbst.

Kurz gesagt, Patriarchat und Richten gehören zusammen. Das letztlich ist der Hintergrund des Schicksals Jesu. Der Patriarch und das Richten sind darum ein ganz zentrales Thema.

Allein durch Gnade?

Sola gratia, allein durch Gnade, das war das Zentrum des paulinischen wie des reformatorischen Verständnisses der Verkündigung Jesu. Viel Blut ist für die Durchsetzung und Verteidigung desselben während der vergangenen zwei Jahrtausende geflossen. Auf diese Worte gründete sich der heute so angefochtene Absolutheitsanspruch des Christentums allen anderen Religionen gegenüber.

Hier nun wagen wir aber einmal zu fragen: Wie steht es

denn, genau gesehen, mit diesem Grundwort Gnade bei Jesus selbst?

Gnade bei Jesus?

Die erste überraschende Festestellung muß lauten, *daß das Wort Gnade bei Jesus überhaupt nicht vorkommt*[1], auch nicht ein einziges Mal. Aus diesem überhaupt nicht beachteten Tatbestand geht bereits eindeutig hervor, daß Gnade nicht das zentrale Thema der Botschaft Jesu sein kann, wie man bisher zumeist gemeint hat.

Gnade ist ein *allgemein religionsgeschichtlicher* Begriff, kein spezifisch jesuanischer. Von Gnade redet die Religionsgeschichte hin und her. Die Propheten und Psalmen der jüdischen Religion bekennen sie, aber andere Religionen des Ostens tun das ganz ebenso, zum Beispiel besonders die sogenannten Gnadenreligionen Indiens, die Bhaktireligionen. Von Gnade spricht der Buddhismus, nämlich derjenige Entwicklungsstrom, der als »Großes Fahrzeug« bekannt ist. Wo der Glaubenssatz gilt, »Amida Buddha unsere Zuflucht«, da wird auch Gottes Gnade gepriesen, nicht weniger herzbewegend als in den Psalmen oder bei den Propheten. Das sind nur vage Anknüpfungen, genauere Aufweise würden die Darlegung unnötig ausweiten. Jedenfalls, wer die religionsgeschichtliche Landkarte ansieht, erkennt sofort, daß Millionen über Millionen außerhalb des Christentums von der Gnade Gottes reden und leben.

Wenn Jesus nichts anderes getan hätte, als der längst bekannten Gnadenvorstellung eine neue Variante hinzuzufügen, wäre es wohl kaum gerechtfertigt, von ihm als dem wahrhaft Einzigartigen und Unvergleichlichen zu sprechen.

Gnade setzt aber auch unbestreitbar *Gesetzesreligion und Richtervorstellung* voraus. Es ist der Richter, der Gnade erweist oder begnadigt. So lebt das Wort auch im deutschen Sprachgebrauch weiter, nämlich im »Gnadebitten«, wie es im älteren deutschen Strafrecht heißt. Von Jesus aber haben wir gesehen, daß er mit seinem aufrüttelnden »Richtet überhaupt nicht« Richtervorstellung wie Gesetzesreligion vom Tisch gefegt hat. Er kann darum unmöglich den Begriff Gnade in den Mittelpunkt stellen, der derartig eng mit der Richtervorstellung verbunden ist.

Als Beweis dafür möchte ich zwei zentrale Gleichnisse anführen.

Das Musterbeispiel ist das Gleichnis von den Arbeitern im Weinberg.[2] Zu sehr verschiedenen Tageszeiten werden Gruppen von Arbeitern für die Ernte im Weinberg angeworben, die letzte Gruppe nur eine Stunde vor Feierabend. Aber alle bekommen den ganzen Tageslohn, sogar die letzte Gruppe. Da revoltieren die anderen, die soviel länger gearbeitet haben. Der Besitzer des Weinbergs schneidet alles Geschimpfe mit der Frage ab: »Seid ihr neidisch, weil ich ...« – nun muß es kommen: weil ich so gnädig bin? – Nichts davon, Jesus sagt: ». . . weil ich so großzügig bin?« Oder man könnte übersetzen: Weil ich es so gut mit euch mache?

Aber der Anstoß bleibt. Und viele Kommentare wirken geradezu naiv, wie sie oberflächlich den Anstoß überbrücken oder gar nicht wahrhaben wollen. Die Arbeiter, die den ganzen Tag über in der heißen Sonne geschuftet haben, fühlen sich mit Recht übers Ohr gehauen. Kein Arbeitsgericht, keine Schiedsstelle würde die Handlungsweise des Arbeitgebers billigen, denn sie ist und bleibt unbillig, milde geurteilt. Zwischen der Handlungsweise des Arbeitgebers und den gängigen Regeln des Erwerbslebens klafft ein Kontrast, der nicht hinweggeleugnet werden kann. Die Exegeten, die ihn überbrücken wollen, bringen den Skopus des Gleichnisses erfolgreich zur Strecke. Denn es ist gerade dieser Kontrast, den Jesus in seiner Geschichte unübersehbar deutlich machen will! Jesus vertritt und fordert eine *total andere Haltung*. Die üblichen Regeln der Gesetzes- oder auch die Erwartungen der Gnadenreligion, des Vergeltungsdenkens oder des Gerechtigkeitsstrebens, des Ansprüche-Stellens oder des Bestehens auf seinem Recht gelten hier alle nicht, sie sind einfach überboten. Jesus bestätigt seine Umwelt und ihre Erwartungen nicht, er verlangt und lebt eine total andere Grundhaltung. Welche andere, diese Frage stellen wir noch zurück.

Hierher gehört auch das zentrale Gleichnis vom verlorenen

Sohn.[3] Der Vater hält unermüdlich Ausschau nach dem so viel Enttäuschung bereitenden Sohn, den andere Väter wohl einfach abgeschrieben hätten. Und als der für verloren Gehaltene nun doch auf der Straße zum Vaterhaus gesichtet wird, da kennt des Vaters Freude keine Grenzen, ein Fest muß gefeiert werden! Ein Fest – keine Gerichtsverhandlung mit Bitte um Vergebung und Begnadigung! Der Heimgekehrte kommt nicht einmal dazu, eine solche Bitte um Vergebung und Gnade auszusprechen. Der brave Bruder, der für seine Pflichterfüllung längst eine Anerkennung verdient hätte, so meint er jedenfalls, wird bitter vor Enttäuschung und Neid. Er vertritt das Vergeltungsschema der Gesetzesreligion, das Lohn und Strafe und unter Umständen auch Gnade kennt. Aber die Freude des Vaters und vor allem das Fest sind unerträglich. Das Fest sieht für den zweiten Bruder, und damit für alle Gesetzesgläubige, ja geradezu wie eine Belohnung aus. Ein Gnadenerweis ist es jedenfalls ganz und gar nicht. Das Bedeutsame an dem Gleichnis ist vielmehr die neue Beziehung Gott-Mensch, die Jesus veranschaulichen will, die nämlich aus der gängigen Richter-Gnade-Vorstellung völlig herausgenommen wird. Hier bestimmt zwar die Liebe die Szene, zugleich aber wird deutlich, Liebe ist ganz und gar nicht identisch mit Gnade.

Gnade heute

Im übrigen ist auch zu fragen, welchen Stellenwert das Wort Gnade in der *heutigen Bewußtseinsentwicklung* hat. Die Zentralfrage in der Reformation Luthers war die: Wie bekomme ich einen gnädigen Gott? Bei allem Respekt vor der großen Vergangenheit muß offen zugegeben werden, daß dies nicht mehr die Frage ist, die die heutigen Christen bei der Bewältigung ihrer Daseinsfragen bewegt. Ja, kann man den modernen in Demokratie und Partnerschaft erzogenen Menschen das Christentum in der Form einer Gnadenreligion überhaupt noch anbieten und Verständnis und Engagement dafür erwarten? Diese sachliche Verlegenheit, die selbst bei den prominenten Vertretern des Christentums nicht nur fühlbar, sondern offenkundig ist, wird aber nicht durch moderne Tünche überwunden, um noch einmal auf *Brecht* zurückzugreifen, indem man also viel von sozialem Einsatz, Mitmenschlichkeit und Dritter Welt spricht, so aber nur von den eigentlichen Grundfragen des Christentums geschickt ablenkt. Das bringt nur eine Scheinmodernität hervor, die am eigentlichen Identitätsproblem des Christentums gänzlich vorbeiführt. Denn, um es deutlich zu machen, jene betonten christlichen Aktivitäten können sich in Wahrheit auch mit jeder anderen Religion oder Ideologie verbinden. Dies gilt auch von dem heute ständig beschworenen Gebot der Nächstenliebe als angeblich spezifischem Ausdruck christlicher Frömmigkeit. Es gibt zu denken, daß in einer Zeit, da die statistischen Erfolgszahlen sozialer Betätigung fortgesetzt fulminant steigen, die eigentliche Substanz des Christentums und ihr Einfluß auf die existenzbedrohenden Weltprobleme trotz gegenteiliger Beteuerungen rapide schwindet.

Die Lebensfrage des Christentums ist mithin die nach seiner Substanz, seinem wesenhaften Kern, die Frage nach dem »neuen Wein« Jesu. Diesen bieten wir immer noch als »alten Schlauch« dar, das heißt in den längst nicht mehr zugkräftigen alten Formen einer durch Jesus bereits überholten Gnadenreligion. Es handelt sich zugleich auf gar keinen Fall darum, daß wir jenen neuen Wein Jesu nun andererseits der heutigen Bewußtseinsentwicklung etwa nur anpassen und schmackhaft machen wollen. Ich zeige auf, daß die moderne Bewußtseinsentwicklung *die Diskrepanz zwischen immer noch dargebotener Form und eigentlich jesuanischer Verkündigung besonders scharf hat hervortreten lassen.* Diese Diskrepanz ist aber berechtigt, denn Jesus, so umstürzend und neu diese Darlegung auch sein mag, hat mit einer Gnadenreligion im hergebrachten Sinne nichts mehr zu tun.

Der Begriff Gnade hat weiterhin für den heutigen Menschen den Nachteil, daß er unüberhörbar ein *Herr-Knecht-Verhältnis* einschließt, in das sich der Mensch der Moderne gewiß nicht psychisch zurückversetzen kann. Dies näher zu begründen, ist gewiß überflüssig. Hervorzuheben ist aber, daß Jesus selbst ein Herr-Knecht-Verhältnis zur Kennzeichnung der Beziehung Gott-Mensch in der Tat niemals verwendet hat, mag es im Alten Testament auch noch so oft vorkommen.

Unmittelbar verbunden damit ist der *Ton der Unterwürfig-keit*, der heutzutage sofort mitgehört wird. Typisch für diesen Umstand ist vielleicht, was *Christoph Schrempf* aus seiner Lebensgeschichte berichtet.[4] Er gehört in die Reihe jener sogenannten »Fälle«, die Ende des 19. und Anfang des 20. Jahrhunderts kirchlicherseits abgeurteilt wurden, weil sie den dogmatischen Anforderungen der Zeit nicht entsprachen. Schrempf erzählt, daß er seinen Vater früh verlor. Zusammen mit seiner Mutter wurde er von einem frommen Verwandten aufgenommen, der sich zwar ihrer annahm, aber nicht müde wurde, ihnen einzuschärfen, daß sie aus »Gnaden« aufgenommen seien und bei ihm das »Gnadenbrot« äßen. Schrempf erzählt weiter, daß er seit jenen Jahren das Wort Gnade einfach nicht mehr hören konnte. Es war ein Training in Unterwürfigkeit gewesen. Man kann im übrigen wiederum nur feststellen, daß die Forderung der Unterwürfigkeit in Jesu Beziehung zu seiner Umwelt überhaupt nicht denkbar ist. Männer wie Frauen hat er als freie, selbständige und verantwortliche Partner und Mitarbeiter an einer großen Aufgabe behandelt.

Wahrhaftiges Unheil, Schmerz und Leid hat aber die Gnadenvorstellung, wie erwähnt werden muß, ganz besonders auf dem Gebiet der *Pädagogik* aller Zeiten angerichtet. *Katharina Rutschky* hat in ihrer Dokumentation *Schwarze Pädagogik* eine sehr umfangreiche Sammlung der pädagogischen Hauptwerke aus rund den letzten drei Jahrhunderten vorgelegt.[5] Wir werden auf dieses grundlegende und erschütternde Werk ausführlicher zurückkommen, bemerken hier nur das folgende: Grundsätzlich versteht sich der Erzieher in dieser Schwarzen Pädagogik als »Organ der Gottheit« oder »Fortsetzer der Heilsabsichten Gottes«. All seine Pädagogik ist darum in Lob wie Strafe »Erweis einer Gnade«. Er fordert also, wie ein »lieber Gott«, vor allem Gehorsam und Dankbarkeit, Liebe, Ehrfurcht und Demut. Er fordert das alles auch dann, wenn er als strafender Richter und prügelnder Herr wirksam wird, und das geschieht oft und ausgiebig. Die Tendenz dieser gnadenvollen Erziehung ist ausgesprochen die, in den Kindern den »eigenen Willen zu brechen«, sie »gefügig und unterwürfig« zu machen. Von einer solchen Erziehung kommen wir mehr oder weniger alle her, und somit darf man sagen, daß wir alle mehr oder weniger an einer Art von »Schrempf-Komplex« leiden, der uns allergisch macht gegen eine antiquierte Gnadenverkündigung.

Wie kommt es zu dem merkwürdigen Ergebnis, daß dem modernen Widerspruch gegen den Gnadenbegriff an den kurz skizzierten Punkten durchaus recht zu geben ist? Tiefenpsychologisch gesehen kommt es überzeugenderweise daher, daß Gnade ein *regressiver Begriff* ist. Damit meinen wir: eine bestimmte vergangene Bewußtseinsebene, nämlich die patriarchalische – die sich insbesondere im Alten Testament, bei Paulus und den Kirchenvätern niedergeschlagen hat –, hat ihr Verständnis von Religion als Gnadenreligion auf Jesus projiziert. Und so hat sie dann mit kanonischer Autorität für alle Zeiten festgelegt, daß Jesusverkündigung Gnadenreligion alten Stils zu sein hat. Das aber ist Regression, von der wir aus der psychotherapeutischen Praxis wissen, wie bereits betont, daß sie die Hauptursache für viele psychische Schäden, insbesondere für Entwicklungshemmungen ist. Wenn wir also den Begriff Gnade ins Zentrum der Christusverkündigung setzen, verkündigen wir Regression und brauchen uns nicht zu wundern, daß solche Verkündigung so unwirksam bleibt.

Verdiente Gnade

Wenn das Wort Gnade bei Jesus nicht vorkommt, wenn sie als ein regressiver Begriff charakterisiert werden mußte, trotzdem aber in der christlichen Verkündigung so zentrale Bedeutung hat, erhebt sich natürlich die Frage, von woher der Gnadenbegriff denn in die Evangeliumsverkündigung eingedrungen ist. Die Antwort liegt auf der Hand – aus dem Alten Testament natürlich. Deshalb ist kurz das Problem zu untersuchen, was denn eigentlich unter Gnade im Alten Testament verstanden wird.

Diese Fragestellung ist auch deswegen besonders aktuell, weil es wie eh und je und heutzutage besonders als ganz selbstverständlich gilt, daß Gnade, wie wir sie aus dem Alten Testament kennen, durchaus und genau das ausdrücke, was Jesus dann besonders deutlich und eindrucksvoll eben auch vertreten habe. Die besondere Bedeutung des Wortes Gnade besteht geradezu darin, daß es das Verbindungswort zwischen Altem und Neuem Testament ist, so meint man. Gerade dieser Begriff hat die Kanon bildenden Kirchenväter bestimmt, das Alte Testament zusammen mit dem Neuen Testament zur Grundlage des Christentums zu machen. Vor allem aber heute, nach den Erfahrungen von Holocaust, im Zuge des Entgegenkommens und Einlenkens dem Judentum gegenüber, will man ganz einfach »biblisch« denken, das heißt einebnend und harmonisierend von beiden her, vom Alten wie Neuen Testament her feststellen, was Glaube, Gnade, Buße und so weiter bedeute. Nach der Selbstidentität des Christentums fragen, heißt aber genauer hinsehen, ob jene angeblich selbstverständlichen Gleichsetzungen wirklich berechtigt sind.

Was bedeutet also Gnade im Alten Testament? Es ist gar kein Zweifel, daß das Alte Testament eine breite und tiefe Gnadenverkündigung bietet. Wenden wir uns darum einigen besonders »großen Stellen« zu. Gern wird hingewiesen auf Worte wie: »Ich will euch trösten, wie einen seine Mutter tröstet.« Aber wir dürfen das Wort nicht aus seinem Zusammenhang lösen. Der unmittelbare Kontext erklärt: »Da wird man erkennen die Hand des Herrn an seinen Knechten und den Zorn an seinen Feinden.« So tröstet also der hier vorgestellte Gott wohl Knechte wie eine Mutter, nicht aber die, die seine Feinde genannt werden. Dieses so viele Emotionen weckende Wort von der tröstenden Mutter darf keineswegs christlich überbewertet werden. Wie weit ist in Wahrheit diese Aussage von dem Gottesbild Jesu entfernt, wenn er sagt: Gott »läßt seine Sonne aufgehen über die Bösen und über die Guten und läßt regnen über Gerechte und Ungerechte«. Dies ist ein thematisches Grundwort bei Jesus, und hier ist von einem Universalismus die Rede, der völlig neu ist, für den es keine Parallele im Judentum gibt. Das steht fest für alle Forschung und kann nicht geleugnet werden.[6]

Gern wird auch hingewiesen auf ein so bewegendes Wort wie: »Kann auch ein Weib ihres Kindleins vergessen, daß sie sich nicht erbarme über den Sohn ihres Leibes? Und ob sie desselben vergäße, so will ich doch dein nicht vergessen.« Der patriarchalische Grundton schlägt freilich deutlich genug durch – nur vom Sohn ist die Rede. Abgesehen davon darf wiederum nicht der partikularistische Charakter der hier gepriesenen Gnade unterschlagen werden, der auf geradezu blutrünstige Weise aus dem Kontext hervorgeht. Denn hier erscheint nun Gott für die Seinen wohl als »Herr«, »Heiland«, »Erlöser« oder als »der Mächtige in Jakob«. Aber der Gegenseite stellt derselbe Gott sich so dar: »Ich will deine Schinder speisen mit ihrem eigenen Fleisch, und sie sollen von ihrem eigenen Blut wie von süßem Wein trunken werden.«[7]

Oder wir denken an den schönen 103. Psalm, der mit den großen Worten beginnt: »Lobe den Herrn, meine Seele, und was in mir ist seinen heiligen Namen!« Aber der Psalm schränkt seine hymnischen Aussagen selbst ein, wenn er zwar versichert, daß Gott »so hoch der Himmel über der Erde ist, seine Gnade walten läßt« – aber eben »über die, so ihn fürchten«. Die Gnade bleibt also an Bedingungen geknüpft, sie wird denen zuteil, die sie wegen ihrer Gottesfurcht verdienen. Die Leistungs- oder Gesetzesreligion schlägt wiederum voll durch.

Und genauso steht es zum Beispiel mit dem anderen großen Wort: »Wie sich ein Vater über Kinder erbarmt, so erbarmt sich der Herr«, ja über wen denn? Nur über die wohlgeratenen Kinder, »über die, so ihn fürchten«.

Oder schließlich, »die Gnade des Herrn währt von Ewigkeit zu Ewigkeit über die, so ihn fürchten, und seine Gerechtigkeit auf Kindeskind bei denen, die seinen Bund halten und gedenken an seine Gebote, daß sie danach tun.«[8] Auch hier kommt Gnade nur als verdiente Gnade in Anschlag.

Denken wir schließlich noch an den 23. Psalm: »Der Herr ist mein Hirte«. Der Beter dieses Psalms ist der festen Zuversicht, daß es den Frommen wohlergehen muß. Selbst angesichts seiner Feinde wird Gott ihm noch einen wohlgedeckten Tisch bereiten und ihm voll einschenken. Auch diesen Psalm können wir als Christen in Wahrheit *nicht* nachbeten. Denn er ist ganz und gar von dem Lohngedanken geprägt, daß es den Frommen gut ergehen wird und den Nichtfrommen schlecht.

Zusammenfassend darf ein Beispiel genannt werden, das *Gustaf Aulén* in seiner großartigen *Geschichte des christlichen*

Gottesbildes anführt.[9] Er weist nämlich auf eine Stelle im 4. Esra hin, wo der Seher aus Mitleid mit den Verdammten sich zu der fürwitzigen Frage an Gott verleiten läßt, ob Gott jene Verdammten nicht doch noch retten könne, einfach aus reinem Erbarmen. Er versteigt sich sogar zu dem kühnen Satz: »Denn dadurch wird deine Gerechtigkeit und Güte, Herr, offenbar, daß du dich über die erbarmst, die keinen Schatz an guten Werken haben.« Damit kommt er aber schlecht an. Ihm wird gehörig über den Mund gefahren. »Ich will mich nicht um das bekümmern, was sich die Sünder bereitet haben: Tod, Gericht, Verderben, sondern ich will mich dessen freuen, das sich die Gerechtfertigten erworben haben: Heimkehr, Erlösung und Lohn.« Es bleibt bei der Rechtsordnung. *Gott begnadet den, der es verdient!*

Hier wird vielleicht besonders deutlich, warum das Wort Gnade bei Jesus nicht vorkommt. Er wußte nur zu gut, was für eine Gnade das war, die in den Heiligen Schriften gepriesen und von den Gesetzeslehrern seiner Zeit gelehrt wurde, um sich gänzlich von ihr zu distanzieren.

Diese Distanzierung und ihre sachliche Notwendigkeit haben wenige verstanden. Er, der alles Richten ablehnte, wurde zum Weltenrichter. Er, der Gnade aus seiner Gedankenwelt ausschloß, wurde Gründer einer Gnadenreligion. Im Grunde verweigerte man sich dem Neuen, das Jesus brachte und darstellte. Der Neutestamentler *Norman Perrin* beschreibt die Situation treffend, indem er feststellt, »das palästinensische Judentum erlebte einen Schock«, als es die Predigt Jesu vernahm. Jetzt »offenbarte sich die Wirklichkeit Gottes und seine Liebe auf eine neue und endgültige Weise. Tragisch war, daß die neue Lage die Bereitschaft forderte, Prinzipien und bis dahin für das Zusammenleben und die Beziehung zu Gott für wesentlich gehaltene Einstellungen dranzugeben, dazu aber waren viele nicht bereit. ›Der neue Wein zerriß die alten Schläuche‹.«[10]

Die hier treffend beschriebene Reaktion ist keine einmalige und keine nur jüdische geblieben. Sie setzt sich fort bis auf den heutigen Tag. Statt Differenzierung und Distanzierung, die Jesus übte, ernstzunehmen, macht es sich die Kirche und Verkündigung bequem. Sie nivelliert und harmonisiert, was nach

Jesu deutlich bekundeter Meinung entschieden zu scheiden ist.

Statt dessen übt die christliche Verkündigung eine *ständige Überbewertung des Alten Testamentes*, indem sie aus dem Zusammenhang herausnimmt, was ihr genehm ist. Und dem Herausgenommenen gibt sie einen Bedeutungsglanz, wie sie will, den es aber nicht hat. Die Orthodoxie nach Luther hat die sogenannte Dicta-probantia-Methode herausgearbeitet, das heißt, man suchte die Worte beider Testamente auf, die die eigene Lehre stützten oder zu stützen schienen. Wenn aber nur das aus einer Schrift zitiert wird, was einem zweckdienlich ist, den gegebenen Gesamtsinn aber geflissentlich beiseite läßt, dann ist das eine Methode unverantwortlicher Willkür, unwahrhaftig und unwissenschaftlich. Ein besonders sprechendes Symptom sind die mannigfachen Perikopenordnungen der Kirche, die in Hülle und Fülle alttestamentliche Texte als Lesungen oder Predigttexte vorschreiben oder empfehlen, deren eigentlicher Inhalt mit der gottesdienstlich gemeinten Gelegenheit in Wahrheit gar nichts zu tun hat. Als Beispiel seien nur die an Adventssonntagen und zu Weihnachten so gern verwendeten sogenannten messianischen Weissagungen genannt. Dabei legt man stillschweigend nahe, daß sich jene auf Jesu Geburt beziehen, die man feiert. Ernsthafte Exegese aber zeigt, daß das überhaupt nicht der Fall ist.

Faktisch aber haben solche Methode und Praxis einer ständigen Überbewertung des Alten Testamentes zur unausbleiblichen Folge eine *ständige Unterbewertung Jesu*, der auf diesem verschwommenen, harmonisierten Hintergrund kaum noch in seiner Einzigartigkeit und Unvergleichbarkeit hervortritt.

Gnade umsonst bei Paulus?

Wenn wir zu unserem Erstaunen feststellen mußten, daß der Begriff Gnade bei Jesus überhaupt nicht vorkommt, so bildet er dann aber bei *Paulus* geradezu das Zentrum seiner gesamten Christentumsverkündigung. Das ist allerdings ein ganz erstaunlicher Wandel.

Was Paulus nun unter dem Gesamtbegriff Gnade vorträgt, ist natürlich sein persönliches Verständnis der Bedeutung Jesu, geprägt und gefärbt durch seine persönlichen wie sachlichen Voraussetzungen. Ohne der Bedeutung des Paulus Abbruch tun zu wollen, muß darum deutlich festgestellt werden, daß es sich bei den Paulinischen Schriften mithin um seinen *Kommentar* zum Jesusgeschehen handelt. Der schicksalhafte und durchaus auch verhängnisvolle Schritt der frühen Bekenner war aber der, daß sie den Kommentar zur Heiligen Schrift erklärten und kanonisierten. So ging jeder Unterschied zwischen Evangelium und Paulinischem Kommentar völlig verloren. Evangelien und Kommentar wurden eingeebnet, eins war so maßgebend und heilig wie das andere. Hier wiederholt sich der zuvor beschriebene Vorgang der Harmonisierung, dort von Altem und Neuem Testament, hier von Paulus und Evangelien.

Die Fortentwicklung des Christentums im Abendland hat den verhängnisvollen Charakter dieses Schrittes noch extrem akzentuiert. Dies gilt besonders für den Protestantismus, für den die Paulinische Interpretation seit der Reformation *das* maßgebliche Zentrum aller Evangeliumsverkündigung geworden ist. Es ist keine Übertreibung, wenn man sagt, daß hier Paulus den Evangelien sogar den Rang abgelaufen hat. Ein Blick auf die mannigfachen Perikopenordnungen der verschiedensten Zeiten und Kirchen, und natürlich auch der Gegenwart, beweist eindeutig diese Aussage. Es handelt sich um ein ganz unverhältnismäßiges Überwiegen Paulinischer Texte, die im übrigen, und um die Einseitigkeit noch mehr zu strapazieren, zu oft als Predigttexte empfohlen sind, während die Evangelientexte zumeist nur als Lesungen figurieren. Pointiert gefragt: Wen predigen wir eigentlich, Jesus oder Paulus? Die lähmende Intellektualisierung, die die protestantische Kirche seit langem ergriffen hat, beantwortet diese Frage ziemlich eindeutig.

Es erhebt sich also die unabweisbare und schwerwiegende Frage, wie es mit diesem kanonisierten Gnadenkommentar des Paulus, gemessen natürlich an Jesus selbst, sachlich tatsächlich steht. Es wurde aber vorher gesagt, daß man den Mut aufbringen müsse, Projektionskulissen, die unser Jesusverständnis belasten, auch wenn sie noch so oft abgesegnet sind, als solche zu erkennen und möglicherweise abzuräumen. Nach allem zuvor schon zu Paulus Gesagtem legt sich das Problem nahe, ob diese tiefenpsychologische Operation nicht auch Paulus gegenüber notwendig ist.

Die Frage lautet mithin: Welche unbewußten subjektiven Voraussetzungen und aus ihnen folgenden Projektionen bestimmen die Gnadenkonzeption des Paulus?

Es ist übereinstimmend anerkannt, daß das einschneidende, Leben und Predigt des Paulus bestimmende Ereignis sein Damaskus-Erlebnis war. Wir haben keinen Grund, von seiner Realität, wie immer dieselbe des näheren verstanden werden mag, etwas abzuziehen. Trotzdem aber heften sich an dieses Grunderlebnis einige ungeklärte Fragen. Paulus beruft sich später darauf als eine Quelle aller seiner Jesus-Verkündigung: »Ich erkläre euch, Brüder, das Evangelium, das ich verkündigt habe, stammt nicht von Menschen. Ich habe es ja nicht von einem Menschen übernommen oder gelernt, sondern durch die Offenbarung Jesu Christi empfangen.« Diese Aussage können wir Paulus so nicht abnehmen, denn bei Damskus, soviel wissen wir nur, vernahm er ja lediglich die Frage nach dem Grund seiner Christusfeindschaft. Außerdem wird er in die Stadt gewiesen. Das bedeutet aber gewiß noch nicht das ganze »Evangelium«. Unverständlich bleibt vor allem auch die Tatsache, warum Paulus nicht sofort alles darangesetzt hat, sofort Augenzeugen aufzusuchen, um sich so gründlich wie möglich über diesen Jesus zu informieren, der ihm so machtvoll erschienen war. Im Gegenteil, aus seinem eigenen Munde erfahren wir, er legt Wert auf die Feststellung: »Ich zog keinen Menschen zu Rate, ich ging auch nicht sogleich hinauf nach Jerusalem.« Warum eigentlich nicht? Da er doch dort besonders viel Erkundigungen hätte einziehen können. Gleichwohl, er leitet nicht nur den gesamten Inhalt seiner Verkündigung, sondern auch besonders die Würde seines Apostelamtes wie seine Autorität als Augenzeuge, besonders den Gemeinden gegenüber, von jener Begegnung ab.[11]

Aus diesem Verhalten geht jedenfalls eindeutig hervor, daß Paulus jene Erfahrung bei Damaskus *in jeder Beziehung völlig absolut* setzt. Auf sie beruft er sich und auf nichts anderes. Sie wird der Grundpfeiler seiner gesamten Theologie. Somit stellt sich die Frage: *Wie oder als was hat er denn die Begegnung bei Damaskus erlebt?* Die Antwort ergibt sich mit großer Deutlichkeit; dennoch zitieren wir das wohl besonders eindrückliche Wort: »Durch Gottes Gnade bin ich, was ich bin, und sein gnädiges Handeln an mir ist nicht ohne Wirkung geblieben.«[12] Er wurde als einer bei Damaskus von Christus gerufen, der wider Christus alles getan hatte, was er nur konnte. Der die Gemeinden verfolgt, viel Leid über treue Bekenner gebracht und wohl auch zum Blutvergießen Anlaß gegeben, der jedenfalls seinen Ruhm in der radikalen Ausrottung der neuen Lehre gesucht hatte. Hand in Hand mit den Pharisäern, die am Tode Jesu die Hauptschuld trugen. *Dieser* Mann mit *dieser* Vergangenheit konnte den unerwarteten Anruf Jesu nur als eines verstehen, nämlich als *Begnadigung.* Und so wird denn Evangeliumsbotschaft schlechthin Botschaft von der Begnadigung, die Gott der Menschheit durch Jesus geschenkt hat. Und alles, was Paulus darüber zu sagen hat, ordnet sich dieser Grunderfahrung unter.

Nach dem Ausgeführten ist, tiefenpsychologisch gesehen, kritisch zu erwägen: Woher hat denn Paulus die Kategorien, die ihn sein Grunderlebnis so verstehen lassen, wie er es versteht? Von Jesus hat er sie sicher nicht, wie wir bereits festgestellt haben. Woher hat er sie also? Offensichtlich aus seiner jüdischen Vergangenheit, anders gesagt, aus dem Alten Testament, wo ja Gnade als Hauptbegriff figurierte. An dieser Stelle gibt sich seine Gnadenlehre für den tiefenpsychologisch geschulten Betrachter ganz eindeutig als Projektion subjektiv unbewußter Voraussetzungen zu erkennen. Sie ist neben dem Alten Testament die zweite Hauptquelle, aus der der Gnadenbegriff als führend in das Christentum geflossen ist. Die Breite und Weite der mit Jesus möglichen Begegnung, die Fülle und der Reichtum möglicher Beziehungen wird auf eine große Gnadenmonotonie eingeengt. Unter dieser schwer lastenden Projektion vorjesuanischer Begrifflichkeit ist der originale Jesus zum Paulinischen Christus geworden.

Ehe wir aber die Begrenzung dieses Paulinischen Christus

näher charakterisieren, fühle ich mich zu folgender Erklärung veranlaßt. Es geht mir selbstverständlich überhaupt nicht darum, Paulus sozusagen pauschal abzulehnen. Oder die alte These von Paulus als dem Verderber des Christentums aufzufrischen. Oder die Weltbedeutung des Paulus für die Christianisierung und Reformation abzuwerten. Auch die großen Höhepunkte seiner Theologie übersehe ich keineswegs. Dies aber ist eine tiefenpsychologische Arbeit, eine tiefenpsychologische Untersuchung muß in differenzierterer Weise, auch wenn es schmerzlich ist, die unbewußten Voraussetzungen aufspüren und nach ihrer Konsistenz mit dem Gemeinten fragen. Im Klartext heißt das, sind entscheidende Deutungskategorien des Paulus, die er aus seiner persönlichen Lebensgeschichte bewußt und unbewußt mitbringt, einem genuinen Jesusverständnis wirklich gemäß oder nicht? Sind etwa auch bei ihm Vorstellungen weiterhin wirksam, die den alten Schläuchen entsprechen? Dieser analytisch hinterfragende Gesichtspunkt ist deswegen so eminent wichtig, weil auf einer etwaigen Harmonisierung von Altem und Neuem, von objektiven Tatsachen und subjektiven Projektionen keine christliche Selbstidentität gegründet werden kann.

Dieser Paulus, ganz gewiß der Welt größter Künder der Gnade, stellt aber, wenn wir seine Verkündigung nun tatsächlich analytisch hinterfragen, vor die denkbar größte Überraschung. Es erweist sich nämlich, daß seine zentralen Deutungen des Christusgeschehens nahezu ausschließlich aus der Sphäre des Kultes, des Opfers, des Gesetzes, des Rechts oder der merkantilen Ebene genommen sind. Das alles aber sind ja Anschauungswelten und Begriffe, von denen andererseits immer wieder versichert wird, daß die »neue Kreatur«, der durch Jesu Geist neu gewordene Mensch, sie längst hinter sich gelassen habe, daß sie abgetan und außer Geltung gesetzt seien.

Dafür einige Beispiele. Für die Kult- und Opferebene ist besonders sprechend die Erklärung: »Christus ist als unser Passahlamm geopfert worden.« Aus der merkantilen Sphäre: Gott »hat den Schuldschein, der gegen uns sprach, durchgestrichen und seine Forderungen, die uns anklagten, aufgehoben. Er hat ihn getilgt, daß er ihn an das Kreuz geheftet hat.« Auf diese

Weise hat Christus uns »freigekauft«, nämlich »vom Fluch des Gesetzes«. Um Recht und Gesetz noch mit einem weiteren Wort zu belegen: »Setzen wir nun durch den Glauben das Gesetz außer Kraft? Im Gegenteil, wir richten das Gesetz auf.« Um das knappe Bild der von Jesus derart abweichenden Begrifflichkeit um einen Hinweis noch zu erweitern, es ist nun vom »Gesetz Christi« und vom »Gesetz des Geistes« so viel die Rede. [13]

Dies sind einige, aber besonders zentrale Veranschaulichungen, mit denen Paulus den neuen Wein der Christusbotschaft ihrem Sinn nach verdeutlichen will. Man könnte betroffen fragen, ob solche Bilder, Symbole und Begriffe eine Verpackung darstellen, die für den neuen Inhalt geeignet ist. Diese schwerwiegende Frage, das meine ich entschieden, muß voll und ganz verneint werden. Es muß behauptet werden, daß die Tragödie der Entwicklung des Christentums wesentlich darin zu sehen ist, daß die Verpackung statt des Inhaltes zum Zentrum der Verkündigung geworden ist. Wie kommt es zu dieser dem Inhalt so abträglichen Verpackung? Und wie abträglich ist sie in Wahrheit?

Es fällt zunächst im Blick auf die zitierten Worte des Paulus auf, daß hier in einer ganz anderen Tonart und Anschauungsweise als bei Jesus gesprochen wird. Hier hat sich offenbar ein unvermittelter Übergang wie ein Sprung ereignet. Das was fehlt, ist der konkrete Jesus, die historische Farbe, die individuelle Person. Alle Bezugnahmen, sofern überhaupt solche vorkommen, bleiben abstrakt und rein theologisch. In der gesamten Literatur des Paulus, das muß gerade von einem psychologischen Blick her entschieden unterstrichen werden, leuchtet nichts von der vielfarbigen Eigenart Jesu auf, die doch bei Matthäus, Markus, Lukas und auch bei Johannes so deutlich durchbricht. Entsprechende Gemeindeüberlieferungen hätten auch schon Paulus zugänglich sein müssen, wenn er solche hätte beachten wollen, zumal ja Lukas zeitweilig sein Reisegefährte war. In meinem Buch *Jesus der Mann* habe ich ausgeführt, daß die Bedeutung des Mannes Jesus psychologisch gesehen darin besteht, daß er die einseitige patriarchalische Bewußtseinsebene seiner Zeit durchbrochen und den Menschen eine neue ganzheitliche Existenzweise ermöglicht hat. Merkmale der neuen Seinsweise bei Jesus, so sei hier nur kurz erwähnt, ist einmal die Tatsache, daß er als erster Mann die patriarchalische Solidarität der Männer gebrochen, daß er zum anderen eine völlig neue partnerschaftliche Haltung zur Frau geübt hat. Von beiden die Menschheitsentwicklung revolutionierenden Neuorientierungen ist bei Paulus nichts zu erkennen, trotz der einen zu viel strapazierten Stelle Galater 3,28. Paulus bleibt vielmehr trotz aller Theologie einer patriarchalischen Grundexistenz verhaftet, und darum fällt auch seine Stellung zur Frau wiederum weit hinter der von Jesus zurück. Auch als Paulus ist er mithin der Saulus geblieben. Tiefenpsychologisch gesagt, der Saulus ist der Schatten des Paulus geblieben. Das bedeutet, daß die unbewältigte Vergangenheit des Paulus – die durch Namensänderung nicht schon behoben ist – sich, weil unbearbeitet, wie ein autonomer Komplex ständig in die neuen Erkenntnisse einmischt und sie in alte Vorstellungen umbiegt. Auch höchste Bekehrungserlebnisse, das ist deutlich zu sagen, können psychische Entwicklungen nicht einfach ersetzen oder vorwegnehmen, wohl aber unter Umständen ermöglichen.

In der psychischen Entwicklung des Paulus *fehlt also trotz der visionären Jesusbegegnung ein entscheidender Schritt. Die Jesusebene hat seine patriarchalische Grundhaltung weder erschüttert noch entscheidend gewandelt.* Was sich für die Zukunft des Christentums nicht nur schwerwiegend, sondern verhängnisvoll ausgewirkt hat.

Wir haben soeben festgestellt, daß Paulus trotz seiner Bekehrungserfahrung als Gesamtpersönlichkeit auf der überkommenen patriarchalischen Stufe stehengeblieben ist. Wir haben ebenso festgestellt, daß er sein Bekehrungserlebnis wesentlich als Begnadigung empfinden mußte. Des näheren hat er diese Begnadigung als Frucht des Kreuzestodes Christi erfahren, der auch für ihn gestorben sei. Auf diese Weise rückt gerade das Kreuz Christi in die Mitte der Paulinischen Theologie. Damit steht nun das Opfer im Zentrum, das der Patriarch Paulus in immer neuer Weise von seiner Ebene interpretiert. Und so kommt es, daß aus der gepriesenen Gnadenreligion unter der Hand eine *Opferreligion* geworden ist. Diese Entwicklung war insbesondere nur in dieser Weise möglich, das muß besonders betont werden, weil Paulus von der Verkündigung Jesu keine hinreichende Kenntnis erworben hat.

Zugespitzt formuliert möchte man sagen, scheint der Opfertod Jesu für Paulus größeres Gewicht zu haben als alles, was Jesus sonst noch gesagt und getan hat. Die Entwicklung der christlichen Theologie als vornehmlicher Kreuzestheologie ist bis auf den heutigen Tag Konsequenz jener Paulinischen Ausschließlichkeit.

Die Opferreligion ist jedenfalls bei Paulus im vollen Zuge der Entwicklung. Gott »hat seinen eigenen Sohn nicht verschont«, er hat ihn zum Opfer uns zu gut bestimmt. »Gott hat ihn dazu bestimmt, Sühne zu leisten mit seinem Blut.« Das Blutopfer wird immer neu herausgestellt. Durch »Christi Blut« sind wir gerecht gemacht. Wir sind versöhnt mit Gott »durch den Tod seines Sohnes.« Ihn hat er ins Fleisch gesandt, das heißt Mensch werden lassen, »um an seinem Fleisch die Sünde zu verurteilen«. Christus ist das Sühneopfer, das Frieden stiftete zwischen Juden und Heiden »und versöhnte die beiden durch das Kreuz mit Gott«, genauer: nicht nur Juden und Heiden, sondern alle Menschen.[14]

Offenbar redet hier Saulus, nicht Paulus. Hier meldet sich alttestamentliche Opferreligion erneut zu Wort, nicht etwa Jesu Gleichnis vom verlorenen Sohn. Hier redet der Patriarch von einst, nicht etwa der Jünger Jesu.

Eine solche Opferreligion ist ganz einfach Regression. Sie fällt völlig eindeutig hinter die von Jesus gebrachte Gottesbeziehung zurück. Auf sie trifft natürlich all das ebenso zu, was wir zuvor schon mehrfach als die Psyche krankmachende Folgen regressiven Verhaltens beschrieben haben.

Wenn in dieser Opfertheorie des Paulus die alttestamentliche Sündenbocktheorie wieder auflebt, dann hat die Tiefenpsychologie entscheidend das folgende dazu zu sagen: *Diese Opfertheorie ist tiefenpsychologisch gesprochen ein Schattenphänomen.* Man nimmt nämlich die Verantwortung keineswegs selbst auf sich, sondern transferiert sie in einem Akt absoluter Projektion auf einen anderen, der statt meiner dann Schuld und Folgen der Schuld zu tragen hat. Auf Jesus jedenfalls kann sich eine solche sich selbst entlastende Opfertheorie nicht berufen.

So endet eine extreme Gnadenreligion ganz folgerichtig in einer ebenso extremen Opferreligion.

Was aber schlägt letztlich hier wieder als tonangebend durch? Letztbedingend steht ein Richtergott im Hintergrund, der Schuld und Sühne wägt. Paulus hat zwar Jesus bei Damaskus gesehen, aber sein Gottesbild ist nicht wirklich von Grund auf Jesu gemäß gewandelt worden. Im Gegenteil, *sein alttestamentliches Richter-Gottesbild hat das Jesusbild geprägt und qualifiziert.*

Das kommt besonders darin zum Ausdruck, daß Paulus ausdrücklich auch zur *verdienten Gnade* des Alten Testamentes zurücklenkt. Dies mit dem einen Unterschied, daß nicht ein jeder sie in seinem Gerechtigkeitsstreben verdienen muß, daß vielmehr einer, nämlich Jesus, sie durch seinen Opfertod verdient hat. Wir sind nach dieser Theorie die bleibenden Nutznießer und Teilhaber dieses Geschehens.

Die Tatsache, daß der Gnadengedanke des Paulus nicht konsequent durch das Jesusbild neu geprägt und qualifiziert ist, kommt im übrigen besonders auch darin zum Ausdruck, daß diese verdiente Gnade durch weitere Aufnahme alttestamentlicher Motive auch zur *willkürlichen Gnade* werden kann. Dieser Gott der willkürlichen Gnade erbarmt sich nun, wessen er will, und er verstockt, wen er will. Es ist bezeichnend, daß in diesen Zusammenhängen die Beziehung Gott-Mensch nicht mehr personal gefaßt wird, sondern impersonal vom Menschen als Tonmasse gesprochen wird, die Gott als Töpfer so oder so, zum Guten oder Schlechten gestaltet.[15] Mit diesen Gedankengängen, die als Prädestinationslehre in der weiteren Entwicklung des Christentums eine so verhängnisvolle Rolle gespielt haben, ist sogar eine ethisch bestimmte Richtervorstellung noch unterboten. Gott wird geradezu dämonisiert. Hier, in diesem Willkürgedanken, liegt wohl die extremste Entfernung von allem Jesuanischen. Von diesem Willkürgedanken und seinen Hintergründen ist im folgenden Abschnitt ausführlich zu sprechen.

Rückblickend darf festgestellt werden: Eine sogenannte Gnadenreligion ist nicht schon dadurch gegen alle Leistungs- und Opferreligion abgeschirmt, daß sie Leistung und Opfer ei-

nem Einzigen zuschiebt. Und sie steht gegenüber der Gesetzesreligion noch längst nicht auf eigenen Füßen, daß sie wiederum
einen Einzigen das Gesetz erfüllen läßt. Und eine solche Gnadenreligion ist als solche noch längst nicht christlich oder jesuanisch, denn der Gnadenreligionen gibt es viele und zwar teilweise sehr hochstehende. Dieser gesamte Problemkreis stellt
eine Verklitterung von Jesuanischem mit fremden, heterogenen
Schemata und Grundorientierungen dar, die mehr oder weniger
schroff dem Jesuanischen inkonsistent sind, das heißt zuwider-
laufen.

Resigniert kann man von diesem Boden her nur sagen, daß es
christlicher Selbstidentität schwer gemacht ist, zu sich selber zu
kommen. Oder wenn wir dasselbe Problem in die Frage kleiden:
Wie christlich ist unser Christentum eigentlich?, kann die Antwort nur lauten: Nur bedingt, nur recht teilweise.

Das uns vom Paulinischen Hintergrund vererbte *Hauptübel*
aber besteht in der dogmatisierten Meinung, das Wesen des
Evangeliums Jesu könne nur und müsse auf jeden Fall in der
Form einer Rechtfertigungslehre zum Ausdruck kommen. Aber
diese Meinung wird durch die Essenz des Evangeliums nicht
gestützt. Diese Rechtfertigungslehre ist auch niemals volks-
tümlich geworden, niemand versteht sie wirklich, sie mutet wie
wesensfremder Intellektualismus an. Heutzutage schiebt man
sie beiseite und rückt soziale Probleme in den Mittelpunkt, das
heißt, man umgeht Grundfragen.

Religiöser Materialismus

Die Hindus haben die Vorstellung und den Begriff der
»Wunschkuh« gebildet, und ihre Weisen erklären, daß die Religion keine Wunschkuh sei, immer nur zum Melken und zu
nichts anderem bestimmt. Eine Gnadenreligion ist ständig in
Gefahr, Wunschkuhfrömmigkeit zu werden. Auch wir sind in
eben dieser Gefahr, zumal der »Geschenkcharakter« derselben
so entschieden den Hauptton erhalten hat. Man achte als charakteristisch für die Praxis auf die Kirchengebete: Herr gib, Herr
mach, Herr schenke uns!, das sind die üblichen Einleitungsfor-
meln. Und dann folgen die Dinge, um die zu bitten wir uns

eigentlich genieren sollten, denn sie zu bewerkstelligen oder zu verwirklichen ist eindeutig *unsere* Pflicht. Der Armen, der Waisen, der Verlassenen soll Gott sich annehmen, hieß es früher. Das ist *unsere* soziale Pflicht. Er soll den Frieden erhalten. Das ist *unsere* politische Pflicht. Er, der Gott aller Gnaden, soll die Atomgefahr steuern. Das ist *unsere* humane Pflicht. Wo wir selbst ein Höchstmaß an Wachsamkeit, Verantwortung und Einsatz, an Mut und Ausdauer aufzubringen haben, da wenden wir uns bittend an Gott. Obwohl Jesus deutlich klargemacht hat, daß der Mensch dies alles selbst tun kann und soll. Beim Anhören solcher Gebete kann einen oft Unwillen und Zorn packen. Denn das ist *Wunschkuhdenken und Wunschkuhfrömmigkeit*, auf jeden Fall sind es peinliche Anrufe der Gnade. Eigene Verantwortung wird auf diese Weise systematisch eingelullt. Das ist die große Gefahr der charakterisierten Gnadenreligion.

Man organisiert Frauengebettage auf weltweiter ökumenischer Basis, offenbar geleitet von der sehr unjesuanischen, aber magischen Vorstellung, daß die Masse der Beter das Gebet besonders wirksam mache. Hier geht es dann in der Hauptsache wiederum um den Weltfrieden. Warum wenden sich diese Frauen landauf und landab nicht lieber in heißem Zorn wider ihre Männer, daß sie ernsthafter für den Weltfrieden sorgen und weniger leichtfertig von Kriegsgefahr schwatzen und weniger machthungrig nach Machtpotentialen, zum Beispiel in Form von Atomwaffen, schielen? Diese Gebettage der betenden Frauenwelt vergehen und verrauschen, aber gar nichts folgt daraus, außer der trügerischen Selbsttäuschung, daß man etwas getan habe. Oder »Soldaten beten für den Frieden«! Wäre es nicht besser, den Soldaten ein wirklich glaubwürdiges Bewußtsein zu vermitteln, daß ihr Staat unmißverständliche Friedenspolitik führe, nicht aber Aufrüstungspanik verbreite und Milliarden Volksvermögen für Waffen verschleudere, die im Ernstfalle, wie die Dinge liegen, doch nichts nützen? Werden Frauen wie Soldaten hier nicht mißbraucht, wird die leicht artikulierte Anrufung der Gnade nicht *Handlanger des Staates*? Und wir haben vorher Beispiele angeführt, die seitens mancher Kirchenfürsten diesen Eindruck beängstigend verstärken.

Wenn Haß und Aggressionen in der Welt überschäumen, wenn ethische Standards brechen wie einstürzende Häuser, wenn Kriminalität oder Selbstmordziffern beängstigend anwachsen oder in ähnlichen Notlagen, wird andererseits nach der Religion gerufen. Sie wird eine Art *Feuerwehr*, diese Gnadenreligion, von der sich die Meinung gebildet hat, die selbst seit alters die Hoffnung geschürt hat, wenn die Brände aufflammen, die wir selbst unachtsam und verantwortungslos gelegt haben, werde die allzeit zugängliche Gnade sie löschen.

Diese Gnadenreligion wird in der Praxis eine heilsegoistische *Nimm-Religion*. Meine Lasten sollen leichter werden, mein brechender Mut soll gestärkt werden, meine Sorgen, meine Nöte, meine Erwartungen, meine Leiden stehen obenan, um sie dreht sich alles. Man mag theologisch mit Theozentrismus, Christozentrismus oder Kreuzestheologie argumentieren. In der Praxis einer solchen Gnadenreligion stellt sich der Mensch in den bewegenden Mittelpunkt. Das bestätigen unzählige Predigten, besonders auch Trau- und Begräbnisreden. Immer geht es um meine Anliegen, meine Tröstung, meine Hoffnung, hier und »über das Grab hinaus«. Eine solche Haltung pervertiert nicht nur die Frömmigkeit, sie ist eine direkte destruktive Gefahr für die Umwelt. Wir müssen erkennen, daß auch unsere Nimm-Frömmigkeit die Umwelt ruiniert, denn auch in diesem Bezug hat man gelernt zu nehmen, was man kriegen kann. Eine solche Nimm-Religion muß deutlich als *religiöser Materialismus* charakterisiert werden. Hier ersetzt Gnade die Selbstverantwortung, man nimmt und nimmt, das ist, psychologisch gesprochen, orale Säuglingshaltung, die nicht aufhört, am Euter der Wunschkuh zu saugen. So betrachtet, kann die Gnadenreligion gar nicht alle an sie gehefteten infantilen Erwartungen erfüllen. Und so wird sie zu einer *Religion des Argumentierens*, des Beweisens und Vertröstens, daß Gott es doch recht mache und wie er es doch recht mache. Und schließlich wird man der Gnade immer unsicherer, und man kann gegenwärtig zu dem Schluß kommen, sie sei nichts als eine Hypothese, mit der man es doch versuchen könne, so ermuntert *Hans Küng*: »Eine Vision? Eine Projektion? Eine Illusion? Eine Suggestion? Eine

Hoffnung – nicht mehr, aber auch nicht weniger.«[16] Aber das ist – zu wenig.

Ganz praktisch geredet: Jesus hat uns befreit von der Wunschkuh-Religion, von einer Religion, die als Lückenbüßer für Handlanger und Feuerwehrdienste so schnell verfügbar gemacht werden kann, aber auch von der Nimm-Religion wie der Religion der unsicheren Hypothese. Er wußte, warum er das Wort Gnade mied.

Gnade in der Psychotherapie?

Psychotherapie ist keine Religion. Aber sie hat mit dem Evangelium gemeinsam, daß beide sich auf den Menschen beziehen und daß beide den Menschen heil machen wollen. In der Gegenwart wird die Psychotherapie häufig als eine mit den besonderen therapeutischen Mitteln erweiterte Seelsorge angesehen. Es werden auch Begriffe benutzt, die Gemeinsamkeit nahelegen, so zum Beispiel »annehmen« und »angenommen werden«, oft wird direkt auf das »Liebesgebot« und seine Implikationen als auch für die psychotherapeutische Behandlung verpflichtend verwiesen. Und so manche Autoren und Praktiker sprechen auch von Gnade in psychotherapeutischen Zusammenhängen. Prinzipiell gesehen – wie steht es mit der Gnade in der Psychotherapie?

Das möchte ich konkret an folgendem Fall verdeutlichen. Der Patient, um vierzig Jahre alt, kam in die Behandlung, weil er große Schwierigkeiten hatte, nachts mit seinem Auto zu fahren. Nach anfänglichen Gesprächen ermunterte ich ihn, diese Angstemotion mit Farbe und Papier auszudrücken. Er brachte in der nächsten Stunde ein Bild, das, wie er gestand, ihn große Anstrengung gekostet hatte, zumal er noch nie in seinem Leben mit Farbe gemalt hatte. Das Bild war eine mit Wasserfarbe dunkelblau gefärbte Fläche, die nach unten hin geradezu schwarzblau wurde. In der rechten unteren Ecke war eine goldgelbe Lichtquelle, deren Strahlen nach links ausliefen. Gefragt, erklärte er, daß die Lichtquelle eine Autolampe bei Nacht sei, die ihr Licht nach vorn auf die Straße werfe. Nach den Gesetzen der Bildsymbolik in der Analyse bedeutet gewöhnlich die rech-

87

te Seite eines Bildes die bewußte oder konkrete Situation des Malers, die linke dagegen die unbekannte unbewußte Seite. Das Bild zeigte also an, daß die Ängste des Patienten beim nächtlichen Autofahren aus einer unbekannten Region der Psyche kamen, die nun mit dem Lichte des Bewußtseins erleuchtet und erkannt sein wollte. Die erstaunliche Wirkung dieses Bildes und seiner Besprechung war, daß der Patient von jenem Tag an seine nächtlichen Ängste verlor. Das bedeutete, daß eine innere Blockierung durchbrochen war und er nun keine Angst mehr hatte, sich den ins Unbewußte verdrängten Problemen zu stellen.

Die nun folgende Analyse verlief weiterhin zumeist über Bildermalen, neben dem die Träume zurücktraten. In deren Verlauf zeigte sich, daß er drei volle Studien mit erfolgreichen Abschlußexamina hinter sich gebracht hatte, ohne die entsprechende Tätigkeit dann ausüben zu können. Tiefster Grund war schweres Minderwertigkeitsgefühl und mangelndes Selbstvertrauen, ja geradezu ein Gefühl absoluter Wertlosigkeit. Die Besprechung der Lebensgeschichte ergab folgenden Tatbestand. Er war bei Eltern aufgewachsen, von denen er nicht wußte, daß sie seine Adoptiveltern waren. Erst durch die Notwendigkeit, seine arische Abstammung nachzuweisen, erfuhr er, daß er eigentlich ein uneheliches Kind war, das von seiner Mutter gleich nach der Geburt im Entbindungsheim zurückgelassen und zur Adoption freigegeben worden war. Diese Entdeckung stürzte ihn in einen psychischen Abgrund. Merkwürdigerweise zählte für ihn nun nicht mehr die Tatsache, daß er ja doch in einer behütenden Familie aufwachsen konnte. Vielmehr beherrschte ihn von nun an das eine, alles Selbstgefühl vernichtende Grundgefühl, daß er ja nur ein »Wegwerfkind« sei, also eine wertlose Sache, die man nach Belieben irgendwo liegen läßt. Zusammenfassend ausgedrückt, sein gesamtes jetziges Lebensgefühl drückte er dahin aus, er sei ein Mensch, der »keinen Boden unter den Füßen« habe, sich vielmehr wie über einem Abgrund hängend empfinde. Es wurde eine lange Analyse. Zumal das Vermißte hier nicht nachgeholt und das Verlorene nicht ersetzt werden konnte. Darum blieb er lange bei dem Argument: Was nützt mir das alles, ich *habe* ja keinen Grund unter den Füßen. Gegen dieses Argument kam kein Bild und kein Traum auf.

Die Wende brachte ein Einfall, der mir aus meinem langen Aufenthalt in Indien kam. Ich erzählte ihm von einem berühmten Baum in Adyar bei Madras. Dort steht im Zentrum der Theosophischen Gesellschaft ein Banyan-Baum, der zehn bis zwölf Meter lange waagerechte Zweige entwickelt hat, die ja sicher brechen würden, wenn der Baum nicht die Fähigkeit hätte, bis auf die Erde reichende Luftwurzeln zu entwickeln, die selbst wieder dicke Baumstämme werden. Dieser spezielle Baum hat so viele Luftwurzelstämme entwickelt, daß ein großer, von vielen Säulen getragener Dom entstanden ist, in dem sogar Versammlungen aller Art stattfinden. Das Bedeutsame ist, daß man gar nicht mehr zwischen dem ursprünglichen Stamm des Baumes und den späteren Luftwurzeln unterscheiden kann. Der Baum ist ein integriertes Ganzes geworden, das sich aus eigener Kraft seine eigenen Wurzeln geschaffen hat.

Ich sagte ihm, Sie müssen es machen wie dieser Baum, und das können Sie auch. Ähnlich wie der Baum hat die Psyche des Menschen selbstheilende Kräfte zur Verfügung, die uns das Unbewußte, etwa in Träumen und Bildern, zeigt und zur Verfügung stellt. Denen muß man sich öffnen und sie nicht ständig durch intellektuelle Argumente blockieren. Diese Erzählung brachte tatsächlich die entscheidende Wende in der Analyse. Das Bild vom Baum, das ja archetypisches oder urtümliches Wachstumssymbol menschlicher Entwicklung darstellt, rührte direkt an eine schöpferische Tiefenschicht der Psyche des Patienten und setzte diese zu neuer Aktivität in Bewegung. Er beklagte nun nicht mehr eine durch äußere Umstände bedingte angebliche Wertlosigkeit, sondern er hatte nun die Möglichkeit, mit Hilfe innerer, eigener Kräfte die Wurzeln, die seinem Leben fehlten, selbst zu schaffen und so Boden unter die Füße zu bekommen. Das galt es nun in der täglichen Arbeit zu verwirklichen, und das gelang.

An welcher Stelle dieser Analyse hätte wohl der Begriff Gnade helfen können? Dem Patienten war doch eines nötig, nämlich sich der selbstheilenden Kräfte der Psyche bewußt zu werden, sich ihnen zu öffnen und sie aktiv im Leben zu verwirklichen.

Ich bin der festen Meinung, daß ich auf meinem Gebiet der Psychotherapie so im Sinn und Geist Jesu handle, indem ich strikt den Gesetzen der Psyche folge, die dem Patienten einen neuen schöpferischen Zugang zu sich und der Realität ermögichen. Und vielleicht ist auf diese Weise sogar die psychische Seite jenes inneren Vorganges beschrieben, den Jesus *Glauben* nennt. Denn was heißt Glauben bei Jesus? In einer diesbezüglichen Untersuchung antwortet der Neutestamentler *Norman Perrin*: »Glauben heißt«, im Sinne Jesu, »die konkrete Situation als die erkennen, die sie ist, und einzig *in der ihr angemessenen Weise* ihrer Herausforderung entsprechen.«[17] Das bedeutet dann: »Dein Glaube hat dir geholfen!«

Dualismus statt Monismus

Was meint Monismus? Mit Monismus meine ich hier eine Denkweise, die auf eine Vielfalt von Fragen und Problemen eine und immer wieder nur diese eine Antwort gibt. Dieser eine Begriff wird der sprichwörtliche Patentschlüssel, der alle Schlösser schließen soll. Philosophie wie Psychologie haben sich in der Vergangenheit aber oft so eingestellt, als ob es einen solchen Hauptschlüssel gäbe. Man benannte ihn Vernunft, Ratio, Entwicklung, Geist, Trieb, Sex oder auf ungezählt andere Weise, und so kamen dann – und kommen immer wieder – faszinierende Denksysteme oder psychologische Verstehenstheorien im Laufe der Zeiten und der wechselnden Lebensverhältnisse zustande. Es liegt aber auf der Hand, daß eine solche Alleinherrschaft eines Einzelbegriffes eine große Vereinfachung mit sich führen muß, die der Vielfalt der Probleme nicht gerecht werden kann.

Tiefenpsychologisch bedeutet eine solche von uns monistisch genannte Einstellung, daß ein solcher Denker selbst noch einer großen Vereinfachung verfallen ist. Er kann sich die Vielfalt der Probleme und Phänomene noch nicht bewußt machen, es ist vielmehr *eine* Einsicht oder *eine* überwältigende Erfahrung, die ihn alles und jedes in diesem *einen* Lichte sehen läßt. Auch auf dem Feld der Religionen kennen wir derartige große Vereinfachungen.

Die große monistische Vereinfachung

Das Israel, dem Jesus gegenübersteht, kann ebenfalls mit einem Wort sagen, was die Welt im Innersten zusammenhält, worauf es zuerst und zuletzt ankommt. In Israel »wohnt und bleibt man im Schatten des Allmächtigen«. Vor seiner *Allmacht* wirft man sich demütig in den Staub, sie ehrt und fürchtet man, sie trägt einen, sie verpflichtet einen ganz und gar. Allmacht heißt der Hauptschlüssel, der all die vielen Schlösser dieser Gesetzesreligion mit ihren vielen Regeln, Vorschriften und Weisungen schließt.

»Ich bin erschienen Abraham, Isaak und Jakob als der allmächtige Gott«, so galt es von Anfang an, und so bleibt es. Seiner Züchtigung oder Heimsuchung vermag sich niemand zu erwehren. Er beugt die Hochmütigen und zermalmt die Gottlosen. Mit ihm kann man nicht rechten, nicht hadern. Vor ihm ist der Mensch ein ohnmächtiges Nichts. Denn hast du etwa »einen Arm wie Gott, und kannst du mit gleicher Stimme donnern wie er?«[1]

Die Vereinfachung besteht nicht etwa darin, daß diese Frömmigkeit eine verarmte Einförmigkeit, einen armseligen Mangel an Motiven aufwiese. Das ist und kann niemals gemeint sein. Wovon die Religionsgeschichte auch sonst spricht, das ist auch im Alten Testament in reichem Maße vorhanden: Gnade, Liebe, Güte, Barmherzigkeit, Nachsicht, Langmut, Frieden, Freude, Gerechtigkeit, Zorn — oder auf Seiten des Menschen entsprechend Lobpreis, Anbetung, Ehrfurcht, Vertrauen, Glauben, Gewißheit, Zuversicht, Furcht und so viel mehr noch auf beiden Seiten. Was wir Vereinfachung nennen, besteht aber darin, daß jener gesamte Kosmos von Fragen und Antworten oder Themen zusammengehalten wird und seine systematische Klammer findet in der Allmacht.

Die Vereinfachung, von der die Rede ist, besteht auch nicht darin, daß sie in dem Sinn verharmlosend naiv wäre, daß sie Gott nur die guten, lobenswerten, anbetungswürdigen Eigenschaften zuschriebe und was nicht in dieses Bild paßt, einfach übersähe und ausließe. Das haben zum Beispiel die Aufklärung und der Rationalismus in der europäischen Neuzeit getan. Nein, hier wird durchaus realistisch erlebt, empfunden, gelebt und gedacht. Gott tut das eine und auch das andere, nichts ist ausgelassen, er tut einfach alles. Solange es sich um Straf- und Gerichtswalten handelt, mag die Konstruktion noch halten. Aber wie steht es mit dem Bösen, das alle Dysteleologie verursacht? Hier wird die Vereinfachung, von der wir sprachen, erst prinzipiell sichtbar. Wir sehen ein undifferenziertes Gottesbild oder vielmehr eine undifferenzierte Psyche, die dieses Gottesbild entwirft, an die Grenze ihrer Überzeugungskraft oder an die Grenze ihrer Wirklichkeitsbewältigung gelangen, wenn nämlich mit unelastischer Beharrlichkeit geantwortet wird: Auch das Böse, Gott tut es. Denn er ist allmächtig, im Guten wie im Bösen.

Wo Furchtbares geschieht, hat es da nicht immer eine definitive Ursache? fragt der Prophet Amos. »Brüllt auch ein junger Löwe im Wald, wenn er keinen Raub hat? Schreit auch ein junger Löwe aus seiner Höhle, er habe denn nichts gefangen? Fällt auch ein Vogel in den Strick, auf der Erde, da kein Vogler ist?« So gewiß die Antwort ist, die jedesmal zu geben ist, so gewiß steht Gott hinter dem allen: »Ist auch ein Unglück in der Stadt, das der *Herr nicht tue*?« Ebenso unumwunden, ebenso definitiv heißt es an anderer Stelle: »*Es kommt alles von Gott*, Glück und Unglück, Leben und Tod.«² Alles kommt von Gott! Wirklich? Für das große Heer einfältig religiöser Seelen mag das heute noch gelten und sogar weiterhin ein Trost in ihrem Unglück sein. Aber es gab und gibt mündige, das heißt innerlich wach und verantwortlich gewordene Menschen. Diese sind nicht mehr bereit, die Allmacht Gottes als Antwort auf alles Unrecht, Unglück oder alle Gewalt hinzunehmen. Schon seit

Jahrhunderten ist darum der so deutlich empfundene Zwiespalt zwischen Allmacht und Liebe Gottes zum Problem geworden. Populär drückt sich dieses Problem in der nie beantworteten Frage aus: Wie kann Gott das zulassen? Darum schrieb man in vergangenen Zeiten eine Theodizee, eine Rechtfertigung Gottes, um auf gewundene Weise zu erhärten, daß schließlich doch alles recht gut zusammengehe. Unser kirchliches Gesangbuch ist ein besonderes Dokument solcher Versuche. »Gott macht keine Fehler«, heißt dann das bekannte Trostwort.

Aber auch diese Naivität bringen die Wachen unserer Gegenwart nicht mehr auf. Denn gestehen wir uns ein, wir haben sie ja längst nicht psychisch verarbeitet, die rund vierzig Millionen Menschen, die durch den letzten Weltkrieg umgekommen sind, den Völkermord, den viele Völker an vielen Völkern begangen haben. Die brutalen Vertreibungen, die den Begriff Heimat wie den Begriff Menschlichkeit anscheinend für immer hohl und nichtig erscheinen lassen. Die Holocaust-Stürme mit ihren brennenden Öfen und rauchenden Schloten. Und als ob das alles nicht genug sei, die Erdbebenkatastrophen mit ungezählten Opfern und namenlosem Elend. Und die nachhaltigen Folgewirkungen, der Niederbruch von Ethos und Glaube, das Absinken der tragenden Standards, die Frustration der Jugend, die kollektiv gewordenen Depressionen. Eine Welt ist verkehrt worden! Und nun sollen wir nachsprechen: »Ist auch ein Unglück in der Stadt, das der Herr nicht tue?« Unter einer kaum zu bewältigenden psychischen Last gebückt sind die Menschen der Gegenwart einfach nicht bereit, definitiv nicht mehr willens, nachzusprechen: »Alles kommt von Gott.« Die psychische Resonanz, die mobilisiert werden müßte für solche Sätze, ist einfach nicht mehr da. Vorhanden ist hingegen ein abgrundtiefer existentieller Unwillen, jene Zumutung überhaupt an sich herankommen zu lassen.

Wir sind mit einem psychisch explosiven Thema befaßt, das vorsichtig angegangen sein will. Wer hier ein vorschnelles Wort sprechen wollte, verliert sicher jeden Kredit. Aber vielleicht finden wir ja in unserem leidenschaftlichen inneren Protest einen Verbündeten an Jesus! Wie hat er denn auf die Devise »Alles kommt von Gott« reagiert?

Er hat protestiert! Vernehmlich und eindeutig. Theologen, Philosophen und Kirchen haben diesen Protest zu einer sehr nebulosen oder undeutlichen Stimme gemacht, und in manchen kirchlichen wie abendländisch philosophischen Denksystemen ist sie sogar gänzlich totgesagt. Aber sie ist immer noch aus den Evangelien zu vernehmen.

Ein Mann säte guten Samen auf seinen Acker, so erzählt Jesus, aber in der Nacht kam sein Feind und säte Unkraut unter den Weizen. Als die Saat aufging, waren die Arbeiter erstaunt und sagten zum Gutsherrn, es ist kaum zu glauben, woher all das Unkraut? Der Gutsherr gab die Antwort: »Das muß einer getan haben, der uns feind ist.«

Der Gutsherr sagt nicht: Ja, das war eben unter dem Samen, den wir gesät haben. Er hätte entschuldigend hinzufügen können: Das kommt schon vor, daß sich unter den Samen mischt, was nicht dahin gehört. Dergleichen verschwommene und halbe Reden führt er überhaupt nicht. Er weiß, was er gesät hat, gute Qualität, darum gibt er eine völlig andere Antwort.

Das war damals schon eine beliebte Art, einem Gegner eins auszuwischen, indem man heimlich Unkraut in die frische Aussaat mengte. Es sei also nur an den persönlichen Feind gedacht, hat man mithin gefolgert. Aber das ist eine ganz unnötige Einschränkung, denn die entscheidende Aussage läuft in jedem Falle auf eine ganz klare Pointe hinaus.

Jesus erzählt das Gleichnis so, daß wir die Ereignisfolge ganz klar so miterleben: Der Sämann ist sich völlig sicher, er hat das viele Unkraut nicht gesät, es war ein anderer. Dieser andere hat Unheil angerichtet, und das ist ihm ein deutliches Zeichen dafür, was für ein anderer das ist, der hier eine gute und solide Arbeit zu zerstören gesucht hat, »das muß einer getan haben, der uns feind ist«. Wir sehen, Jesus neigt nicht im entferntesten zu der Annahme, daß Saat wie Unkraut, daß alles aus einer Hand kommt. Er sagt vielmehr, hier ist Gott ins Handwerk gepfuscht worden, durch eine *destruktive Macht* nämlich. Das ist keine monistische Vereinfachung, Jesus postuliert einen *spannungsgeladenen Dualismus*, er spricht von einem Widerpart, einer Gegenmacht. Er zeigt sich zunächst überhaupt nicht besorgt, daß dann ja Gottes Allmacht Schaden nehmen könne. Er macht zunächst gar keine Anstrengung, diesen Dualismus zu überbrücken, einzuschränken oder zu retuschieren. Laßt ruhig beides zusammen wachsen, sagt er in der Weiterführung des Gleichnisses, es wird sich schon zeigen, was Korn, was Unkraut ist.

Ein anderer Zusammenhang darf ebenso noch angeführt werden. Es wird Jesu von einer Untat des *Pilatus* berichtet. In Galiläa nämlich hat er einige Männer im Tempel töten lassen, als sie gerade beim Opfern waren. Das zeitgenössische Denken verläuft nach dem Gesetz der Entsprechung zwischen Schuld und Ergehen. Also muß bei jenen Männern eine geheime Schuld im Hintergrund gestanden haben. Nein, sagt Jesus, ihr könnt nicht einfach deren angebliche Schuld als Grund angeben. Und das führt ihn auf jene achtzehn Männer, die ein in Siloah einstürzender Turm erschlagen hat. »Es ist noch lange nicht bewiesen«, kommentiert Jesus, »daß sie schlechter waren als die übrigen Einwohner«. Was Jesus also grundsätzlich ablehnt, ist die angenommene Entsprechung zwischen Schuld und Erleiden, dieses sittliche Vergeltungsdogma. Würde dasselbe gelten, dann wäre jenes erste und dieses zweite Geschehen als Gerichtshandeln Gottes hinzunehmen. Indem Jesus jenes Gesetz der Entsprechung kategorisch ablehnt, sagt er unmittelbar und zugleich: Gottes Gericht ist hier nicht einfach zu suchen. Wir wissen gar nichts von deren Schuld, wir können überhaupt nicht sagen: Gott hat es getan. Das alles wäre ihm monistische Vereinfachung, die er ablehnt. Jesu Reaktion entspricht genau jener vorher konstatierten dualistischen Tendenz.

Die Gegensätzlichkeit ist mit dem bisher Gesagten jedenfalls so markant wie nur möglich herausgestellt. Das Alte Testament sagt: »Alles kommt von Gott, Glück und Unglück.« Jesus sagt, vor allem im Blick auf Unglück und Böses: »Das hat ein Feind getan.«

Die beiden zuvor zitierten Fälle zeigen jedesmal, wie derart tragische Vorkommnisse von Jesus beurteilt werden. Von größerer Wichtigkeit ist aber die Tatsache, wie er solche menschlichen Katastrophen *praktisch* behandelt. Leid, Krankheit, Unglück und Tod sind für ihn keine gottgegebenen Schickungen. Sie sind vielmehr Angriffe der Dämonen, des Bösen und der Macht der Finsternis, also jener Leben zerstörenden Sinnwidrigkeiten, gegen die er im Namen Gottes den Kampf führt. Sie sind also für ihn durchaus *nicht* gottgesandte Strafe, Prüfung oder Läuterung, wie es die christliche Seelsorge aller Zeiten angeblich zum Trost so schnell sagt, dies aber nicht in Übereinstimmung mit Jesus, sondern ausgesprochen und kaum je überzeugend unter Aufnahme alttestamentlicher Motive.

Wenn wir also umfassend sehen, daß Jesus grundsätzlich dem »alles kommt von Gott« widerspricht und es als nicht überzeugend verwirft, dann sieht es fast so aus, als ob er unsere heutigen Anstöße, die wir not- und existenzgedrungen um der Wahrhaftigkeit willen einfach erheben müssen, bereits vorweggenommen hätte. Das ist tatsächlich der Fall. Auf jeden Fall ist Jesus viel moderner, also echten Existenzfragen gegenüber bewußter, als allgemein vermutet wird. Das wird weiterhin deutlich, wenn wir fragen, was tiefenpsychologisch motivierend hinter jenem Gegensatz Dualismus gegen Monismus steht.

Was meinen wir mit Dualismus nicht?

Vielleicht ist zunächst eine Bemerkung darüber nötig, was wir mit Dualismus *nicht* meinen. Wenn dieses Wort fällt, stellen sich leicht Mißverständnisse ein, indem man sofort an die klassischen dualistischen Denkschemata denkt, die unsere abendländische Denkgeschichte bestimmt haben. Darum wolle man die folgende Abgrenzung nicht verargen.

Wenn bei Jesus von Dualismus die Rede ist, dann meine ich natürlich nicht jenen anthropologischen Dualismus, wie wir ihn besonders vom Orphismus und von Plato her kennen. Das ist jener Leib-Seele-Dualismus, der dann schnell auch zu einer Wertung wird. Die Seele, das lichte Prinzip, ist in den Leib verbannt, der das dunkle Prinzip darstellt. Aus ihm sehnt sie sich ewig heraus, um in ihren lichten Ursprung zurückzukehren.

Gemeint ist auch nicht jener kosmische Dualismus, der eine große Gegensätzlichkeit auf die gesamte Welt und alles Sein überträgt. Eine solche Konzeption kennen wir als besonders konsequent aus dem Parsismus. Hier liegen Ormazd, der Gott des Bösen, und Ahriman, Prinzip des Guten, in ständigem Kampf. Grundlage dieser Schau ist natürlich nicht ein historischer Faktor, sondern eine Mythologie.

Hier und im folgenden meinen wir auch keinen metaphysischen Dualismus, der einen grundsätzlichen Gegensatz zwischen Geist und Materie annimmt. Das tun zum Beispiel umfassende Strömungen des Hinduismus, und diese Grundhaltung wird dann besonders deutlich am Kastensystem. Beim Kastensystem gilt die Grundregel: Je mehr der Mensch mit der Materie befaßt und in ihr befangen ist, desto weiter entfernt ist er von der Realisierung des göttlichen Geistkerns in ihm, das heißt des Atman. Diese Annahme ist dann besonders hart für die sogenannten Unberührbaren, deren Lebensaufgabe ja darin besteht, den Schmutz und Unrat der Straßen und Toiletten Indiens zu beseitigen. Eine fortschrittliche moderne Gesetzgebung, die es seit Gandhi in Indien sehr wohl gibt, hilft hier praktisch nicht wirklich. Es bleibt faktisch bei der alten orthodoxen Auskunft, durch viele Geburten hindurch irgendwann einmal aus der niederen Materie in die Höhen des Geistes aufzusteigen.

Nur gewisser Vollständigkeit halber sei noch hinzugefügt, daß wir natürlich auch nicht an jenen philosophischen oder spekulativen Dualismus denken, den wir besonders bei Mystikern und Spiritualisten finden. Hier stehen sich gegenüber das Ewig-Eine, das zugleich das wahre Wesen und wahre Sein ist, dem zuzustreben Sinn aller Bemühungen ist – und, ihm entgegen, das zeitliche Viele, die Mannigfaltigkeit, die Zersplitterung, die stets Abfall vom Ganzen und somit Sünde ist.

Von keiner dieser Ausprägungen der dualistischen Tradition ist hier die Rede und auch nicht von Beeinflussungen durch sie.

Wenn wir bei Jesus von Dualismus sprechen, folgen wir einmal dem, was die Quellen der Evangelien eben aussagen, und dann sprechen wir von einem *rein religiösen Dualismus*! Was das aber heißt, wird sich weiterhin zeigen müssen.

Doch nun zurück zu unserer aufgeworfenen Frage: Was meint Jesus genauer mit der Ablehnung des Monismus, also der einseitigen Qualifizierung des Gottesbildes durch den Allmachtsbegriff? Dahinter steht die Ablehung des allmächtigen Patriarchen, der der Mann auf androzentrischer Entwicklungsstufe im alten Israel war. Vorweg aber sei angemerkt, daß wir selbst heutzutage jener patriarchalischen Entwicklungsstufe keineswegs entwachsen sind, mit den von ihr verursachten Problemen vielmehr immer noch in existenzbewegendem Streit liegen. Wozu man in jenem antiken Patriarchat aufblickte, war jedenfalls entsprechend ein Patriarchengott, das heißt lebende Patriarchen standen für ihn Modell. Hier nun begegnen wir wahrscheinlich sofort einem entschiedenen Einwand: Was heißt Patriarchengott? Der Gott des Alten Testamentes ist ein Vater – und oft genug setzt man hinzu: ganz wie im Neuen Testament. Und man bekräftigt diesen Irrtum mit der weiteren ebenso unzutreffenden Behauptung, darin seien sich die beiden Testamente einig. Darum eine kurze Bemerkung zu der Frage, wie steht es mit der Vaterbeziehung Gottes im Alten Testament?

Wir müssen allerdings der Versuchung widerstehen, den Patriarchen von damals irgendwie nach der Vorstellung zu denken, die wir heute mit dem Begriff Vater verbinden; dies ginge vollends nicht nach den Leitbildern, wie wir den Vater gern haben oder sehen möchten. Wo die Unterschiede zwischen Altem und Neuem Testament nicht klar vor Augen stehen, hat man, wie nicht anders zu erwarten, natürlich auch hinsichtlich der Vatervorstellung das Alte Testament vom Neuen Testament her derart aufgewertet, daß vorhandene Unterschiede in Frage gestellt werden konnten. In dieser Hinsicht ist auch der Name *Sigmund Freuds* zu nennen, der meinte, die Dreiheit Gott-Vater-Gehorsam bestimme das Gottesbild im Alten Testament. Dann wäre der Vaterbegriff im Zentrum der Gottesvorstellung und eben nicht der der Allmacht. Das gäbe allerdings eine wesentlich andere, gemeint ist natürlich positivere, Konzeption, nur leider stimmt sie nicht. Unemotionelle und exakte Forschung muß vielmehr überraschenderweise feststellen, daß Anreden Gottes mit dem Prädikat Vater im Alten Testament – das zeigt zum Beispiel der Alttestamentler *Lothar Perlitt* – »gänzlich am Rande stehen. Anders als im Neuen Testament gehören sie mitnichten in die Mitte des Gotteszeugnisses, zu keiner Zeit.« Sie bezeichnen »kein Hauptthema«, vielmehr lediglich ein »Nebenthema«[4] alttestamentlicher Frömmigkeit. Im übrigen wird die Vaterbezeichnung hier nur kollektiv gebraucht, wie etwa »Vater Israels«, nicht aber persönlich oder individuell. Schon an dem zahlenmäßigen Vorkommen der Vokabel Vater für Gott wird deutlich, wie wenig sie im Zentrum steht. In dem umfangreichen Alten Testament kommt Vater nur elfmal vor, und an keiner Stelle derart, daß dem Gottesbild ein entscheidend neuer Inhalt hinzugefügt würde. Über eine Vatervorstellung, die das vermöchte, verfügte man eben nicht. In dem umfangmäßig dünnen Neuen Testament kommt der Vatername in Anwendung auf Gott dagegen rund hundertmal vor, und das in einer Weise, die die Vatervorstellung und damit die Gottesanschauung mit einem revolutionär neuen Inhalt erfüllt. Die alttestamentliche Religion ist *keine Vaterreligion*. Was gibt dann den Ton in ihr an?

Der allmächtige Patriarch

Es bleibt also dabei: Die Allmachtsvorstellung in der konkreteren Gestalt des allmächtigen Patriarchen prägt monistisch oder einlinig den alttestamentlichen Gottesglauben. Und so begegnen uns denn vor allem zwei Väter im Alten Testament, die sowohl über den Patriarchen-Gott wie über den Patriarchen-Vater Grundwesentliches, aber auch Erschreckendes zu sagen haben.

Der eine ist *Abraham*. Ihn trifft der Gottesbefehl, seinen einzigen Sohn als Brandopfer darzubringen. Man macht sich auf den Weg, sammelt reichlich Holz für ein offenbar großes Brandopfer – aber wo ist das Schaf als Opfertier, fragt der Sohn. Die Frage bleibt unbeantwortet; Abraham streckt seine Hand aus und ergreift das Messer, seinen Sohn zu schlachten. In letzter Sekunde greift ein Engel ein, und ein Widder kann an

Stelle des Sohnes geopfert werden. Abraham ist einer Glaubensprobe unterzogen worden, er hat sie bestanden. Wie man zu dieser Berichterstattung Stellung nimmt, das ist das für uns hier Relevante. Der zuvor schon zitierte Alttestamentler *L. Perlitt* beruft sich in diesem Zusammenhang auf eine Auslegung durch den führenden anderen Alttestamentler *G. v. Rad*, der folgendermaßen kommentiert: »Vollzog er das Opfer, so erlosch ihm das Licht, das Gott in sein Leben gestellt hatte. Vollzog er es nicht, so war er an Gott gescheitert. Der Ort, an den Gott ihn hinausgeführt hatte, war der einer Gottverlassenheit.«[5] Diese Paraphrase ist als unsachgemäß abzulehnen. Sie ist geradezu ein Paradebeispiel für die gefühlige Verschwommenheit, mit der selbst große Theologen unterneutestamentliche oder unterchristliche Quellen uns nahezubringen unternehmen. Einen Text, wie den erzählten, berichten und erläutern ist *eine* Sache, ist Wissenschaft. Aber dann wird der Standort plötzlich gewechselt, aus dem »damals« wird ein »heute«, aus dem Forscher wird ein Prediger, indem nun mit existentieller Affektivität um unser heutiges Verständnis für den damaligen Vorgang geworben wird. Genau das ist unerträglich. Denn es gibt kein heutiges Verständnis für den damaligen Vorgang – natürlich ein wissenschaftliches, historisches oder religionsgeschichtliches, aber doch kein existentielles, das unterstellt, daß bei rechter Einfühlung auch der Mensch der Gegenwart für das Verhalten Abrahams ein gewisses Verständnis aufbringen könnte. Schon dies zu erwarten, bedeutet das Ende jeder Diskussion. Wenn *Hermann Gunkel* in seinem großartigen Genesiskommentar jene Abrahamsstelle dahin erklärt, sie stamme aus einer Zeit der Ablösung vom Menschenopfer, dann gibt das Sinn. Damit ist zugleich die entwicklungsgeschichtliche Bedingtheit derselben richtig gekennzeichnet.

Wie aber wird der Mensch der Gegenwart auf jene Abraham-Episode reagieren, wenn er das unbedingt soll? Er würde, wenn er ehrlich ist, sagen: Das tue ich nicht! Und wenn das Opfer dennoch mit einem harten Muß von ihm gefordert würde: Selbst um den Preis meines eigenen Lebens weigere ich mich, im Namen der Religion Unmenschliches und Ungöttliches zu tun. Und damit, Gott, bin ich nicht an dir, damit bist vielmehr du an mir gescheitert, du bist es bereits damit, daß du mir einen solchen Befehl gibst, der mich im übrigen nur vor den Strafrichter bringt. Tatsächlich müssen wir heute noch oder erst recht wieder so deutlich reagieren. Denn gerade dieser Text wird heute noch kirchlicherseits als Predigttext verwendet, und Abraham wird als Glaubensheld gepriesen. Das geschieht tatsächlich, und es ist ein besonders charakteristisches Zeichen dafür, daß wir weithin gar nicht wissen, was wir eigentlich als Christen glauben. Jener Text hat kein inneres sachliches Recht, in einem christlichen Gottesdienst als Gotteswort zu erscheinen. Dafür, daß dies nicht geschieht, sollten Christen einstehen, wenn sie zu christlicher Selbstidentität finden wollen.

Was also charakterisiert Abraham als Patriarchen, psychologisch gesehen?

Der Patriarch Abraham ist ebenfalls überzeugt: »Alles kommt von Gott.« Darum gibt es überhaupt keine Debatte über die religiöse und ethische Berechtigung der an ihn gestellten Forderung.

Der Patriarch ist im Grunde und vor allem um sich selbst besorgt, er ist ein fundamentaler Egoist vor Gott wie vor Menschen. Seine Gerechtigkeit muß makellos bleiben; sie unter Beweis zu stellen, wird er alles tun.

Und er kann auch alles tun. Entsprechend nämlich ist seine soziale Stellung. Selbst unter extremer Forderung besteht die Verlegenheit nicht darin, daß es ihm unmöglich wäre, der Forderung nachzukommen. Er kann sogar seinen Sohn opfern.

Denn zum verfügbaren Besitz des Patriarchen gehören Akker, Vieh und alle sonstigen Güter, gehören nicht nur Sachen, sondern auch die Menschen in der Großfamilie. Auch die Frau, auch der Sohn sind Besitz. Das Verfügungsrecht über sie ist denkbar großzügig.

Die Verfügungsgewalt ist ungehemmt. Persönliche Beziehungen sind gegeben, natürlich. Abraham liebte seinen Sohn, wird erzählt. Aber persönliche Beziehungen sind noch nicht so grundkonstruktiv geworden, daß sie einen direkt gegen sie gerichteten Handlungsverlauf hindern würden. Wir dürfen eine so uralte Erzählung darum nicht mit Gefühlen bestücken, die sie gar nicht rechtfertigt.

Das am meisten Auffallende ist, daß Abraham von Anfang bis Ende schweigt, daß er schweigend gehorcht. Seine eigene Menschlichkeit oder Psyche kommt gar nicht in Operation. Das aber ist, zumal in so extremer Situation, ein vorpsychisches Verhalten. Menschliches Verhalten ohne psychisches Engagement gibt es nicht. Die Abrahamfigur bewegt sich darum wie ein *Schemen* durch die Szene, sie ist eine *archaische Figur auf vorpsychischer Entwicklungsstufe.* Das ist ihre grundsätzliche Begrenzung.

Dieser »Vater Abraham«, wie er oft genannt wird, ist zugleich das Paradebeispiel dafür, was wir mit Monismus im Alten Testament meinen. Er ist nur eines, nämlich Diener der Allmacht, und damit ist er selbst als Vater und Frommer nur durch Autorität, Macht und Gehorsam qualifiziert.[6]

Der Patriarchengott

In *Hiob* haben wir im Alten Testament einen anderen Vater, einen Vater von sieben Söhnen und drei Töchtern, der den schwersten Prüfungen von Gott unterworfen wird. Das Hiobbuch oder die Hiobüberlieferung sind aber viel später zu datieren. So ist es verständlich, daß Hiob nicht mehr auf vorpsychischer Entwicklungsstufe steht, unterdessen hat sich etwas an Entwicklung getan. So finden wir bei Hiob ein geradezu leidenschaftliches psychisches Engagement, von dem wir im übrigen sagen müssen, daß es grundsätzlich ein echtes und richtiges ist. Aber wie steht es mit dem Gott, mit der Gottesvorstellung, hat sie sich unterdessen auch zum Vorteil gewandelt? Das eben ist die Frage, die aber verneint werden muß. Das eigentliche Problem, in der Rückschau, ist im Hiobbuch nicht Hiob, sondern Gott. Das Gottesproblem stellt auch *C. G. Jung* in seinem bekannten und problemreichen Buch *Antwort auf Hiob* in den Mittelpunkt.[7] Wogegen Hiob protestiert, ist der ungewandelte typische Patriarchengott. Wie erlebt Hiob ihn, wie sieht sein Protest aus? Was wir mit Patriarchengott meinen, wird jedenfalls hier besonders anschaulich.

Hiob ist fromm, reich und gesegnet. Aber mit einemmal ist es zu Ende – nicht mit seiner Frömmigkeit, sondern mit seinem Reichtum und mit dem Segen. Feinde rauben seine Rinder und Eselinnen, Feuer verbrennt Schafe und Knechte, das Haus bricht ein und erschlägt die versammelten Kinder. Selbst seine Gesundheit bricht zusammen. Von Schmerzen innen und außen gepeinigt, hält er unerschütterlich an seiner Frömmigkeit, seiner Gottesfurcht, seiner Zuversicht fest. Das aber ist nicht genug, sagen seine drei Freunde, die zwar versichern, sie seien gekommen, »ihn zu beklagen und zu trösten«, in Wahrheit aber sind sie der eigentliche giftige Stachel, der im folgenden in alle Wunden sticht. Sie wissen wiederum, daß alles von Gott kommt, Glück wie Unglück, als Belohnung oder Strafe. Wenn es Hiob nun plötzlich derart schlecht ergehe, müsse er zweifelsohne schwere geheime Sünden begangen haben. Darum müsse er vor allem nun seine Sünden bekennen. Und nun beginnt der Kampf zwischen ihnen und Hiob, in dem sie mit immer neuen Argumenten Hiob unter das Dogma beugen wollen, in dem Hiob jedoch den exzeptionellen Mut aufbringt, Dogma und Tradition mit der unverminderten Aussage die Stirn zu bieten, daß er in keiner besonderen Weise schuldig geworden sei. Mit dem, der so gewaltig mit Donner und Blitz und Stürmen am Himmel dahinfährt, könne er, der kleine Hiob, sich doch nicht messen wollen, wird schließlich erklärt – das sei nichts als vermessen. Dieses kosmische Motiv leitet über zu dem wunderbaren Geschehen, daß Gott selbst tatsächlich »aus dem Wetter« Antwort gibt. An dieser Antwort heben wir die psychologisch wichtigen Punkte hervor.

Die erste und entscheidende Feststellung ist die, daß Gott eigentlich keine Antworten gibt, vielmehr seinerseits dem Hiob eine erdrückend lange Reihe von Fragen stellt, die bezeichnenderweise durch die Themafrage eingeleitet werden: »Will der Haderer mit dem Allmächtigen rechten?« Die Grundposition ist eingenommen, und nun fragt es sich, ob für Neues noch Raum sein wird.

Wenn im folgenden aus kosmischem und irdischem Geschehen, aus Tier- und Pflanzenwelt Großartiges auf Großartiges gehäuft wird, dann ersteht eine derart unerhörte Allmachtsschau, daß Hiob völlig zu Boden geschlagen ist. Gehört hatte Hiob gewiß immer schon, daß Gott allmächtig sei, nun aber hat er es in existentieller Erschütterung erfahren. Mit dieser atemberaubenden Allmacht kann man nicht argumentieren. Daß er es versucht hat, ist geradezu ein Vergehen, das Hiob reuig bekennt. Der Allmächtige bleibt also der Allmächtige, keine neue oder weitere Qualifizierung tritt hinzu.

Und auch das Gesetz der Entsprechung oder Vergeltung bleibt voll und ganz in Kraft. Zwischendurch heißt es: »Den Gottlosen wird ihr Licht genommen, und der Arm der Hoffärtigen wird zerbrochen.« Zu diesen, so hat sich erwiesen, gehört Hiob nicht. Nie ist er an Gott irre geworden, darauf nur hat er bestanden, daß er nichts besonders Frevelhaftes getan habe. Und weil dem so ist, werden die Freunde ihrer falschen Einschätzung wegen schwer getadelt. Hiob aber bekommt alles Eingebüßte doppelt zurück, sogar sieben neue Söhne und drei neue Töchter, die wiederum wie ersetzbare Sachen rangieren. So ist auch das Gesetz des Handelns zwischen Gott und Mensch dasselbe geblieben.

Die mit so schöner Dichtkunst geschriebene Hiobdichtung hat aber doch einen Ertrag gebracht – und welchen? Hiob ist kein archaischer Abraham, kein Schemen und kein frömmigkeitsideologisches Automaton. Er ist Mensch, Mensch mit einer wachen und reichen psychischen Spannkraft. Er fragt leidenschaftlich, er stößt seinen Schmerz in den Himmel hinaus, es liegt eigentlich eine Herausforderung in der von ihm eingenommenen neuen Position, die auf gewagte Fragen neue Antworten erheischt. Der Dichter des Hiobbuches hat diese neue Position aufgenommen, aber er hat ihre Fragen nicht beantworten können. Das Fragen war vielmehr Hiobs Fehler. Man fragt besser überhaupt nicht, lautet schließlich die Auskunft der Dichtung, mit der sie ihren anfänglichen Mut zurücknimmt. »Ich habe einmal geredet«, sagt Hiob, »zum andernmal will ich's nicht mehr tun.« Denn Gott ist *der* Patriarch, er ist und bleibt der *allmächtige* Patriarch. Menschen haben sich unterdessen entwickelt, das Gottesbild nicht. Das mit dem Allmachtsbegriff monistisch einseitig qualifizierte Gottesbild hat sich im Gegenteil extrem erhärtet.

Fazit

Wir können nunmehr ein Fazit aus den Betrachtungen dieses Abschnittes ziehen. Wir hatten mit der Vermutung eingesetzt, daß es sich wohl um eine eigenwillige Projektion handeln müsse, wenn man meint, das komplizierte, vielschichtige und vieldimensionale Gottesproblem mit einer einzigen Vokabel lösen zu können. Diese eine Vokabel war auf dem alttestamentlichen Hintergrund der Begriff *Allmacht*. Demgegenüber kommt die Vatervorstellung, so hatten wir uns versichert –, entgegen landläufiger Meinung – nicht zum Tragen. Jener Allmachtsbegriff aber wird näher durch die des *Patriarchen* qualifiziert, nämlich als eine Machtpotenz, von der *alles ausgeht, Gutes wie Böses*. Das wurde an der Abrahamsgestalt wie an Hiob aufgezeigt. Der allmächtige Patriarch der damaligen psychischen Entwicklungsstufe steht also *maßgeblich für die Gesamtanschauung* im Hintergrund. Mit dieser Erkenntnis wird aber die triumphale Vokabel Allmacht in ernüchternder Weise relativiert, und die monistische Zeichnung des Gottesbildes, die alles und jedes aus der Hand des Allmächtigen fließen läßt, wird höchst verdächtig. Darum fällt es jetzt doppelt ins Gewicht, daß *Jesus jene Allmachtsvorstellung, die Gutes wie Böses bewirkt, kompromißlos ablehnt*. Diese Ablehnung ist offenbar kein Einzelzug neben anderen im Denken Jesu, sondern hat fundamentalen Charakter.

Denn fundamentalen Charakter hat der Allmachtsgedanke im Judentum bis heute. Er ist geradezu sein Schicksal, *auch* in der Gegenwart, wie um der Aktualität willen hinzugefügt werden darf. Wenn die jüdischen Denker der Gegenwart sich mit den Holocaust-Erfahrungen auseinanderzusetzen versuchen, dann entsteht typischerweise sozusagen ein geistiger Ringkampf gerade mit dem Allmachtsgedanken. Alle jüdischen Denker der Neuzeit sind hintergründig oder direkt von der Frage gequält: Wie konnte der Allmächtige das zulassen? Hier wird eine Jahrtausende alte religiöse Weltsicht, ein ebenso altes Selbstverständnis erschüttert. Aber doch eigentlich nur erschüttert, *nicht* revolutioniert. Die großen Versuche, die hervorgetreten sind, bleiben durchaus bei alten Schemata. *Joel*

Teitelbaum erklärt, daß Holocaust als Strafe über Gottes Volk »wegen der Sünden der Zionisten« gekommen sei. Nur Gott, eben in seiner alles bedingten Allmacht, hätte durch seinen Messias einen neuen Staat heraufführen können. Daß die Zionisten seine Errichtung sozusagen selbst in die Hand nahmen, ist ihm die große Sünde. Andere prominente Denker sehen im Assimilationsvorgang – in dem Juden sich anderen Völkern tiefergreifend anglichen – den großen Abfall, den Gott gerächt habe. Andere wollen im Chaos des Holocaust geradezu die Treue Gottes wiederentdecken, wieder andere werden irre an der Treue Gottes. Mit der Parole »Gott ist in Auschwitz gestorben« wird eine jüdische Gott-ist-tot-Theologie entwickelt. In dem vielfältigen Bemühen sei das Überwiegen der alten Schemata jedenfalls deutlich erkennbar, meint *Edna Brocke*[9], vor allem das vordergründige Ringen mit der Allmachtsfrage.

Gerade dieser kurze Hinweis auf die Gegenwartsprobleme des modernen Judentums zeigt, wie der Monismus des Alten Testaments bis auf den heutigen Tag das Gottesbild des Judentums weiterhin bestimmt. Das bedeutet aber, daß die erlittenen furchtbaren Katastrophen von keiner Sinnhaftigkeit wirklich durchleuchtet werden. Eigentlich bleibt es bei der unlösbaren Hiobsfrage, an der sich der Glaube fortgesetzt wund reibt.

Was lehnt Jesus ab?

Es ist deutlich geworden, daß Jesus in einem absoluten Widerspruch zur überkommenen monistischen Allmachtsvorstellung steht. »Alles kommt von Gott« – nein, »das hat ein Feind getan«, das war die pointierte Entgegensetzung. Hinterfragen wir diese frappierende Antithese tiefenpsychologisch, dürfte die Fragestellung lauten: Was genau lehnt Jesus mit jener Antithese ab?

Er lehnt das Gottesbild ab, das nur *Projektion des Patriarchen* ist. Jesus hat den inneren Zusammenhang zwischen Patriarchen und Patriarchengott prinzipiell erkannt. Daß er mit dem gesamten Projektionsprozeß menschlicher Unbewußtheit nichts zu tun haben will, hatten wir mehrfach Gelegenheit aufzuzeigen. Speziell aber ist es die Projektion des Patriarchen, die

er ablehnt, wenn er gegen die Alleinherrschaft des Allmachts-
begriffes protestiert.

Jesus hatte keine Sympathie für den Patriarchen, der alles
kann, Gutes wie Leides, der alles lenkt, zum Segen oder zum
Unheil, immer aber vor allem seine allbedingende Selbstgel-
tung bestätigend. In der Gestalt des Pharisäers hat Jesus diesen
omnipotenten, selbstgefälligen Pharisäer dargestellt. Es wäre
ein großer Irrtum, hier nur von einer gewissen religiösen Vertiefung zu sprechen. In Wahrheit stellt jene Pharisäerfigur die
Scheidemarke zwischen zwei Bewußtseinsebenen dar, der vorjesuanischen und der jesuanischen. Die vorjesuanische Bewußtseinsebene stellt der Pharisäer insofern dar, als hier die
Verständigungsmöglichkeiten gar nicht weiter reichen, als daß
man sich Gott anders als einen überdimensionalen Patriarchen
vorstellen könnte. Natürlich handelt es sich um eine Bewußtseinsebene, die allgemein ist. Jupiter, Zeus oder Wotan zeigen
darum ganz ähnliche Züge, nämlich ein undifferenziertes monistisches Allmachtsgehabe. Es ist so, wie *Feuerbach, Marx*
oder *Freud* in moderner Zeit gemeint haben, daß gerade die
Religionen die Entwicklungsstufe der betreffenden Menschen,
ihr entsprechendes Wunschdenken und ihre entsprechenden
Erkenntnismöglichkeiten wiederspiegeln. Es gibt demgegenüber zu jeder Zeit gewiß nuanciertere Töne, wie zum Beispiel
schon bei den Propheten des alten Israel, aber sie kommen gegenüber dem allgemeinen Zug der Entwicklung wenig zum
Tragen. Wie die Historie mit der Tötung der Propheten belegt,
wird ihr zum Teil andersartiger Beitrag brutal ausgeschieden.

Jesus hat den allmächtigen Patriarchengott abgelehnt, weil
er ihn als Projektion des irdischen Patriarchen erkannt hat. Er
hat damit – was heute noch von grundlegender psychologischer
Bedeutung für uns ist – einen *destruktiven Projektionszirkel*
durchbrochen: Patriarchen produzieren projektiv einen Patriarchengott, um von diesem wiederum ihre Autorität und
Allmacht zu beziehen, die immer wieder zum dienenden Gehorsam zwingt und zur Leistungsreligion führt. In der Erfüllung solcher Leistungsreligion wird aber andererseits das Gottesbild des Patriarchengottes immer weiter machtvoll aufgebaut. Indem Jesus diesen Projektionszirkel grundsätzlich

durchbrochen, beziehungsweise als solchen erkannt und abgelehnt hat, hat er sowohl für seine Zeit wie alle Zukunft der patriarchalischen Grundhaltung der Allmacht den Boden entzogen.

Das hat man schon damals nicht begriffen. Vielmehr wurden die Grundzüge dieses von Jesus abgelehnten Patriarchen-Projektionsbildes sogar auf Jesus selbst projiziert und damit der gesamten nachfolgenden christlichen Entwicklung einverleibt und vererbt. Dies ist die gleiche tragische Entwicklung im Christentum, die wir bereits hinsichtlich des »Richtet nicht« gesehen haben. Auch hier ist die Entwicklung dahin gegangen, daß der, der alles Richten ablehnte, zum Weltenrichter ernannt wurde. Hinter beiden Entwicklungen verschwindet jedoch das unverwechselbare Gesicht Jesu wie hinter einer Tünche.

Es muß mithin behauptet werden, daß jeder, der diese patriarchalischen Vorstellungen in sein religiöses Bewußtsein weiterhin einbezieht, auf einer überholten vorjesuanischen Bewußtseinsstufe stehengeblieben ist.

Jesus lehnt das patriarchalische Gottesbild ab, das vornehmlich durch Allmacht qualifiziert ist, weil dieser *Allmachtsgott ein aggressiver Gott* ist. Bekanntlich trägt er sogar den Namen »Herr der Heerscharen«. Zu seinen Werken gehören durchaus Krieg und Gewalt, wie es etwa im Psalm heißt: »Kommt her und schauet die Werke des Herrn, der auf Erden solch Zerstören anrichtet, der den Kriegen steuert in aller Welt, der Bogen zerbricht, Spieße zerschlägt und Wagen mit Feuer verbrennt.« Mit dieser militant aggressiven Gottesvorstellung hat Jesus grundsätzlich gebrochen.

Das ist aus den Evangelien so klar, daß es der Hinweise kaum bedarf. Kurz sei aber erinnert an die Episode von dem ungastlichen samaritischen Dorf. Weil man hier Jesus nicht aufnehmen will, sind die Jünger, namentlich Jakobus und Johannes, zornentbrannt und möchten wie der Prophet Elias Feuer vom Himmel fallen lassen, um das schuldige Dorf zu vernichten. Aber davon will Jesus gar nichts wissen. »Er schalt sie und sagte: Wisset ihr nicht, welchen Geistes Kinder ihr seid?« Oder denken wir an die Belehrung, die den Jüngern zuteil wird: »Wie ihr wißt, tyrannisieren die Herrscher der Völker ihre Leute, und wer die Macht hat, gebraucht sie rücksichtslos. Aber so soll es bei euch nicht sein.«

Wie es bei seinen Nachfolgern sein soll, welchen Geistes Kinder sie sein sollen, das hat Jesus sehr ausdrücklich überall konkret gesagt. Wen preist er selig? »Selig, die keine Gewalt anwenden . . . Selig, die Frieden stiften.« Ja sogar selig die, »die um der Gerechtigkeit willen verfolgt werden«. Das alte Gebot – Auge um Auge, Zahn um Zahn – verwirft Jesus bekanntlich, er ersetzt es durch die neue Haltung: »Ihr sollt eure Feinde lieben und für die beten, die euch schlecht behandeln. So werdet ihr zu Gottes Kindern.« Der hier vorgestellte Gott ist wohl kaum mit dem Gott Zebaoth des Alten Testaments in Einklang zu bringen.[10]

Der Ursprung der Aggression ist heute ein viel behandeltes Thema der Psychologie. Wenn das Problem auch noch so vielschichtig ist und die Antworten mannigfach sind, so kann man doch eine weitgehende Übereinstimmung darin feststellen, daß Aggression grundsätzlich eine Reaktion auf das Gefühl des Bedrohtseins darstellt, und zwar sowohl im Tierreich wie bei den Menschen. Sollte man diese Erkenntnis auch auf das Gebiet des Religiösen übertragen und die Frage stellen: Könnte das patriarchalische aggressive Gottesbild ebenfalls diesen psychologischen Hintergrund haben? Die Berichte des Alten Testaments erlauben uns, diese Frage zu bejahen. Das Gottesbild des allmächtigen Patriarchen erweist sich in der Tat zugleich als das eines sich *ständig bedroht fühlenden Gottes.* Dafür einige Beispiele.

Mit diesem sich bedroht fühlenden Gott fängt nach dem Alten Testament die Menschheitsgeschichte bereits an, nämlich mit dem Schöpfungsbericht. Die Gabe des Menschseins wird bereits an Bedingungen geknüpft, die dem Schöpfer seine Vormacht sicherstellen. Es sind Selbstsicherungen, die Gott einbaut, indem er vom Baum der Erkenntnis zu essen verbietet. Nachdem das aber doch geschehen ist, ist Gott darüber besorgt, daß Adam nun »geworden ist wie unsereiner und weiß, was gut und böse ist«. Nun wächst seine Furcht, der Mensch könnte ja nach mehr greifen, nämlich nach dem Baum des Lebens, darum wird er ausgetrieben. Die Austreibung ist Strafe, aber erst recht ist längst klar, daß sie eigentlich eine Schutzmaßnahme für Gott selbst ist. Und in diesem hier begonnenen Sinn bleibt dieser Gott ein »eifriger Gott«, der mit Heimsuchungen und Strafen, mit Verboten und ständig neuen Prüfungen sich des Gehorsams und der Unterwerfung seiner Geschöpfe vergewissert und damit seine eigene Position der Allmacht aufrechterhält.

Als ein besonders eklatantes Beispiel sei auch die Geschichte vom Turmbau zu Babel genannt. Damit der Turm der Stadt nicht an den Himmel reiche, fährt Gott hernieder und verwirrt die Sprachen, so daß nun kein gemeinsames Werk mehr möglich ist. Denn es war ja zu fürchten, daß »sie nicht ablassen von allem, was sie sich vorgenommen haben zu tun«. Das aber wäre vor allem für Gott selbst eine Bedrohung, das heißt eine neue Infragestellung.

Auch an die Sintflut sei erinnert. Es sind »die Gewaltigen in der Welt« und die »berühmten Männer«, die Gottes Argwohn erregen. »Die Menschen wollen sich von meinem Geist nicht mehr strafen lassen«, so fürchtet er darum, um zu einer Generalabrechnung, mit der Sintflut, zu schreiten.[11]

Dieser Charakter des Gottesbildes erhält sich bis in das späte Judentum hinein, also bis in die Nähe der Zeit Jesu, nämlich zum Beispiel in dem bereits besprochenen Hiobbuch. Hier sind es vor allem die beharrlichen und fürwitzigen Fragen des leidgeprüften Hiob, der es wagt, die Gerechtigkeit Gottes in Frage zu stellen, sich damit aber eine donnernde Abfuhr eines Gottes einhandelt, der sich nicht in Frage stellen lassen will und kann.

Genug der Beispiele; es ist klar, daß die Gott-Mensch-Beziehung auf dieser Ebene grundsätzlich durch Mißtrauen, Rivalität und Selbstbehauptung geprägt ist, dem entspricht auf Seiten des Menschen Unterwürfigkeit, Knechtsinn, Angst vor der Willkür Gottes, mangelndes Selbstgefühl und unaufhörlicher Leistungsdruck. Freilich erhält die so geschilderte Gott-Mensch-Beziehung eine unerhörte Kompensation durch das Erwählungsbewußtsein des jüdischen Volks, darüber aber ist im folgenden Hauptabschnitt näheres zu sagen.

Warum also fühlt sich dieser Patriarchengott der Allmacht so tiefgehend bedroht? Der Patriarch mitsamt seinem Autoritäts- und Allmachtsgehabe stellt in Wahrheit eine noch primitive Stufe der Menschheitsentwicklung dar, und das gilt natürlich auch ebenso für alle patriarchalischen Verhaltensweisen in der Moderne. Entsprechend ist das Gottesbild der patriarchalischen Allmacht tatsächlich nichts weiter als *Spiegelung oder Kompensation dieses unentwickelten Menschseins.*

Was stellt Jesus dagegen? Er stellt gar nichts »dagegen«, er bringt etwas total Neues. Das entfalten wir im letzten Abschnitt über das jesuanische Gottesbild.

Jesus lehnt das Gottesbild des allmächtigen Patriarchen darum ab, weil es *entwicklungsfeindlich* ist. Der Allmächtige, der durchgehend auf seine Allmacht und Selbstbehauptung pocht, duldet kein Gegenüber, das etwa in ein partnerschaftliches Verhältnis zu ihm träte. Das Gott-Mensch-Verhältnis ist im Alten Testament im Guten wie im Bösen grundsätzlich ein Herr-Knecht-Verhältnis. Typisch dafür ist die häufig wiederkehrende Redewendung: »Rede, Herr, dein Knecht hört«, so soll der Mensch sprechen, wird ausdrücklich eingeschärft. In zahlreichen Wendungen wird vom Erbarmen des Allmächtigen gesprochen, dieses aber gilt, so wird regelmäßig betont, seinen Knechten. »Über seine Knechte wird er sich erbarmen.« Es darf auch darauf hingewiesen werden, daß der Begriff Erbarmen in ähnlicher, wenn nicht sogar stärkerer Weise wie der Begriff Gnade die herablassende Geste eines unendlich distanzierten Herrn anzeigt. Das Höchste, was in einem solchen Knechtsverhältnis erreichbar ist, wird wohl im folgenden Psalmwort ausgesagt: »Wie die Augen der Knechte auf die Hände ihrer Herren sehen, wie die Augen der Magd auf die Hände ihrer Gebieterin, so sind unsere Augen gerichtet auf den Herrn, unseren Gott.« Hier bleibt der Mensch beim Abgucken und Imitieren; in eine Selbständigkeit und Freiheit eigener Entwicklung ist er nicht gerufen. Deswegen bleibt es auch auf der Seite des Menschen beim Gehorchen und Fürchten. Pointiert formuliert zeigt sich die Entwicklungsfeindlichkeit also darin, daß dieser Allmächtige nichts wirklich neben sich aufkommen läßt. Die Geschichte Israels selbst ist eine Auseinandersetzung mit diesem entwicklungsfeindlichen Gottesbild. Dafür mag die Entstehung des Königtums als Beispiel dienen.[12]

Die Nachfolger des letzten großen sogenannten Richters Samuel bringen das Volk in große Schwierigkeiten. Denn diese waren böse und bestechlich. Darum wollte sich das Volk eine neue Verfassung geben mit einem König an der Spitze. Gott erlaubt Samuel, dem Verlangen des Volkes zu entsprechen; das geschieht jedoch mit dem Unterton: Sie werden schon sehen, was sie davon haben! Warum diese Animosität? In Wahrheit nämlich nimmt Gott diesen Versuch neuer staatlicher Selbständigkeit empfindlich übel, er betrachtet ihn als Ablehnung seiner eigenen Autorität, das drückt er Samuel gegenüber so aus: »Sie haben – damit – nicht dich, sondern mich verworfen, daß ich nicht König über sie sein soll.«[13] Und so ist und bleibt das Königtum Zeichen für den Abfall des Volkes. Argwöhnisch und kritisch wird es durch die Jahrhunderte hin von Gott, das heißt durch seine Propheten, auf die Konkurrenzgefahr für Gott als dem wahrhaft allmächtigen Herrscher betrachtet und beurteilt. Psychologisch gesehen ist es darum gar nicht verwunderlich, daß eine von Anfang an derart gehemmte und belastete Entwicklung nicht zur vollen Entfaltung kommen konnte, sondern in einem Desaster endete. Und so entsteht dann die Hoffnung auf den kommenden Messias, der der rechte Gott-König über Israel sein wird. Dieser scheinbar in die Zukunft gerichtete Blick drückt in Wirklichkeit eine regressive Haltung aus, die nicht progressive Entwicklung ist, sondern eine regressive Hoffnung auf die Wiederherstellung eines vor über dreitausend Jahren bestehenden Zustandes.

Daß dieses Denken lebendigste Gegenwart ist, zeigt der erwähnte jüdische Rabbi *Joel Teitelbaum*, wenn er die Errichtung des weltlichen Staates Israel ablehnt. Denn diese Staatengründung erscheint ihm als eigenmächtiger Abfall von Gott. Nur der von Gott gesandte Messias-König wäre dazu ermächtigt gewesen. Holocaust bedeutet ihm die Strafe für diese Abkehr von Gott und seinem Plan. Hier wird argumentiert wie zu Zeiten Samuels, hier ist die Zeit stehengeblieben auf der patriarchalischen Knechtsstufe und in der tatenscheuen Erwartung dessen, was der Allmächtige tun wird oder nicht.

Es ist voll verständlich, wenn Jesus dieses immer wieder entwicklungsfeindliche Gottesbild ablehnt. Denn es ist ja greifbar, daß Jesus und seine andere, neue Haltung auf diesem Hinter-

grund überhaupt nicht gedacht und auf gar keine Weise einge-
ordnet werden können.

Seine andere, vorwärtsgerichtete, entwicklungsdynamische
Haltung drückt sich dahin aus, daß es einmal von Gott heißen
kann: »Bei Gott sind alle Dinge möglich«, daß es aber ebenso
vom Menschen heißen kann: »Alle Dinge sind möglich dem,
der da glaubt.«

Mehr noch, es kann im Sinne Jesu sogar heißen: »Jeder, der
an mich glaubt, wird auch die Taten vollbringen, die ich tue. Ja,
seine Taten werden meine noch übertreffen.«[14]

Hier ist also jene Entwicklungsfeindlichkeit gänzlich aufgehoben, auch Konkurrenzkampf und Selbstbehauptung von Seiten Gottes sind undenkbar. Der Mensch ist vielmehr in die
schöpferische Dynamik Gottes einbezogen und damit zu »Gottes Mitarbeiter« geworden, wie Paulus so treffend formuliert.
Der Knecht ist also zum Partner geworden.

Das Böse in Gott?

Wir haben die wichtigsten Probleme gesehen, die eine monistische Allmachtsvorstellung Gottes mit sich bringt, vor allem
dadurch, daß sie ständig mit der Realität in schwerste Konflikte
kommen muß. Wir haben auch gesehen, daß Jesus eine grundsätzlich andere Haltung mit seinem »Das hat der Feind getan«
einnimmt. Es ist auch hinzuzusetzen, daß Jesus keineswegs
diesen Dualismus schlußendlich doch wieder in einen befriedi-
genden monistischen Sinnzusammenhang auflöst. Er läßt ihn
vielmehr schroff, brutal realistisch stehen!

Diese Position Jesu stellt an den Menschen jedoch eine
ebenso ungewöhnliche wie unerhörte Anforderung. Genauer
ist es die Anforderung, *einen großen Verzicht zu leisten*, nämlich den Verzicht, die Widersprüche der Wirklichkeitserfah-
rung zu harmonisieren, dem Dasein *ein* intellektuelles Deu-
tungssystem überzuwerfen, über den Sinn der Existenz etwas
auszusagen, was man überhaupt nicht aussagen kann.

Keine andere Anforderung trifft den Menschen so hart und
empfindlich wie diese. Denn sie ist der denkbar härteste Schlag
gegen seinen Stolz, mit dem er sich nicht nur als Herr aller

Dinge selbstbehaupten will, sondern jederzeit auch über alle Dinge stellt.

Tiefenpsychologisch bedeutet das eine gigantische Inflation und Kompensation. Nämlich die sich immer wieder schmerzlich zeigende Unfähigkeit, mit den Antinomien der Wirklichkeit fertigzuwerden, sucht der Mensch zu überwinden, indem er sich dazu verführen läßt, einen theoretischen oder intellektuellen Stand oberhalb oder über allen Antinomien einzunehmen und damit der Täuschung zu verfallen, als habe er Gott direkt in die Allmacht geschaut, als könne er nun alles und jedes erklären. Das ist keine alte Mär! Hier gründet vielmehr der Stolz des sogenannten »homo faber«, der gerade heute alles erkennen, erklären und vor allem machen zu können glaubt.

Demgegenüber verlangt Jesu dualistische Position den völligen Verzicht auf derartiges Imponiergehabe. Er verlangt starke, mutige und entschiedene Menschen, die entschlossen nur intellektuelle Ausgleiche sich stellender Antinomien ablehnen, aber auch niemals vor der hoffnungslos erscheinenden Sinnwidrigkeit des Daseins resignieren. Gerade angesichts der so realistisch gesehenen Lage gilt es vielmehr, die persönlichen positiven Möglichkeiten zur Sinngestaltung des eigenen Lebens einzusetzen.

Jenen Dualismus auszuhalten, sich ihm tapfer zu stellen, das aber haben die Menschen allzeit als zu schwer empfunden. Sie sind statt dessen in einer großen Regression zu dem bereits von Jesus überwundenen Gottesbild der Allmacht zurückgekehrt. Das bedeutet, daß sie die Frage nach dem Bösen wie eh und je im Alten Testament dadurch zu beantworten suchten, indem sie das Böse wiederum in Gott selbst hineinverlegten. Das tat in neueren Jahrhunderten ein Großteil der Mystik, früher tat es die Gnosis. Das taten verschiedene Strömungen des Idealismus nachdrücklich und natürlich viele Schwärmer und Sekten aller Zeiten. Als Kuriosum aus reformatorischer Zeit mag an die Äußerung *Ulrich Zwinglis* erinnert werden, der sagen konnte, Gott selbst treibe den Mörder zum Töten, aber er sei damit gerechtfertigt, daß er ja auch den Richter zur Sühne des Mordes antreibe. Er kann darum Gott als Primus Auctor Peccati bezeichnen, als ersten Urheber der Sünde. Eine besonders verhängnisvolle Rolle hat dieser Versuch, die Ursache des Bösen in Gott selbst hineinzuverlegen, mit dem Dogma der doppelten Prädestination im Calvinismus gespielt. Im reformierten Bekenntnis gibt es das zentrale Dogma, daß Gott selbst die Menschen zum Guten und Bösen, das heißt zugleich zum Himmel und zur Hölle vorherbestimmt, die man, weil auch von Paulus vertreten, eben als christlich ansah.[15] Beide Entscheidungen, die letztlich der Ehre und Allmacht Gottes dienen sollen, müssen darum widerspruchslos hingenommen werden. Es ist wenig bekannt, daß diese Lehre der doppelten Vorherbestimmung – die besonders in Holland, England und Amerika Eingang fand – eine eminent politische Rolle gespielt hat. In Amerika zum Beispiel wurde sie die Grundlage zur Anerkennung des Sklavenhandels durch die Kirche, mit der großen Ausnahme der Quäker. Die Schwarzen waren nun einmal von Gott zu diesem Los vorherbestimmt. Von Holland aus wanderte die fragliche Lehre mit den Buren nach Südafrika, wo sie bis heute die theologische Rechtfertigung der Rassenpolitik darstellt. Als *Mahatma Gandhi* Anfang dieses Jahrhunderts seinen Kampf für die politischen Rechte der dortigen Inder führte, begründete der damalige *Burenpräsident Krüger* seine Ablehnung solcher Gleichstellung von Farbigen und Weißen mit den Worten: »Ihr seid die Nachkommen Ismaels, und darum habt ihr den Nachkommen Isaaks von Geburt an zu dienen. Als die Nachkommen Isaaks können wir euch nicht Rechte geben, die euch uns gleichstellen würden. Ihr müßt mit den Rechten zufrieden sein, die wir euch einräumen.«[16] Hier wird angespielt auf die Erwählungsgeschichte Abrahams und seines Samens, die den illegitimen Ismael ausschließt. Das Beispiel soll zeigen, welche gefährlichen Konsequenzen es hat, wenn ein monistisches Gottesverständnis einen zwingt, Gutes und Böses in gleicher Weise auf Gott zurückzuführen.

Eine moderne Neuauflage hat dieses Denken ausgerechnet in der Tiefenpsychologie der Neuzeit gefunden, nämlich bei *C. G. Jung* und in seiner Schule. Jung steht in der geistigen Ahnenreihe der Gnosis, Mystik und Alchemie, und von daher war er bereits dem Gedanken des Bösen in Gott geöffnet. Die jesu-

anische Position blieb ihm gegenüber bis zu seinem Lebens-
ende nahezu unbekannt, wie zum Beispiel bereits die seltene
Erwähnung der historischen Jesugestalt belegt, was einer weit-
schweifenden Christusspekulation archetypischen Charakters
natürlich nicht im Wege steht. Jung kann sagen, wir müssen
Gott lieben und fürchten, »denn er erfüllt uns mit Gutem und
Bösem, sonst wäre er ja nicht zu fürchten«.[17] Zu fürchten ist
Gott also wegen des Bösen, das von ihm jederzeit auch erwartet
werden kann. Jung weiß aus seiner psychotherapeutischen
Praxis, daß die Psyche des Menschen eine unbewußte »dunkle
Seite« hat, die er den »Schatten« nennt. Der weitere geradezu
katastrophale Denkschritt ist der: Wie der Mensch einen
Schatten hat, so muß Gott einen Schatten haben, in dessen Be-
zirk, weil unbewußt, dann natürlich das Böse angesiedelt ist.
Warum ist dieser Denkschritt katastrophal? Weil er einen geradezu naiven Anthropomorphismus darstellt, den schon der
griechische Philosoph *Xenophanes*, 580–485 v. Chr., verspot-
tet hat. Den Menschen, so sagt er, wohne eben der Drang inne,
sich alles wie ein Abbild ihrer selbst vorzustellen. Darin sah
schon dieser alte Weise offenbar ichbefangene Beschränktheit.
Wenn aber die Jungschule weiter fortfährt zu behaupten, »Gott
ist nicht nur gut«, muß sie daran erinnert werden, daß sie auf
sehr unbedachte Weise gleichfalls einer verhängnisvollen religiösen Regression Vorschub leistet, denn auf diese Weise geht
sie auf archaische Vorstellungen zurück, sie »dämonisiert« das
Gottesbild, wie die Religionsgeschichte sagen würde.

Also auch diese modernste Variante eines monistischen Gottesbildes, sogar tiefenpsychologischer Prägung, kann die Position Jesu nur umso markanter herausstellen.

Um die spezifische Bedeutung und Tragweite dieser dualistischen Position Jesu noch einmal recht eindrücklich hervorzuheben, beziehe ich mich auf den großen Religionswissenschaft-
ler, Erzbischof von Schweden und Begründer der Ökumene,
Nathan Söderblom, der in der Moderne als erster und einziger
diese Position Jesu prominent hervorgehoben und betont hat.
Bereits in meinem frühen Buch *Der lebendige Gott. Nathan
Söderbloms Beitrag zur Offenbarungsfrage* habe ich diesen
seinen programmatischen Beitrag ausführlich dargestellt. Sö-

derblom erklärt: »Jesus hat den Dualismus verschärft, nicht gemildert. Weiter als bis zu seinem ›der Feind hat das getan‹ ist niemand in den Problemen des Bösen gekommen. Es gibt bei Jesus keine Theodizee, keine Entschuldigung Gottes in den dunklen und unheimlichen Strafsachen der Sünde und der Not, wie sie Hiobs Freunde im Munde führten und mit denen sich die Apologetik aller Zeiten wohlmeinend abgemüht hat.« Der Dualismus, so betont Söderblom weiter, sei also kein dunkler Fleck auf dem Christentum, wie ein spekulatives Denken, das Harmonie und Einheit will, jederzeit gemeint hat. Dieser Dualismus gehöre vielmehr zum Wesen der Botschaft Jesu und dürfe nicht eliminiert werden. »Alle Versuche innerhalb des Christentums, über den Dualismus hinaus- oder von ihm wegzukommen, haben entweder die Kraft, die in dem *unerschrokkenen Wirklichkeitssinn des Evangeliums* liegt, geschwächt oder auch zu der Absurdität geführt, den Dualismus in Gottes Wesen hineinzuversetzen.« Wenn wir uns also nach Jesu Grundauffassung ständig in einen dramatischen Kampf wider Arges und Böses, wider Satan und Sünde gestellt finden, dann »ist mir klar«, so meint er, daß »*der Dualismus richtiger als der Monismus die Wirklichkeit wiedergibt*«. Denn ersterer bedeutet immer Kampf und Widerstand, Auseinandersetzung und Entwicklung. Eine solche Auffassung, nach der Gott selbst durch und in Jesus »leidend und kämpfend in der Weltentwicklung« engagiert ist, kommt »dem Wesen des Christentums näher als eine Betrachtung, die Gott und Weltlauf ordnet, zu einer patenten Harmonie, in der alles fein zusammen stimmt vom Anfang bis zum Schluß«.

Das ist eine kongeniale, aber vereinzelte Stimme, die auch ihrerseits nicht hat hindern können, daß nicht der wirklichkeitsbezogene dynamische Dualismus Jesu, sondern die »patente Harmonie« des billigen intellektuellen Monismus das Wort führt. Das, was Jesus nicht hat, scheint auch hier größere Anziehungskraft zu haben als das, was er wirklich hat.

Kein Bundesdenken

Jüdische Selbstidentität Jesu?

Jesus war ein Jude. Diesen Satz haben wir viele Male gehört und in den letzten Jahrzehnten immer im Zusammenhang mit der Holocaust-Psychologie, die also zwischen Judentum und Christentum nach Kräften vermitteln will. In solchen Zusammenhängen bedeutet jener Satz dann nichts Äußerliches oder Formales nur, sondern etwas sachlich, inhaltlich oder wesentlich Bedeutsames. Man behauptet mit der Aussage, Jesus war ein Jude, Jesus sei überhaupt nicht verstanden, wenn sein Judentum nicht genügend in Anschlag gebracht sei. Und genügend bedeutet dann persönlich, psychologisch wie sachlich. Das Judentum ist das Fundament, auf dem er steht. Man meint sagen zu können, Jesus habe sich, trotz mancher Kritik im einzelnen, entschieden als Jude gefühlt, als Jude gedacht und gehandelt. Werde diese seine von ihm bejahte jüdische Selbstidentität nicht prinzipiell beachtet, sei das Verständnis seiner Person und Botschaft verfehlt.

Zunächst ist zu dieser Behauptung von der Tiefenpsychologie her zu bemerken: Die Aussage, daß dieser oder jener ein Franzose, Engländer, Pole oder Grieche sei, sagt etwas für das betreffende Volkstum Typisches, Allgemeingültiges, das heißt Kollektives aus. Damit ist aber das genuin Individuelle einer Person noch längst nicht in seinem Wesenskern erfaßt. Im Gegenteil sogar, oft genug wird darum die Bemerkung »Das ist ein typischer Deutscher« und so weiter als kritische Herabsetzung oder Klischeevorstellung empfunden und von dem so Klassifizierten selbst abgelehnt. Überdies, jedermann weiß heute, daß es sehr geheime, innerste, zum Teil sogar unbewußte Faktoren sind, die das ganz eigene und individuelle Wesen einer Person bedingen. Man muß also mit gutem psychologischem Recht gerade *umgekehrt* sagen, Kollektivbezeichnungen genannter Art treffen das Wesentliche der Person grundsätzlich noch längst nicht. Sie charakterisieren nicht wirklich den so Benannten, sondern zumeist in viel höherem Maße den, der die kollektive Benennung vornimmt. An seinen Klassifizierungen wird nämlich deutlich, welche Bilder und Vorstellungen er selbst vom sogenannten »typischen« Polen oder Juden oder Amerikaner hat. Das sind dann zumeist die von uns mehrfach benannten Projektionsvorgänge.

Gegenüber solchen allgemeinen und im Grunde genommen wenig bedeutenden Kollektivaussagen muß die methodisch und sachlich gebotene Blickrichtung doch die sein: *Befragen wir doch Jesus selber, was er von seiner jüdischen Selbstidentität gehalten hat.* Wer mit dem Neuen Testament sowohl mit historisch-kritischer wie auch tiefenpsychologischer Schulung wissenschaftlich umzugehen gelernt hat, ist durchaus in der Lage, anhand gegebenen Materials diese Frage zu beantworten.

Nun hat sich aber bereits aus den letzten drei Kapiteln gezeigt, daß Jesus sich an entscheidensten Punkten bewußt und ausdrücklich von seinem Judentum gerade distanziert hat. Das wurde prinzipiell klar an der Ablehnung des jüdischen Gottesbildes, speziell des Richtergottes, des Gnadengottes wie des Allmachtsgottes des Alten Testaments. Eine gute Bemerkung macht für diesen Zusammenhang *Heinrich Kahlefeld*, wenn er im Anschluß an das biblische »Dieser redet wie einer, der Vollmacht hat« ausführt, daß die Schriftgelehrten Israels als Regel im Anschluß an Schriftstellen ihre Ausführungen machen. Ihr Vortrag geschieht immer als Auslegung von biblischen Texten. Dieser Brauch sei bei Jesus überhaupt nicht festzustellen. Vielmehr, »Jesus handelt aus originaler Erkenntnis in der Bindung an den lebendigen Willen Gottes und redet aus einer Einsicht, die sich offenbar nicht an der Schrift vergewissern muß. Jesus hat sein eigenes Wort.«[1]

Das »eigene Wort«, das Jesus hier so treffend nachgesagt wird, ist aber zugleich eine direkte Infragestellung der Tora, die als Gabe Gottes an Israel diesem seine besondere Stellung unter allen anderen Völkern gewährleistet. Die Tora ist also eigentliches Zeichen der Erwählung des Volkes, jener Erwählung, die das Volk zum sogenannten Bundesvolk macht und ihm jenen absoluten Ausschließlichkeitscharakter verleiht, der bis auf den heutigen Tag geltend gemacht wird.

Jüdische Selbstidentität heißt mithin ganz *grundsätzlich Bundesidentität*. Anders gesagt, jüdische Selbstidentität kann nur in Anspruch nehmen, wer sich zugleich zur Bundesidentität bekennt.

Kann man unter dieser Voraussetzung, das ist die kritische Frage, von einer jüdischen Selbstidentität Jesu reden?

Jesu Desinteresse

Man kann es nicht. Denn, was Bundesdenken anlangt, stellen wir – das ist nur eine erste und allgemeine Beobachtung – bei Jesus fest, daß er auf jeden Fall kein Interesse daran bekundet.

Die wahren Frommen sind im Alten Testament und in der gelebten Tradition, die Jesus umgibt, diejenigen, »die seinen Bund halten«. Denn das war ja sozusagen das Grundgesetz des Bundes, das Gott am Sinai aufgestellt hatte: »Werdet ihr nun meiner Stimme gehorchen und meinen Bund halten, so sollt ihr mein Eigentum sein vor allen Völkern.« Und das hieß konkret und im Kern, das mosaische Gesetz halten. Es ist mithin verständlich, daß sich diese Wendung »die seinen Bund halten« wie ein roter Faden durch das gesamte Alte Testament hindurchzieht. Daran werden jederzeit das Volk, seine Führer und alle Frommen gemessen. Was aber Jesus betrifft, machen wir wiederum eine weitreichende Beobachtung, indem wir beachten, was es bei ihm nicht gibt. Nämlich auch diese Wendung »die seinen Bund halten«, diese Wesenssignatur jüdischer Selbstidentität, kommt bei ihm nicht ein einziges Mal vor. Das ist gewiß ein sprechender Umstand.

Ein anderer ähnlich sprechender Umstand ist die Tatsache, daß Jesus keinerlei Autoritätsbasis in der Tradition der Bundesfrömmigkeit gesucht hat. Auch daran bekundet er nur Desinteresse. Als ihm dazu direkte Gelegenheit geboten wurde, indem man ihm den Titel »Sohn Davids« zuschieben wollte, reagierte er nur mit Ablehnung. Abgesehen von diesem Bericht erwäge man doch grundsätzlich, welch bedeutenden Vorteil es für die Öffentlichkeitsgeltung Jesu mit sich gebracht hätte, wenn er auf Bundesfrömmigkeit sich irgendwie bezogen hätte. Wenn eine prophetische Stimme versichert: »Der Bund meines Friedens soll nicht hinfallen, spricht der Herr«, oder selbst wenn Jeremia wettert: »Verflucht sei, wer nicht gehorcht den Worten dieses Bundes«, dann sind sie in jedem Falle ausgewiesen als Fromme des Bundes und haben zunächst schon als solche ein offenes Ohr. Und man denke auch daran, daß die sogenannte Bundesfrömmigkeit nicht nur in einigen Gesetzen bestand, sie hatte sich vielmehr ausgeweitet zu einer weitgespannten Heilsgeschichte. Wurde doch das Bundesdenken in die allerersten Anfänge zurückprojiziert. Nun sollte Gott schon mit Noah nach der Sintflut einen Gnadenbund geschlossen haben, dessen Zeichen der Regenbogen sein sollte. In die Vätergeschichten wurde das Bundesdenken zurückprojiziert, speziell in die Abrahamsgeschichten. Aber auch vorwärts war dieses Denken längst in eine ferne Zukunft durch die Propheten gewendet, wenn sie vom »neuen Bund« sprachen, der dann nicht mehr auf Stein, sondern »in die Herzen« geschrieben sein würde. Durch Vermittlung der Juden würde letzterer sogar bis zu den »fernen Inseln« reichen. Durch eine Beziehung auf den Bund, wenn auch nur eine formale oder gar beiläufige, würde sich Jesus also in den Zusammenhang einer umfassenden Heilsgeschichte gestellt haben, zu welcher Konzeption sich das Bundesdenken längst ausgeweitet hatte. Gleichwohl, keine irgendwie positive Bezugnahme auf den Bund, besser gesagt auf die Heilsgeschichte mit ihren verschiedenen Gottesbünden, aus Jesu Mund. Es ist, als ob jemand absichtlich seine größte Chance verspielt. Und so ist es in der Tat, eine Autoritätsbasis in der Tradition der Bundesfrömmigkeit zu suchen, war ganz und gar nicht Jesu Absicht. Mit seinem Judentum hat es also, sei noch einmal gefolgt, eine sehr eigene Bewandtnis. [2]

Gegen Bundesfrömmigkeit

Jesus hat Desinteresse an der Bundesfrömmigkeit gezeigt. Dagegen könnte man immer noch einwenden, daß solche Frömmigkeit bei ihm als frommem Juden einfach vorauszusetzen sei.

Aber mehr noch: Er hat sogar in provozierender Weise direkt gegen die Bundesfrömmigkeit Stellung bezogen.

Jesus nimmt gegen den Gottesgedanken der Bundesfrömmigkeit Stellung, wie dreifach ausgeführt. Bemerkt sei nur, das dies jedesmal ein schwerer Schlag gegen jene war, und zwar ein ganz grundsätzlicher.

Und dann sein gesamter Umgang mit den Menschen seiner Zeit. Er ist für das damalige Bundesdenken wirklich ein »Jesus in schlechter Gesellschaft«, wie *Adolf Holl* die Haltung Jesu treffend zusammengefaßt hat.[3] Abgelehnt, als nicht zum Bundesvolk gehörig, sind die Leute aus Samarien. Aber gerade ein Samariter ist durch Jesu Gleichnis für alle Zeiten zu dem großen Modell des wahren Nächsten geworden. Gerade eine als heidnisch eingestufte Frau, die wegen ihrer kranken Tochter zu ihm kommt, erhält nicht nur Hilfe, sondern auch Anerkennung: »Frau, dein Glaube ist groß.« Und dem Hauptmann von Kapernaum, Angehöriger einer feindlichen Besatzungsmacht, wird sogar erklärt: »Einen solchen Glauben habe ich in Israel noch bei niemand gefunden.« Die Jünger wundern sich, daß er mit einer Frau redet und Kinder überhaupt beachtet und dann sogar ein Kind als Vorbild echter Glaubenshaltung mitten in den Kreis der Versammelten stellt. Denn Frauen und Kinder gehörten ja zu den nur Geduldeten. Um das Maß der Provokation vollzumachen, läßt sich Jesus von einer stadtbekannten Sünderin die Füße mit Öl salben und mit Tränen netzen, er verteidigt sie gegen pharisäischen Widerspruch, ja er stellt ihr Verhalten sogar weit über das des Gastgebers, um sie mit den Worten zu entlassen: »Dein Glaube hat dir geholfen, geh in Frieden.« In all diesen Fällen, und anderen mehr, sind es gerade die vom Bundesvolk Geächteten, denen Jesus nicht nur wie vielen anderen hilft, die er vielmehr direkt zu Vorbildern echter Glaubenshaltung erhebt. Und so ist es verständlich, daß Jesu Verhalten zur Bundesfrömmigkeit von seinen Gegnern in den ärgerlichen Ausruf zusammengefaßt wurde: »Er nimmt das Gesindel auf, sie essen sogar zusammen.« Und damit bescheinigten sie ihm: Dieser Mann bricht die Bundesfrömmigkeit! Das bedeutete schließlich folgerichtig Ausschluß und Tod.

Jesus tastet die Bundesfrömmigkeit weiterhin und ganz offensichtlich auch damit an, daß er das dem Bund zugrundeliegende Gesetz vor aller Augen bricht. Dazu gehört nicht nur sein Umgang mit den Gesetzlosen und Ausgestoßenen, was ihn in den Augen der Bundesfrommen selbst unrein macht. Hier sind weiterhin die nach Meinung der Gesetzesfrommen offenkundigen und absichtlichen Gesetzesbrüche, die Jesus selbst begeht, beziehungsweise duldet. Dabei ist an die heftig verurteilten Heilungen am Sabbath zu denken, an das Ährenraufen der Jünger am Sabbath und ihre Entschuldigung durch Jesus, an das Brechen der Reinheitsgesetze und an viele andere ablehnende Äußerungen über die Frömmigkeitsgrundlage des Bundesvolkes.

Erinnert werden müßte an die scharfen Kampfansagen an die Pharisäer, die offiziellen Hauptvertreter der Bundesfrömmigkeit. Zu erinnern wäre an mancherlei Gleichnisse, die trotz redaktioneller Überarbeitung den gleichen Protest deutlich durchschimmern lassen, wenn zum Beispiel im Gleichnis vom Festmahl den sogenannten Eingeladenen oder rechtmäßigen Festteilnehmern gesagt wird: »Keiner von denen, die eingeladen waren, wird an meinem Mahl teilnehmen.« Hingewiesen sei auf das Gleichnis von den bösen Winzern. Die Adresse, an die das Gleichnis gerichtet ist, ist so unmißverständlich, daß wir zum Schluß des Gleichnisses hören, »die Schriftgelehrten und die Hohenpriester hätten ihn gern noch in derselben Stunde festgenommen, ... denn sie hatten gemerkt, daß er sie mit dem Gleichnis meinte«.

Eine besonders scharfe Wendung gegen die Bundesfrömmigkeit finden wir bei Johannes. Wenn sich die Zeitgenossen der Wahrheit Jesu derart verschließen, dann sind sie weder, so wird gefolgert, Abrahams noch Gottes Kinder; »ihr habt den Teufel zum Vater«, heißt es massiv und schroff.[4] So wie sie dasteht, ist diese Äußerung sicher nicht historisch, aber man darf doch wohl annehmen, daß in ihr die starke Erinnerung daran anklingt, daß es Jesus eigentümlich war, sich auch ganz direkt und dann auch ganz massiv gegen Auserwählungsdogma, Bundesstolz und Bundesfrömmigkeit zu wenden.

Warum diese eklatante Ablehnung der Bundesfrömmigkeit? Was steht tiefenpsychologisch gesehen als bewegendes Motiv hinter dieser so bedeutsamen Wendung? Das ist die Frage, die *uns* beschäftigen muß. Ehe wir aber an ihre Beantwortung gehen, darf vielleicht eine Einsicht aus der modernen Forschung kurz referiert werden, die Jesu kritische Haltung von ganz anderen Gesichtspunkten her sozusagen stützt und untermauert, indem hier die Bundesfrömmigkeit ebenso weitgehendst in Frage gestellt wird.

Die Tradition war doch die, daß die Bundesgewißheit sozusagen seit den Urtagen des Menschengeschlechts und der Existenz Israels, seit den vorstaatlichen Anfängen, seit den Erzvätertagen immer im Mittelpunkt der Heilsgeschichte Israels gestanden habe. Eben diese Überzeugung ist in Zweifel gezogen worden. In Zweifel gezogen ist also die durchgehende Annahme, daß die Heilsgeschichte und mit ihr Bundesfrömmigkeit und Bundesdenken das Zentrum der Entwicklung waren, wie es das Alte Testament selbst darstellt. Gewiß geworden ist vielmehr, daß wir es in dieser Hinsicht weitgehend mit *späteren Überarbeitungen* zu tun haben, also mit späteren Deutungen. Auch wenn dieser Eindruck in der neueren Forschung vorherrscht, ist das Gesamtproblem jedoch so vielschichtig, weitgespannt und auch kontrovers beurteilt, daß es sich an dieser Stelle nur um eine kritische, zu entschiedenem Aufmerken zwingende Anmerkung handeln kann. Denn es ist ja sofort gewiß, daß nach diesen Einsichten sich ein wesentlich anderes Bild der Heilsgeschichte Israels und eine wesentlich kritischere Beurteilung des Bundesdenkens anbahnt.

Im ältesten Material, die Ursprünge Israels betreffend, hat sich nämlich nicht der uns vertraute Heilsgedanke nachweisen lassen.

Eine Bundestheologie läßt sich erst vom 7. Jahrhundert v. Chr. in deuteronomistischen Kreisen nachweisen. Das Deuteronomium wurde 621 v. Chr. veröffentlicht, es wollte die an Mose ergangenen Vorschriften neu interpretieren und als bündiges, umfassendes Gesetzbuch gelten. Die Sünde des Volkes ist an allem Unglück schuld, Jahwes Treue der alleinige positive Geschichtsfaktor. Und im Sinne dieser mithin vom Vergeltungsgedanken entscheidend geprägten Geschichtstheologie wurden alte Texte neu interpretiert. Aber nicht nur von denen in deuteronomistischen Reformkreisen ist zu reden, der Redaktionen und Überarbeitungen gab es viele. Als Frucht späterer Redaktions- und Neuinterpretierungsprozesse ist jedenfalls auch die Bundestheologie anzusprechen. Sie ist mithin relativ jungen Datums. Diese nüchternen Erkenntnisse haben aber bedeutende systematische Folgen.[5]

Die Bundesfrömmigkeit schien zuvor auf etwas hinzuweisen, das »alt wie die Berge« von gegründeter Urtümlichkeit war. Sie wurde darum zu einem Pfeiler, der so viel tragen konnte wie kein anderer. Diesen Charakter büßt sie nun stark ein.

Sie erscheint jetzt weniger als spontane Glaubenserfahrung, mehr als gezieltes Bundesdenken. Weniger als Offenbarung, mehr als denkerische Konstruktion redaktioneller Neuerer oder Reformer.

Folge mir nach!

Warum also Jesu prinzipielle und konsequente Ablehnung der Bundesfrömmigkeit? Das ist, wie gesagt, die relevante Frage. Wir beantworten sie am besten so, daß wir uns verdeutlichen, *was denn Jesus als eigene Position positiv dagegen stellt.*

Von vornherein sei aber gesagt, diese neue Position Jesu meint nicht nur eine Kritik an Mißständen, sie meint auch keine reformatorische Korrektur nur oder etwa eine gewisse Überbietung des bereits Vorhandenen, eine These, die die jüdische Apologetik heute gern vertritt. Es handelt sich um keinerlei alten Schlauch dieser Art, sondern um eine neue Bewußtseinsebene qualitativ anderer Art, die er in seiner eigenen Person selbst darstellte und durch die Aufforderung »Folge mir nach« zur prinzipiellen Entwicklungsmöglichkeit allen Menschseins eröffnete.

Es muß auch darauf aufmerksam gemacht werden, daß es in der gesamten Religionsgeschichte keinen einzigen Fall gibt, in dem in auch nur ähnlicher Weise die Nachfolge einer Person als Basis und bleibender Mittelpunkt derart im Zentrum stünde. Das Wort »Folge *mir* nach« ist in der Religionsgeschichte absolut einzigartig.

Und dieses Wort ist nicht nur einzigartig, was sein Vorkommen anlangt, es ist auch einzigartig, was seinen Bedeutungsgehalt angeht. Wenn vorher so treffend von Jesu »eigenem Wort« gesprochen wurde, dann darf man mit Fug und Recht behaupten, daß dieses »Folge mir nach« von allen seinen eigenen Worten das eigenste Wort ist. Es ist völlig neu, denn ein solches Wort ist niemals vorher gesprochen worden und ist auch nachher niemals überboten worden. An diesem Wort hängt in Wahrheit die Selbstidentität des Christentums. Denn Christsein heißt nicht dies oder das tun oder glauben, es heißt auch nicht Erfüllung des sogenannten Liebesgebotes, wie wir gerade heutzutage lautstark innerhalb und außerhalb des Christentums hören.

Einer der größten Missionare Indiens war *E. Stanley Jones*, der Verfasser des zum Klassiker gewordenen Buches *Christus auf der indischen Landstraße*. Er berichtete, in welche Schwierigkeiten oder Verwirrungen ihn sein Auftrag stürzte, der von so verschiedenen Autoritäten wie Altem Testament, Neuem Testament, christlicher Kirche und abendländischer Kultur bestimmt war. »Und dann sah ich eines Tages, daß es das gibt, worauf ich schon die ganze Zeit hätte kommen sollen. Ich sah, daß das Evangelium die Person Jesu selbst ist, daß er selbst die Frohe Botschaft ist, daß es meine einzige Aufgabe ist, in Leben und Reden ihn allein zu vermitteln. Meine Aufgabe war mit einemmal sehr einfach.«[6] Hier ist einem modernen Menschen aufgegangen, wie man den Sinn des Evangeliums in kürzester Form kongenial ausdrücken kann – das »Folge mir nach« war als Kern und Wesen der Botschaft erfaßt.

Mit diesem »Folge mir nach« wagt Jesus also, sich selbst und seine Person an die Stelle bisher unangefochten geltender Autoritäten zu setzen. Und dies geschieht nicht im Sinne eines allgemeinen Aufrufes, sondern in persönlich existentieller Du-Anrede. Daher kommt es, daß wir unter den Nachfolgern in den Evangelien so viele namentlich kennen, während seine

Gegner im wesentlichen als anonyme Vertreter der geltenden Bundesfrömmigkeit erscheinen. Es ist gerade diese Anonymität und Kollektivität, aus der er sie herausruft.

Jesu »Folge mir nach« ist also eine Kriegserklärung oder Kampfansage wider die Grundlagen der Bundesfrömmigkeit, die von ihren Vertretern natürlich als Blasphemie oder Gotteslästerung verstanden wurde. Solange die Bundesfrömmigkeit bestand, hatte niemand einen solchen Satz auszusprechen gewagt.

Aber mehr noch, Jesus zeigt auch, daß er die Vollmacht hat, in eine solche persönliche Nachfolge zu rufen, indem er in aller Öffentlichkeit erklärt: »Ihr habt gehört, daß zu den Alten gesagt ist« – und nun zitiert er aus dem Dekalog, um fortzufahren: »*Ich aber sage euch*«. Wer sind diese Alten, und wer hat zu ihnen gesprochen? Die Alten sind natürlich vornehmlich die Großen des alten Bundes, in erster Linie Moses, der Begründer des Volkes. Niemals aber hat Moses behauptet, in eigener Autorität geredet und gehandelt zu haben. Durch ihn, so sagt die Tradition, sprach die Stimme des Gottes Abrahams, Isaaks und Jakobs, oder wie es auch heißt, der Gott der Väter. Es war dieser Gott, der mit der Gesetzesgebung durch Moses, so lautet die Tradition, zugleich Urheber der Erwählung, des Bundes wie der Bundesfrömmigkeit war. Es ist also dieser gesamte altehrwürdige Traditionskomplex, dem Jesus sein »Ich aber sage euch« entgegenstellt, um ihn damit zugleich in Frage zu stellen. Anders gesagt, hinter jener Argumentation steht, genauer gesehen, wiederum die Ablehnung des Patriarchats samt seines Gottesbildes.

Es ist zu beachten, daß das »Folge mir nach« und das »Ich aber sage euch« sich ebenso gegenseitig bedingen, wie sie sich auch gegenseitig erläutern. Wir können natürlich hundertfältig aus den Quellen belegen, daß unzählige Rabbis ihre Schüler aufgefordert haben, ihren Lehrern zu folgen, wie überhaupt der Begriff der Nachfolge ursprünglich den Brauch meint, daß ein Rabbi oder Meister vorrangig und die Schüler ihm auf dem Weg respektvoll nachfolgten. Aber kein Rabbi hat je mit solcher Ausschließlichkeit und Absolutheit gefordert, ihm selber nachzufolgen. Und kein Rabbi hätte es je gewagt, ein »Ich aber sage euch«, das heißt seine eigene Autorität, wiederum mit solcher Ausschließlichkeit und Absolutheit auszusprechen und sie damit gegen die der »Alten« aufzurichten.

Wir hatten gefragt, was Jesus denn gegen die Bundesfrömmigkeit stellt. Die Antwort ist nunmehr gegeben. Er stellt dagegen: »Ich«.

Was bedeutet das, wenn die Tiefenpsychologie eine Antwort gibt?

Bundesdenken als Kollektivdenken

»Ich« setzt Jesus der Autorität der Alten, dem Bundesdenken entgegen. Der Bund oder die verschiedenen Bünde sind mit dem Volk geschlossen. Der Einzelne hat an ihm teil, sofern er Glied dieses Volkes ist. Der Einzelne als bloßer Einzelner würde in einem religiösen Niemandsland stehen, aber um keinen Preis würde jemand diese Position beziehen. Aber in dem Augenblick, da Jesus dem Bundesdenken sein »Ich« entgegensetzt, nicht als schwächliches Protestieren nur, sondern in Vollmacht und prinzipiell, ist dieses geheiligte Bundesdenken schlagartig relativiert und entwertet.

Wieso? Die Ich-Position Jesu enthüllt jenes nämlich nicht als besonders hochstehende, sondern gerade primitive Anfangsstufe, nämlich als archaisch und *kollektiv*. Diese Konfrontation ist, tiefenpsychologisch gewertet, ein Ereignis von weltgeschichtlicher Bedeutung. Sowohl religionsgeschichtlich wie religionspsychologisch kennt man zahlreiche Volks- und Stammesreligionen, die in einem bei aller Verschiedenheit sich gleichen: in ihrem kollektiven Grundzug. Und das heißt, daß der Einzelne Beziehung zu Gott nur über sein Volk, seinen Stamm, seine Kaste, eben durch seine Zugehörigkeit zu einem Kollektiv hat. Psychologisch handelt es sich hier um eine Anfangsstufe menschlicher oder religiöser Entwicklung, nämlich um eine Wir-Frömmigkeit primitiver Prägung, in der der Einzelne als eigenständiges Individuum noch gar nicht existiert. Diese Entwicklungsstufe wird von *C. G. Jung* unter Verwendung eines Begriffes des Religionsforschers *Lévy-Brühl* als die der »participation mystique« bezeichnet. Das heißt, es handelt sich um eine vorpersonale und vorindividuelle Teilhabe jedes an jedem. Diese kollektive Teilhabe ist das Leben erhaltende Prinzip, das dem Ganzen wie den Einzelnen Leben und Existenz garantiert. Vergleichsweise könnte man auch sagen, die bezeichnete Stufe würde von der heutigen Entwicklungspsychologie im persönlichen Sektor dem Zustand eines Kindes verglichen werden, das noch auf der Frühstufe totaler Identifikation mit den Eltern lebt, das also noch nicht Ich zu sagen gelernt hat.

Jesus aber – wie gesagt – hat gelernt, Ich zu sagen. Damit aber tritt eine Persönlichkeit mit Perspektiven und Anforderungen gegen die niedere kollektive Stufe des Bundesdenkens auf, so daß es zu einem Zusammenprall größten Ausmaßes führt. Mit Recht hat man die Zeitenuhr mit einer neuen Zeitrechnung nach jenem Ereignis gestellt. Denn damit hat er tatsächlich eine neue Entwicklungsstufe der Menschheit in seiner eigenen Person eröffnet. Das aber bedeutet zugleich die größte *Infragestellung jeder bloßen Kollektivfrömmigkeit.*

Aber das historisch vorhandene Bundeskollektiv war entschlossen, sich nicht in Frage stellen zu lassen. Einerseits ist zuzugestehen, daß ihm wegen seiner psychischen Unentwickeltheit das psychische Instrumentar einfach fehlte, die jesuanische höhere Entwicklungsstufe richtig einzuschätzen und zu verstehen. Andererseits ist aber auch festzustellen, daß speziell dieses Bundeskollektiv mit seinem autoritären patriarchalischen Charakter nicht willens war, auf die Möglichkeit einer inneren Wandlung überhaupt einzugehen, was noch nie die Stärke von Patriarchen in aller Welt war. Seine innere Struktur hatte sich vielmehr längst dahin entwickelt, daß es alles ihm nicht Entsprechende mit rücksichtsloser Härte ausstieß. Nur als ein Beispiel sei erinnert, wie die Heimkehrer aus Babylon den Zustand antreffen, daß manche Zurückgebliebene auch Frauen aus umliegenden Stämmen geheiratet haben. Sie werden gezwungen, diese ihre Frauen samt den Kindern, die aus einer Ehe hervorgegangen sind, zu verstoßen – und auch das viele Weinen, von dem berichtet wird, hilft nicht. Die rigorose Ablehnung der Leute aus Samarien ist aus dem Neuen Testament nur zu gut bekannt. Sollte vielleicht Jesus, der sich so souverän aller Ausgestoßenen annimmt, aus gleichen Motiven eine besondere Vorliebe für die gemiedenen Samariter empfunden haben? Das sind nur kurze Hinweise, um zu unterstreichen, daß sich dieses Bundeskollektiv längst, starr und unbeweglich, zu dem entwickelt hatte, was man eine »unentrinnbare Solidarität« genannt hat.[7] Und so ist es verständlich, daß man auch Jesu gegenüber auf dem Boden des Vorhandenen nur enger zusammenrückt.

Dieses Zusammenrücken aber bedingt das weitere psychische und religiöse Gesamtproblem der Zukunft. Statt sich den vorwärtsweisenden Aufrufen Jesu zu öffnen, hält man sich nur umso krampfhafter an den alten Autoritäten des Bundes fest. Psychologisch gesprochen entsteht auf diese Weise eine gewaltige *kollektive Regression*. Regression aber, wie schon mehrfach betont, ist, wie die psychotherapeutische Erfahrung ständig zeigt, die Hauptursache aller Neurosenbildung.

Solange eine bestimmte Frömmigkeit, in diesem Fall die Bundesfrömmigkeit, einer allgemein bestehenden Bewußtseinslage noch entspricht, zum Beispiel der jüdischen Bewußtseinslage vor dem Kommen Jesu, dann kann die fragliche Frömmigkeit höheren oder minderen Wertes sein, aber als neurotisch kann sie nicht bezeichnet werden.

Jedoch, wenn Ansprüche einer höheren Bewußtseinslage, in diesem Falle des personalen Ich-Bewußtseins Jesu, ergehen, und wenn man sich solchen höheren Ansprüchen bewußt verschließt, dann sind allerdings die Weichen für die Entwicklung einer Kollektivneurose gestellt.

Zur Veranschaulichung sei folgendes gesagt. Die meisten Patienten kommen, sehr allgemein gesagt, in die Psychotherapie, weil sie sich bestimmten Anforderungen der Realität nicht gewachsen fühlen. Sie versagen etwa in der Ehe, dem Partner oder den Kindern gegenüber, sie können im Beruf nicht mithalten, oder sie sind einfach von diffusen Lebensängsten geplagt. Sie kommen oft sogar aus guten, behütenden Elternhäusern, deren Lebensanschauungen und Umgangsregeln sie unbewußt und selbstverständlich übernommen haben. Es handelt sich in solchen Fällen also um Familienkollektive und deren Normen. Diese heißen etwa: Ich muß mich meinem Mann gegenüber genauso benehmen, wie es meine Mutter ihrem Mann gegenüber tat, nämlich gehorchen. Im gleichen Fall aber klagt der Ehemann: Wenn doch meine Frau endlich einmal lernen würde, mir gegenüber auch nein zu sagen! Er meinte natürlich, sie solle endlich einmal zu einer eigenen, individuellen Entscheidung kommen.

Oder aber, eine sogenannte sich für die Familie aufopfernde Mutter kommt wegen schwerer Depressionen in die Praxis. Sie vertritt eigentlich ein längst überholtes Mutterideal, wie es Gesellschaft und Kirche in vergangenen Epochen in Dichtung und Predigt nur zu enthusiastisch hochgelobt haben. Heute wissen wir, daß dieses Ideal unserer psychischen Entwicklung nicht mehr entspricht, ihr sogar hemmend im Wege steht. Darum ist es kein Wunder, daß die Mutter, die ein solches Ideal noch aktiv vertritt, die Psychotherapie aufsuchen muß. Aber nicht genug damit: Sie hat auch Ehemann und Kinder psychisch geschädigt. Die angebliche Aufopferung stellt in Wahrheit regressive, das heißt vergangene Kollektivvorstellungen dar, die keine Chance mehr haben, zukünftige Entwicklungen zu fördern.

»Ehre Vater und Mutter«, diese lapidaren Worte des Dekalogs, wir erinnern nur an das zuvor über die »Schwarze Pädagogik« Gesagte, werden nur zu oft als Grund dafür angegeben, daß man die eigene Entwicklung hinter den Kindespflichten zurückstellt und vernachlässigt. Ein sechsunddreißigjähriger junger Mann fühlte sich nach dem Tod seines Vaters immer noch verpflichtet, bei seiner Mutter wohnen zu bleiben, für ihren Unterhalt wie für ihre Unterhaltung zu sorgen. Später stellte sich übrigens heraus, daß sie das sehr gut allein konnte. Der junge Mann war jedenfalls derart engagiert, daß er gar keine Zeit und Gelegenheit hatte, einen Partner zu finden. Ein erster schüchterner Versuch, eine Partnerbeziehung aufzubauen, brachte ihm die Schrecken der Impotenz ein. Psychologisch heißt das, er fühlte sich der Mutter gegenüber untreu, die zu lieben und zu ehren er doch verantwortlich war. Diese persönliche Katastrophe führte ihn in die Psychotherapie, die ihn unter Schmerzen und Schwierigkeiten von dem regressiven Verständnis des Mutter-Sohn-Verhältnisses frei zu machen und zu einer Ich-Persönlichkeit zu entwickeln hatte. In dem Maße, wie dies schrittweise gelang, kehrte die Potenz zurück. Auch dieser Fall steht, wie die beiden zuvor genannten, repräsentativ für Tausende ähnlich gelagerte Fälle, die zu lange an vergangenen Kollektivvorstellungen als angeblich noch gültiger Norm festhalten und darum nicht zur Ich-Entwicklung gelangen.

C. G. Jung hat als Hauptursache aller Neurosen die Weigerung des heranwachsenden Menschen erkannt, den nächstfälligen Schritt seiner individuellen Entwicklung verantwortungsvoll zu tun. Solche bewußte wie unbewußte Selbstverweigerung geschieht zumeist aus Bequemlichkeit, denn Vorwärtsgehen bedeutet, sich neuen Ansprüchen zu öffnen und von alten, angeblich so bewährten Sicherheiten Abschied zu nehmen. In der Begriffssprache der Psychologie ausgedrückt: Regression ist der Hauptfeind der Progression, also der bewußt und verantwortlich vorwärtsschreitenden Entwicklung. In der Entwicklung der Einzelpersönlichkeit stellt die autonom handelnde Psyche selbst die Hilfsmittel zu einer solchen Ich-Entwicklung zur Verfügung; das erstemal, wenn das Kleinkind mit etwa drei Jahren Ich sagen lernt, jetzt allerdings noch unbewußt, ohne also die Bedeutung dieses großen Schrittes, der ja ein erstes Aussteigen aus der participation mystique der Familie ist, erkennen zu können. Die zweite, nun aber bewußtere Möglichkeit zur Loslösung von einem solchen Familienkollektiv bietet die Psyche in den Irrungen und Wirrungen der Pubertät an. Werden diese Möglichkeiten nicht genutzt, sei es unter dem Druck äußerer Umstände oder eigener Bequemlichkeit, entstehen die vielgenannten Vater- und Mutterbindungen, die mit verschiedenartigster Symptomatik das Gros der Patienten in der psychotherapeutischen Praxis bilden. Hinter Symptomen wie Depressionen, Zwangsneurosen, sexuellen Störungen, Ängsten, Konzentrationsschwäche, Bindungsunfähigkeit, Gewalttaten und vielem mehr verbergen sich nur zu häufig solche Vater- und Mutterbindungen. Normentreue wie Normenlosigkeit können also gleiche psychische Ursachen haben.

Was wir soeben kurz im Blick auf die Individualentwicklung ausgeführt haben, kann man, was das Grundsätzliche anlangt, auch auf die Entwicklung von Völkern und Religionen beziehen. Hier gilt das schicksalhafte Gesetz der Regression und

Progression, es gilt in der ganzen Tragweite seiner Bedeutung. Hier aber hört die Entsprechung auf. Eine autonome Kollektivpsyche, von der die Anstöße zur Vorwärtsentwicklung ausgehen könnten, gibt es nicht. Statt dessen treten die großen, historischen Persönlichkeiten auf, die aus einem ganz individuellen Berufungsbewußtsein dem Kollektiv neue Wege der Entwicklung weisen. Die vielzitierten »Alten«, »die Väter«, »Moses und die Propheten« zum Beispiel erfüllten *für ihre Zeit* eine solche Funktion, für ihre Zeit, aber natürlich nicht für alle Zeiten.

Jene Väter wurden aber als kollektive Autoritäten für *alle* Zeit nicht nur angesehen, sondern dogmatisch festgeschrieben und kanonisiert. Damit war eine ungeheure kollektive Blockierung gegeben, die von vornherein jede Möglichkeit einer Weiterentwicklung ausschloß. Denn es wurde *eine* Entwicklungsstufe absolut gesetzt.

Mit Jesus aber und seinem »Ich aber sage euch« entstand für dieses Kollektiv eine ebenso unerwartete wie provokative Infragestellung. Es wurde gerade das von ihnen verlangt, worauf sie am allerwenigsten vorbereitet waren, nämlich Entwicklung. Diese Infragestellung hätte aber von ihnen Zugeständnisse verlangt, daß ihre geheiligte und absolut gesetzte Tradition nur eine, wenn auch wichtige *Stufe* ihrer religiösen Entwicklung darstellen konnte. Sie standen also vor der historisch entscheidenden Wahl zwischen Progression und Regression. Sie aber wählten statt der Progression mit Jesus die Regression: Zurück zu den Vätern! In diesem Augenblick wurde aus der zuvor aufgewiesenen kollektiven Blockierung eine *Kollektivneurose*. Deren Symptom war jetzt religiöse Stagnation. So blieb es bis heute. Die hinter dieser Kollektivneurose liegende Verursachung würde man psychologisch *Vaterbindung* nennen. Und wir erinnern uns, Vaterbindung heißt: Ich bin niemals erwachsen geworden, ich habe niemals gelernt, Ich zu sagen.

Damit ist erwiesen, daß Bundesdenken Vaterbindung ist, das heißt *Symptom religiöser Entwicklungsunfähigkeit*. Damit ist sehr klar geworden, daß Jesus damit nichts zu tun haben wollte.

Konkret heißt das: Bindung an Jahwe als den »Vater Israels«. Verbunden mit dem Erwählungsgedanken ergibt sich daraus ein *partikularistisches Gottesbild*. Den Nachhall desselben haben wir in dem Pauluswort: »Lasset uns Gutes tun an jedermann, allermeist aber an des Glaubens Genossen«[8], das das Motto des Gustav-Adolf-Vereins und seiner Diasporaarbeit geworden ist. Es darf auch dies nicht vergessen werden: Wenn man in den heutigen Debatten die an Israel ergangenen sogenannten Verheißungen noch festhält, um sich selbst als Christen in diese Heilsgeschichte hineinzuinterpretieren, dann ist es dieses partikularistische Gottesbild des Bundesdenkens, das man verteidigt und akzeptiert.

Wenn *Rosemary Ruether* in ihrem schon genannten und heute viel diskutierten Buch ihrerseits auch Kritik am Bundesdenken übt, um zu dem Schluß zu kommen, daß wir ein »neues Bundesdenken« brauchen, dann ist dem also zu entgegnen: Wir brauchen kein altes und kein neues Bundesdenken, noch den dahinter stehenden Gottesgedanken, wir brauchen überhaupt kein Bundesdenken, wollen wir endlich zu christlicher Selbstidentität kommen.

Der antikollektive Jesus

Sozusagen zur Untermauerung des Gesagten sollen noch die folgenden Hinweise dienen, die belegen, daß Jesus sich nicht nur in seinem Reden, sondern tatsächlich auch in seinem Verhalten konsequent antikollektiv gezeigt hat.

Er hat sich zunächst dem *Familienkollektiv* entzogen, das im übrigen namentlich durch das vierte Gebot zum Garanten der Verheißungen geworden war. Wir haben den Bericht, daß Mutter und Brüder sich aufgemacht haben, »um ihn mit Gewalt zurückzuholen«, denn »er ist von Sinnen«, wie sie meinten, und er habe genug Gerede über sie gebracht. Die Härte und Grundsätzlichkeit dieser Szene wird oft unterschätzt. Welcher Sohn wäre jetzt nicht weich geworden? Die psychotherapeutische Praxis lehrt: die meisten, heute noch. Das kann ich doch meinen Eltern nicht antun! Dieser Satz hat schon Ungezählte um jede Weiterentwicklung gebracht und in psychischer Infantilität erhalten. Nicht so Jesus, er zieht eine grundsätzliche Trennungslinie zwischen sich und seinen Blutsverwandten, um zu erklären: »Wer den Willen Gottes erfüllt, der ist für mich Bruder und Schwester und Mutter.« Das tun seine Blutsverwandten ganz offensichtlich nicht, und darum erkennt er auch in seinem Familienkollektiv den gleichen Widersacher, der zur Regression verführen und um die Eigenentwicklung bringen will. Das ist ein grundsätzlicher und kein einmaliger Vorgang, er drückt eine eingenommene Haltung aus.« Wenn jemand zu mir kommt und nicht Vater und Mutter, Frau und Kinder, Brüder und Schwestern, ja sogar sein eigen Leben gering achtet, dann kann er nicht mein Jünger sein.« Dieses und ähnliche Worte, die in unseren Ohren sehr hart klingen, sprechen tatsächlich eine unabdingbare tiefenpsychologische Wahrheit aus. Die Selbständigwerdung gegenüber einem Familienkollektiv ist eine so schwierige Arbeit, daß die Träume in ihrer Symbolsprache oft von der Notwendigkeit des Mutter- und Vatermordes sprechen.

Was hier bei Jesus bewußt geschieht, ist von so tiefgreifender Grundsätzlichkeit und so permanenter Aktualität, daß ich meine, es mit drei kurzen Traumbeispielen eines heutigen, gerade mit dieser Problematik behafteten Patienten belegen zu sollen. Erster Traum: Der Patient geht mit seiner Mutter, die übrigens schon verstorben war, Arm in Arm auf felsiger Höhe am Meer spazieren. Plötzlich rutscht die Mutter vom Felsen ab und fällt ins Meer. Er scheint damit frei und selbständig geworden zu sein. Statt dessen ist er von Furcht und Schrecken ergriffen, er zieht die Mutter aus dem Wasser und setzt den Spaziergang mit ihr fort. Zweiter Traum: Die Mutter ist gestorben und liegt aufgebahrt in der Leichenhalle. Mit den übrigen Leidtragenden steht auch der Patient am offenen Sarg. Plötzlich nimmt er zu seinem Schrecken wahr, daß die Tote die Augen aufschlägt und damit in sein Leben zurückkehrt. Dritter Traum: Wiederum ist die Mutter gestorben und liegt aufgebahrt in der Leichenhalle. Argwöhnisch betrachtet er das leblose Gesicht. Diesmal aber stehen nicht nur die Angehörigen um den Sarg, die Analytikerin steht dicht neben ihm. Plötzlich geschieht etwas Unerwartetes. Die Tote schrumpft zusammen und verwandelt sich in eine schwarze Spinne. Der Patient hört die Stimme der Analytikerin neben sich: Nun schlag sie doch endlich tot!, nämlich die Spinne als Symbol einer destruktiven Mutterbindung.

Jesu Worte sind also keineswegs als persönliche Unfreundlichkeit gegen seine Angehörigen zu verstehen, sondern sie repräsentieren in jener berichteten Situation die absolute Entschiedenheit, mit der er der regressiven Gefahr einer Kollektivhaltung, hier des Familienkollektivs, entgegentreten muß.

Ebenso steht Jesus dem *Volkskollektiv*, das sich ja grundsätzlich mit dem Bundesvolk deckt, völlig souverän gegenüber. Das ist bereits eingehender aufgewiesen und bedarf keiner neuen Belege. Worin besteht nun seine souveräne oder anti-kollektive Haltung? Nicht darin, daß er seinem Volkstum einfach den Rücken kehrt, er bekundet seine Zugehörigkeit, feiert ihre Feste, teilt ihre Sitten und allgemeinen Gebräuche, er geht mit ihnen um wie einer der ihren. Aber ebenso wendet er sich mit der gleichen Selbstverständlichkeit den nicht zum Bundesvolk Gehörigen, den sogenannten Draußenstehenden zu. Ähnlich wie im Falle der Familie kommt es erst dann zu scharfer Auseinandersetzung, wenn das beschriebene Bundeskollektiv das Neue seiner Haltung in Altbekanntes einfach einordnen oder aber vernichten will.

Die Tiefenpsychologie unterscheidet zwischen einem äußeren und einem inneren Kollektiv. Diese Unterscheidung geht besonders auf *C. G. Jung* zurück. Ein äußeres Kollektiv, also die Bindung an Familie, eine soziale Gesellschaftsform, staatliche und kirchliche Institution und so weiter, können durch persönliche Identifikation mit ihnen derartig introjiziert werden, daß sie eine nicht mehr kritisch zu hinterfragende innere Selbstverständlichkeit werden. Dann sprechen wir von Bindung an ein inneres Kollektiv. In der einen oder anderen Weise sind tatsächlich die meisten Menschen einer solchen inneren Kollektivität verfallen, sie sind es auch dann, wenn sie mit größter Vehemenz äußeren Kollektiven den Kampf ansagen. Kann man auch Jesus solche unbewußten Bindungen an ein inneres Kollektiv nachweisen? Hat er nicht vielleicht trotz allem, wie so oft behauptet, tatsächlich doch, aber eben unbewußt, Grundüberzeugungen der Bundesfrömmigkeit geteilt? Keineswegs, es muß vielmehr seine *Freiheit auch vom inneren Kollektiv* festgestellt werden.

Diese Feststellung ist verhältnismäßig leicht zu führen. Denn die Forschung hat längst die sogenannten verba ipsissima Jesu herausgestellt, das heißt seine ureigensten Worte, die auf gar keine Weise aus dem Kollektivdenken seiner Umwelt erklärt werden können, die, anders gesagt, keinerlei Parallele haben. Diese bilden natürlich das eigentliche Zentrum oder den neuen Wein Jesu, und in den voraufliegenden Ausführungen haben wir uns durchgehend bemüht, eben diese eigensten Worte Jesu zur Grundlage zu machen.

Um ein solches Wort handelt es sich zum Beispiel bei dem Ausspruch, der Gottes Sonne über Gerechte wie Ungerechte aufgehen läßt, ein Wort, das jedem Gesetzesdenken, Gerechtigkeitsstreben, aber auch jedem Bundesdenken total widerspricht. Ein solches Wort haben wir vollends mit dem mehrfach erwähnten Aufruf zur Feindesliebe, das alle partikularistischen Grenzen auslöscht. In die Gruppen dieser ureigensten Worte gehören auch die Worte, die vom Kind als Symbol des neuen Lebens sprechen. Das thematisch behandelte »Ich aber sage euch« steht sozusagen an der Spitze der nur bei Jesus zu findenden Worte.

Erwähnt sei nur noch das Wort: »Was zum Munde eingeht, das verunreinigt den Menschen nicht, was vom Munde ausgeht, das verunreinigt ihn.« Hier werden die wichtigen Reinheitsanschauungen der Zeit auf den Kopf gestellt. Das Sichabsondern von den sogenannten Unreinen war aber ein wesentliches Kennzeichen der Sonderstellung, des Erwähltseins des Bundesvolkes. Dieser Anschauung wird mit dem zitierten Wort der Boden entzogen.[9]

Es ist also erstens zu sagen, es gab gar kein Kollektiv, aus dem Jesus derartige Worte, wenn auch unbewußt, hätte schöpfen können. Das betrifft nicht nur die angeführten, sondern auch alle anderen Worte der genannten Gruppe. Natürlich wollen und brauchen wir hier nicht einen Sonderkatalog der verba ipsissima Jesu zusammenstellen. Ich versichere aber nebenbei, daß ich mich auch im folgenden weiterhin besonders an solche Worte halten werde.

Zum anderen muß festgestellt werden, daß alle diese Worte das Bundesdenken wie überhaupt alles Kollektivdenken nicht nur nicht unterstützen, sondern einem solchen diametral entgegengesetzt sind.

Ich und wir

Wir haben das Bundesdenken als Wir-Frömmigkeit charakterisiert und ihr das »Ich aber sage euch« Jesu entgegengestellt. Das bedeutet natürlich nicht, daß Jesus in einen absoluten Individualismus hineinführen will. Das würde bedeuten, daß dann ja Gemeinschaft auf christlichem Gebiet eigentlich gar nicht möglich wäre. Diesen Einwurf erwähnen wir nur, weil entsprechende Vorwürfe oft genug erhoben worden sind. Zur wechselseitigen Beziehung zwischen Ich und Wir ist darum von der Tiefenpsychologie her einiges Grundsätzliche zu sagen.

Es gibt eine Wir-Beziehung, die einen vorpersonalen Charakter hat, weil sie in einer noch unbewußten Identifikation oder participation mystique der Einzelnen mit allen anderen besteht. Auf dieser Stufe kann aber echte Gemeinschaft noch gar nicht entstehen, weil der eine den anderen als einen von sich unterschiedenen anderen noch gar nicht wahrnehmen kann, dies eben wegen jener allgemeinen Unbewußtheit. Von Gemeinschaft kann auf dieser Ebene noch gar nicht gesprochen werden. Es handelt sich vielmehr nur um ein undifferenziertes, fast naturhaftes Beieinander, das auf einer naiven Zustimmung zu dem beruht, was allen gemeinsam ist.

Beim Kind beginnt die Entwicklung der Persönlichkeit damit, wie wir hörten, daß es Ich sagen lernt und damit zugleich aber auch Nein. Dieser wichtige, aber den Eltern unbequeme Schritt wurde früher zu Unrecht negative Trotzphase genannt. Wir haben auch gesagt, daß dieses Ich- und Nein-Sagen sich in der Pubertät auf höherer Ebene noch einmal wiederholt. Auf diese Weise strukturiert und differenziert sich das, was wir später Persönlichkeit nennen. Zur Persönlichkeit gehört also sowohl das Ja-Sagen wie das Nein-Sagen, beziehungsweise beides zu dürfen. Die vorpersonale Wir-Frömmigkeit fordert einzig und allein das Ja-Sagen zu kollektiven Maßstäben und Vollzugsweisen. Wer nein sagt, wird ausgeschlossen. Von hier aus erklärt sich auch der Ausschluß Jesu, der zu so vielem nein sagte. Jedenfalls, aus noch naiven oder unentwickelten Ja-Sagern entsteht keine Gemeinschaft.

Im Gegenteil, denn dies ist auch der Boden für die so bekannten Freund- und Feindbilder, die ja aus der Unfähigkeit des Unterscheidens entstehen, die aber mit der Realität sich weder decken noch ihr standhalten. Jesu »Ich aber sage euch« führt gerade aus dieser undifferenzierten Beziehungsunfähigkeit heraus und macht damit *echte Gemeinschaft überhaupt erst möglich*. Jetzt erst bekommen die Menschen Kriterien und Maßstäbe, die dem Einzelnen ermöglichen, den anderen wirklich als anderen oder als »Nächsten« zu sehen, wie Jesus sagt. Aus dem Ich-Werden entsteht nun ein *Wir höherer Ordnung*. Anstelle der vorpersonalen Wir-Frömmigkeit wird eine echte, bewußte differenzierte Wir-Gemeinschaft überhaupt erst möglich.

Es ist natürlich zu bedenken, daß dieser Entwicklungsprozeß vom niederen zum höheren Wir kein einmaliger oder nur historischer ist, er ist vielmehr wie in jedem Einzelleben immer neu zu vollziehen. Das ist nicht zuletzt eine nicht abreißende therapeutische Erfahrung. Und somit ist auch Jesu Ich-Protest eine auch tiefenpsychologisch bleibend relevante Weisung.

Bundesdenken heute

Gibt es Bundesdenken auch heute? Gewiß, die *Kibbuz-Bewegung im neuen Staat Israel*, die so weltweites Aufsehen erregt hat, ist hier, an die voraufgehenden Probleme anschließend, zuerst zu nennen. *Bruno Bettelheim*, selbst Jude, ein international renommierter Psychologe und Analytiker, hat die Kibbuz-Bewegung an Ort und Stelle genau studiert, um zu urteilen: »Es besteht kein Zweifel, daß der Kibbuz seinen Mitgliedern eine neue säkulare Religion bietet. Er ist die Verkörperung eines neuen jüdischen Bundes, zwar nicht mehr zwischen einem strengen Gott und seinen Kindern, sondern zwischen Gleichberechtigten ... In einer gewissen Weise ersetzt er die alte Religion, die die Juden zusammenhielt.« Welche Beobachtungen begründen dieses überraschende Urteil?

Bettelheim berichtet das Urteil eines höheren Militärs aus dem Sechstagekrieg: Zwar sei der Einsatz der Kibbuzangehörigen hervorragend gewesen, zu bedenken gebe aber die unverhältnismäßig hohe Verlustzahl gerade Kibbuz-Angehöriger. Diese habe fünfundzwanzig Prozent betragen, während ihr Gesamtanteil an der Armee nur vier Prozent gewesen sei. »Trotz großer Tapferkeit und Hingabe fehle ihnen die unmittelbare und flexible Lagebeurteilung, die spontane Anpassung an sich ständig verändernde Situationen, Eigenschaften, die heute den brauchbarsten Soldaten kennzeichnen ... Für die Wechselfälle komplexer Entwicklungen haben sie wenig übrig.«

Hinter diesem praktischen wie drastischen Urteil steht die gesamte Kibbuz-Psychologie als ursächlich bedingend. Der Grundzug dieser Psychologie ist die Heranbildung eines Kollektivgewissens, dem der einzelne sein persönliches Gewissen strikt und in jedem Fall unterzuordnen hat. Herausbildung von Individualität wird also ausdrücklich nicht gefördert. »Der im Kibbuz Geborene ist dann am meisten er selbst, wenn er inmitten anderer« ist, beobachtet Bettelheim. Die Kibbuz-Insassen »müssen nicht nach einer Identität persönlicher Natur suchen, denn die Gemeinschaft bestimmt ihre Identität ja weitgehend für sie«. Ebenso bemerkenswert ist die Feststellung: »Für den Kibbuznik ist keine höhere Stufe denkbar als ›die Dinge gemeinsam machen‹. Es gibt keine Über-Ich-Forderungen, kein Ich-Ideal und keinen sozialen Druck, nach etwas anderem zu streben als nach der Konzentration auf die Arbeitsmoral. Nicht was sonst stimulierend wirken könnte, findet Anerkennung.« Damit erklärt sich dann auch das Fehlen der Intimsphäre, die fehlende Vertiefung der Persönlichkeit, Gefühlsarmut und emotionale Verflachung. Das Kollektiv wirkt, wie ausdrücklich festgestellt, nivellierend, weil eben auf ein Maß zurechtgeschnitten. Sofern ein solches Kollektiv einem bestimmten Zweck dient, zum Beispiel der Ernährung des Volkes durch Landwirtschaft, ist es durch seine straffe Zusammenfassung natürlich von höchstem Nutzen. Sofern es aber den neuen Menschen in Israel heranbilden will, versagt es. Denn »Pluralismus und offene Gesellschaft sind leider ein rotes Tuch für den Kibbuz«. Solche Freiheit ist aber für die Entwicklung eines modernen Menschen unabdingbar. Ein Hauptziel bei Gründung der Kibbuzim war die entschiedene Absicht, die Ungleichheit zwischen Mann und Frau zu beseitigen. Aber der gute Wille konnte gegen die Prägung durch Jahrtausende doch nicht unbedingt aufkommen. Was nämlich geschieht, wenn zum Beispiel doch einmal ein Mädchen schwanger wird? Das Mädchen wird sofort und unweigerlich ausgeschlossen, der Junge kommt mit einer bloßen Rüge davon.

Der Kibbuz bekennt sich offiziell zu keiner Religion, er kennt keine Bundesfrömmigkeit, keine Tora und keinen Kult. Gleichwohl hat man ihn mit Recht die säkulare Neuauflage des alten Bundes genannt, wie oben zitiert. Denn an die Stelle des allmächtigen Bundesgottes ist mit gleichen Funktionen das kollektive Gruppen-Über-Ich getreten, das man in der Tat liebt und noch mehr fürchtet wie einst jenen Bundesgott. Diese Gruppeninstanz teilt mit dem alten Bund nicht nur den Kollektivismus, sondern auch den Ausschließlichkeitscharakter wie den Absolutheitsanspruch. Denn aus der Gemeinschaft Austretende, aus welchen Gründen auch immer, sind »Abtrünnige«, eine Bezeichnung aus der religiösen Vergangenheit. Widerspruch individueller Art wird nicht geduldet. Nichts ist mehr gefürchtet als die Versicherung des Kibbuz: »Wir werden jeden ausschließen, der es wagt, seine eigenen Wünsche höher zu stellen als die der Gemeinschaft.«

Diese Drohung ist um so wirksamer, als sie ja vom Säuglingsalter an introjiziert worden ist. Und so versteht man durchaus das folgende Bekenntnis: »Wir können versuchen, uns vor den Eltern zu verstecken, ja selbst vor Gott, auch wenn ihre Stimmen Ehrfurcht einflößen und ihre Drohungen Schrecken hervorrufen. Aber wir können uns niemals vor einem Kontrollsystem verbergen, dessen Teile wir sind.«

Zusammenfassend kann über diese Kibbuz-Entwicklung in der modernen Welt nur dasselbe gesagt werden, was wir bereits als Urteil Jesu über die kollektive Wir-Frömmigkeit des Bundesdenken berichtet haben. Nämlich, daß es sich auch hier um eine tiefgreifende Regression statt allseitiger und echter Persönlichkeitsentwicklung handelt. Auch Bettelheim unterstreicht diesen regressiven Charakter ausdrücklich, um fortzufahren, daß sich »seit dem Aufkommen des Individualismus das persönliche Über-Ich, oder die moralische Forderung, durchgesetzt hat. Es wurde ein persönlicher Standpunkt bezogen, der sich genauso gegen die Stimme der Gemeinschaft richtete ... Luthers ›Hier stehe ich, ich kann nicht anders‹ ist zu Recht der Wahlspruch der Reformation, in der das individuelle Gewissen mit dem Sittenkodex der Gemeinschaft in Konflikt geriet.«[10]

Gegenwärtiges Bundesdenken finden wir weiterhin natürlich in der Gesamtheit der christlichen Kirche, da sich das *Christentum selbst als »neuer Bund«* versteht. Da sich das Christentum aber zugleich doch auf Jesus als Gründer und bleibende Grundlage bezieht, erhebt sich die grundsätzliche Frage: Hat Jesus einen neuen Bund gegründet? Kann er überhaupt einen neuen Bund gegründet haben? Nach allem zuvor Ausgeführten können beide Fragen nur mit einem klaren »Nein« beantwortet werden. Es hilft auch nicht, sich auf die Worte vom neuen Bund zu berufen, die in den Abendmahlstexten vorkommen. Die Forschung ist sich darin einig, daß es sich hier um nachträgliche Eintragungen handelt. Im übrigen ist es bedeutungslos, ein einzelnes Wort zur Grundlage ausgerechnet für eine neue Bundesgründung machen zu wollen. Die Gesamthaltung Jesu muß verstanden und befragt werden. Man muß also nach den Motiven fragen, die die Christenheit veranlaßt hat, dem Bundesdenken eine solche Gewichtigkeit zu verleihen. Als Grund wird gewöhnlich genannt, daß man die historische und die sachliche Kontinuität zwischen Altem und Neuem Testament wahren müsse. In Wahrheit aber, so meine ich, steckt ein ganz anderes Motiv maßgebend hinter jenen Beteuerungen, nämlich die *Unfähigkeit der eigenen Identitätsfindung.* Jesus allein, die laut bekannte einzige Grundlage, hat dem Christentum in Wahrheit bis auf den heutigen Tag nicht genügt. Sie meint offenbar, breitere Stützen nötig zu haben.

Was sind das für Stützen? Da ist zunächst der »alte Bund« als Hauptstütze. Was aber Jesus davon gehalten hat, ist eindeutig. Wir haben besonders darauf hingewiesen, daß jedes Bundesdenken als vorpersonale Wir-Frömmigkeit oder Kollektivdenken psychologisch als Regression zu bezeichnen ist, nachdem ihm Jesus sein »Ich aber sage euch« entgegengestellt hat. Die Einbeziehung eines wie auch immer gearteten Bundesdenkens in den christlichen Glauben bedeutet darum nicht nur ein konsequentes Übergehen der jesuanischen Position, sondern auch das *Einpflanzen eines regressiven und darum destruktiven Elementes in das Christliche.* Jesuanische Verkündigung und Bundesdenken sind sich gegenseitig ausschließende Faktoren. Bundesdenken ist absolut ein alter Schlauch, den der neue Wein Jesu sofort zerreißt, er braucht nur mit ihm in Berührung zu kommen. Sollte die weltweit beklagte Unwirksamkeit der christlichen Verkündigung in jener unsachgemäßen und durch keine moderne Exegese gestützten Zuordnung jener beiden heterogenen Elemente einen Hauptgrund haben?

Daß *Paulus* es vornehmlich war, der eine Theologie des Bundes in das christliche Verständnis in die Gemeinden eingeführt hat, geht sicher nicht auf sein persönliches Damaskuserlebnis zurück, sondern eindeutig auf die unbewußten Voraussetzungen, die er aus seinem Judentum mitbrachte, wie schon gezeigt. Es handelt sich also um die von der Tiefenpsychologie als Projektionen bezeichneten Eintragungen und Deutungen seines Christentumsverständnisses. Die im Anfang erhobene Forderung nach Entprojizierung ist in diesem Falle besonders dringlich. Warum aber waren die ersten Gemeinden so bereitwillig in der Auf- und Übernahme jenes Bundesdenkens? Darauf ist allerdings eine tiefenpsychologische Antwort zu geben, die der üblichen Meinung über die Urgemeinden schroff entgegentritt. Nicht die historische Nähe zu Jesus oder die sogenannte »Offenbarungsnähe« kann letztes Kriterium sein, sondern allein die Frage, ob sie Jesus wirklich verstehen konnten und verstanden haben. Diese Frage ist aber weitgehendst zu verneinen, da sie selbst noch zumeist auf einer durchgehend kollektiven Bewußtseinsebene standen. Das Neue der Position Jesu, der mit seinem »Ich aber sage euch« zugleich eine neue personale Bewußtseinsebene darstellte, konnten sie von ihrer Ebene aus nicht prinzipiell verstehen. Sie haben es darum immer wieder kollektiv mißdeutet. Das ist noch verständlich. Wenn aber wir heute noch auf unserer weiterentwickelten Bewußtseinsebene jene alten Positionen der Urgemeinde übernehmen, zum Beispiel das Bundesdenken, dann ist das nicht mehr zu rechtfertigen. Unsere Grundlagen sind neu zu überprüfen, genuine christliche Selbstidentität ist mit Entschiedenheit zu erstreben. Christus als Bringer des neuen Weines ist neu zu entdecken.

Jetzt, nicht irgendwann einmal

Die folgenschwerste Übermalung

Es gibt eine dünne Tünche, die nicht allzu viel schadet, weil sie schnell wieder abgetragen ist. Aber es gibt gerade auch im Geistigen jene dicke und zähe Tünche, die das gesamte Bild verdeckt, zumal sie haftet und immer weiter haftet. Im folgenden sprechen wir von einer Tünche letzterer Art, die man über das Jesusbild gebreitet hat, von der man behauptet hat, daß sie zur jüdischen Selbstidentität Jesu ebenso wie zur Selbstidentität des rechten Christen unabdingbar hinzugehöre. Tatsache indes ist, daß es Entsprechendes bei Jesus wiederum überhaupt nicht gibt, daß zur wirklichen Findung christlicher Selbstidentität jene Tünche als Tünche zu erkennen und entschieden abzutragen ist. Wir sprechen von der sogenannten eschatologischen Übermalung des Jesusbildes.

Eschatologie heißt Lehre von den letzten Dingen. Das hieß im Sinne des Judentums zur Zeit Jesu das Ende dieser Welt und die Aufrichtung des Gottesreiches durch den Messias. Das Spätjudentum hat solche Enderwartung mit besonders glühenden Farben kosmischer Umwälzungen ausgemalt, die man Apokalyptik nennt.

Diese intensive Zukunftserwartung haben die ersten Christen übernommen und auf Jesus übertragen. Dies geschah vor allem unter dem Eindruck der Katastrophe des Kreuzestodes Jesu, die zunächst mit einem Schlage alle gläubigen Erwartungen zunichte zu machen schien. Aber Jesus, so besann man sich, hatte ja auch so zentral vom Gottesreich gesprochen. Es waren auch die Tendenzen – besonders unter den aus dem Judentum kommenden Christen – nicht erloschen, die da meinten, er sei doch gekommen, Israel zu erlösen, er sei also der erwartete Messias. Daß er die messianische Erfüllung aller Verheißungen sei, dieses Verheißung-Erfüllung-Schema ist besonders für das gesamte Matthäusevangelium charakteristisch. Das Dilemma der zunächst enttäuschten Erwartungen fand aber in der lebendigen jüdischen Enderwartung eine wirksame tröstende Stütze: Wenn nicht jetzt, dann später einmal oder sogar in naher Zukunft, hieß jetzt die Parole. Zentrum dieser Erwartung blieb bei den Christen nach wie vor Jesus. *Jesus wurde nun der Messias*, um den sich alle je gehegten eschatologischen Hoffnungen rankten. In Zukunft hatten die Juden und Christen also eine mehr oder weniger gemeinsame Zukunftserwartung, in bezug auf den Erfüller solcher Erwartungen gab es jedoch keinerlei Gemeinsamkeit, denn die Juden lehnten und lehnen es bekanntlich bis auf den heutigen Tag entschieden ab, Jesus als Messias und Erfüller ihrer Zukunftshoffnungen anzusehen.

Das hinderte die Christen aber nicht, an ihrer eschatologischen Konzeption festzuhalten, auch wenn sich das Wiederkommen Jesu als Messias und Erfüller Jahrhundert um Jahrhundert, um immer weitere Zeiträume verzögerte. Selbst im Bekenntnis wurde dies »von dannen er kommen wird« verankert. Dabei blieb die Christenheit: Wenn nicht jetzt, dann doch irgendwann einmal. Diese Interpretation ist es, die ich die folgenschwerste Übermalung nenne. Warum?

Die Selbstidentität Jesu ist mit dieser eschatologischen Interpretation *verfälscht und vergewaltigt*. Auf den historischen Jesus, der sich selbst als Bringer von etwas völlig Neuem versteht, wird allerälteste, genauer: antiquierte mythologische Vorstellung projiziert. Jesus verschwindet völlig hinter dieser mythologischen Kulisse des Messias, ebenso sein Neues hinter antiquierten Erwartungen der Vergangenheit. Diese eschatologische Übermalung des Jesusbildes ist unzweifelhaft die am meisten entstellende, rücksichtsloseste, gröbste und nachhaltigste, weil sie in alle Spalten und jede Ritze des Jesusbildes eingedrungen ist. Wir haben die Zeit einer »konsequenten Eschatologie« über uns ergehen lassen müssen, die jedes seiner Worte, jedes Gleichnis, jede Tat Jesu eschatologisch interpretierte, das heißt auf eine ungewisse, sehr ferne Zukunft bezog, dadurch die Gegenwartsbedeutung Jesu konsequent untergrabend. Wir sind gerade dabei, uns von dieser faktischen Abwertung Jesu zu erholen, seine Gegenwartsbedeutung wiederzuentdecken.

Diese eschatologische Übermalung ist deswegen so rücksichtslos vergewaltigend, weil sie, wie sich schon angedeutet hat, Jesus zur nostalgischen Figur macht, deren *aktuelle Brisanz völlig entschärft ist!* Mit dieser eschatologischen Entschärfung ist Jesus nur noch eine große Belanglosigkeit. Denn nun hat ja alles lange, lange Zeit! Dieser Umstand hat deswegen besonders negative Relevanz, weil der moderne Mensch, der auf einer völlig anderen Bewußtseinsebene steht, mit jenen eschatologischen Antiquitäten rein gar nichts mehr anfangen und an dem eventuellen Eruieren ihres damaligen Sinnes kaum Interesse aufbringen kann. Der Mensch von heute gewinnt nur den Eindruck, daß Jesus ebenfalls als ganzer antiquierte Vergangenheit ist. Darüber helfen auch die futuristischen Beteuerungen und Gewissensstöße an dafür bestimmten Ewigkeitssonntagen oder Bußtagen nicht hinweg. Sie wirken vielmehr als Schecks, von denen niemand weiß, ob sie je eingelöst werden.

Hier kann man mit *Walter Nigg*, gerade mit Beziehung auf die eschatologische Interpretation Jesu, nur sagen, daß »wenige Persönlichkeiten eine solche Übermalung bis zur Unkenntlichkeit erfuhren wie Jesus. Er ist die am meisten mißhandelte Gestalt der Weltgeschichte, die noch nach dem Tode eine zweite Passion durchmachen mußte.«[1]

Was Jesus hier aber von seinen Nachfolgern geschah, hatte natürlich nicht nur Konsequenzen für sie selbst, sondern ebenso für das Selbstverständnis aller folgenden Generationen, das heißt der christlichen Kirche aller Zeiten. »*Die Judaisie-*

rung der Botschaft Jesu. Genauer: ihre Rejudaisierung« war in Zukunft ihrer aller Schicksal, urteilt *Ethelbert Stauffer*. Dies ist ein schweres Schicksal, »denn es handelt sich hier um einen reaktionären Vorgang, um eine Restaurationsbewegung«. Was Stauffer hier reaktionär und Restauration nennt, würde tiefenpsychologisch regressiv heißen, dessen destruktive Folgen wir deutlichgemacht haben.

Erwähnt werden sollte auch das Urteil Stauffers, »daß die Rejudaisierung gewiß nicht der einzige, aber doch wohl der mächtigste Faktor ist, der die Entstehung, Gestalt und Geschichte der Urkirche bestimmt hat.«[2] Die Wahrheit dieses Satzes bezieht sich im Grunde auf alle vorangegangenen Kapitel dieser Schrift, ebenso natürlich sehr grundsätzlich auf unsere kritische Frage nach der Selbstidentität des Christentums, die wir in so vielen Beziehungen verneinen mußten.

Was aber bedeutet konkret die hier zu Recht beklagte Rejudaisierung oder Restauration? Wir haben statt Jesus einen jüdischen Messias erhalten, an dem wir zwar viel herumgebessert haben, zu dem die wichtigste Feststellung übereinstimmender internationaler Forschung aber die ist, daß Jesus sich nicht dafür gehalten hat. Wir haben weiter statt fordernder Gegenwartsaktualität jüdische Eschatologie und damit nebulose Unverbindlichkeit bekommen. Messias und Eschatologie gehören aber bekanntlich zusammen. Wo ersteres hinfällt, entfällt das zweite. Beides ist derart jüdischen Ursprungs, daß es der christlichen Selbstidentität den Boden entzieht. Und wo ist das »Neue«? Wenn eines es getilgt hat, dann war es die Eschatologie.

Das jesuanische Jetzt

Im Gegensatz zu allen futuristischen Zukunftsspekulationen war Jesus ein Mann der Gegenwart. Kein Wort ist in dieser Beziehung so charakteristisch für ihn wie das Wort *»jetzt«*. Den Christen ist diese Gegenwartsaktualität immer wieder ganz unerschwinglich. Eine neue Übersetzung des Neuen Testamentes übersetzt zum Beispiel die Stelle Markus 1,15 folgendermaßen: »Es ist soweit! Die Gottesherrschaft kommt!«

Das aber steht überhaupt nicht da. Die Übersetzung entspricht unserer üblichen Einstellung; was nämlich erst angekündigt wird, ist im Grunde eben nicht so brisant – zu einer wirklichen Beunruhigung sind wir noch nicht wirklich aufgescheucht. Tatsächlich aber steht im neutestamentlichen Text Jesu Wort: »Die Gottesherrschaft *ist da*«! Sie ist unmittelbare Präsenz. Jesus spricht von Gottesherrschaft und Gotteswillen stets und durchgehend als aktuellem oder konkretem Geschehen.

Johannes der Täufer läßt vom Gefängnis aus in einer verzweifelten Lage fragen, ob Jesus es sei, der da kommen soll, oder man eines anderen warten solle. Jesus antwortet: »Berichtet Johannes, was ihr hört und seht: Blinde sehen wieder, und Lahme gehen, Aussätzige werden rein, und Taube hören. Tote stehen auf, und den Armen wird das Evangelium verkündet.« Das heißt: Ja, das Gottesreich *ist da*.

Wo ist es denn? Da, wo der Wille Gottes erfüllt wird! Dazu ruft Jesus auf. Das ist seine eigentliche und eigenste Linie.

An bekannter Stelle warnt Jesus, man solle nach der Gottesherrschaft doch nicht Ausschau halten wie nach einem heraufziehenden Gewitter oder wie nach einem Stern. Wie der sinnlichen Betrachtung, so entzieht sie sich der lokalen Fixierung. Vielmehr: »Die Herrschaft Gottes *ist mitten unter euch*.« Und wenn er bösen Geistern wehrt, so versichert er, »dann *ist* das Reich Gottes schon zu euch gekommen.«

Anzuführen ist in diesem Zusammenhang auch das Gleichnis vom Wachsen der Saat. Es verhält sich damit wie mit einem Bauern. Er geht auf seinen Acker und sät. Nach der Aussaat kümmert er sich um nichts weiter, er geht nach Hause und schläft, steht wieder auf, und dann mit einemmal sieht er Halm und Ähre. *Aber all die Zeit ist die Saat da*, still wachsend und sich entfaltend. »Es wird Nacht, und es wird Tag, der Samen keimt und wächst, und der Mann weiß nicht wie«, und er weiß schon gar nicht, daß all die Zeit die Gottesherrschaft *da ist* und keimt und wächst.

Wir erinnern auch an die Szene des ersten Auftretens Jesu in Nazareth. Man reicht ihm in der Synagoge die Rolle des Propheten Jesaja, die Jesus nach seiner Lesung kommentiert: »*Heute* hat sich das Schriftwort, das ihr eben gehört habt, erfüllt.« Gleichgültig, wie man die Szene als ganze beurteilt, wir weisen darauf hin, daß das Jetzt und Heute auch hier erhalten ist.

Daß auch Johannes dieses Jetzt der Gegenwärtigkeit festgehalten hat, darf man erwarten. Wenn vom wahren Gottesdienst die Rede ist, läßt er Jesus sagen: »Die Stunde kommt, und sie ist *schon da*.« Und wer dem Worte Jesu folgt, von dem gilt, »er *hat* das ewige Leben«.

Gegen den Anprall dieses geradezu unerbittlich drängenden jesuanischen Jetzt hat man sich bald beharrlich und recht gründlich abgeschirmt, auf eine doppelte Weise nämlich. Man hat Jesus selbst aus dem Rampenlicht der Gegenwart weggeschoben, und da Raum und Zeit unsere Grundkategorien sind, schob man ihn räumlich immer höher in eine obere himmlische Überwelt. Das geschah schon in frühester Zeit in der ersten Jüngergemeinde selbst, wie zum Beispiel die Geschichte von der Himmelfahrt belegt. Die Wolke, die ihn nach diesem Bericht aufnahm, »entzog ihn ihren Blicken«. So heißt es doppeldeutig. Je höher die göttliche Erhebung, um so ferner die unmittelbare Eindringlichkeit. Der räumlichen Entfernung entsprach die zeitliche. »Er wird wiederkommen«, heißt es in demselben Himmelfahrtstext. Aber er ist so in die Ferne einer Endzeit geschoben, von der niemand weiß, wann dieser Jüngste Tag der Wiederkehr einmal schlagen wird. In zweifachem Sinne tönt jedenfalls nun das jesuanische Jetzt zwar viel erträglicher, aber gedämpft und auch vergleichgültigt zu uns.

Beides, die räumliche wie die zeitliche Distanzierung, ist dann sogar im Glaubensbekenntnis mit den bekannten Worten dogmatisiert »aufgefahren gen Himmel, sitzend zur Rechten Gottes, von dannen er kommen wird«.[3]

Naherwartung – Enderwartung

Das Jesuanische »Jetzt«, von dem wir soeben sprachen, ist in der Geschichte bis heute spiritualistisch oder sektiererisch mißverstanden worden. Man erwartet unmittelbar ein göttliches Drama, das sich auf Erden vollziehen wird. Das wird dann verstanden wie automatische Erfüllung einer prophetischen Voraussage. Schon die Urgemeinde teilte diese Haltung. Man hat eben von jeher mißverstanden, daß Jesu eindringliches Jetzt gegen jede Drückebergerei geht, die getrost meint: Morgen ist auch noch Zeit! In Wahrheit ist dieses Jetzt eine Aufforderung an den einzelnen, sich seinem Denken und Handeln von nun an als ein Bürger des Gottesreiches zu wissen und zu bewähren. *Das jesuanische Jetzt will getan werden!*

Darum hat Jesus, dies sollte betont werden, jedem Spekulieren über Jetzt und Einst die Grundlage entzogen. Dies ist umso beachtlicher, weil Jesu eigene Zeit geradezu von einem eschatologischen Fieber erfaßt war, das gewissermaßen eine Kompensation zu der politischen Elendslage der Gegenwart, der Bedrückung durch die Römer war. Dies ist natürlich eine typische Reaktion, die dem Menschen in Notzeiten zum Trost und zum Durchhalten verhilft. Die einen erwarteten die große Wende sofort, die anderen schauten vorsichtiger in eine etwas ferne Zukunft. Natürlich häufte man solche Erwartungen gerade auch auf diesen außerordentlichen, offensichtlich doch mit besonderer Vollmacht ausgestatteten Jesus.

Der aber leistete solchen Erwartungen keinerlei Vorschub, er war kein Schwärmer und kein Spekulant. Wie er auch sonst die »Zeichen-und-Wunder-Süchtigen« abweist, so weist er auch die ab, die ein kosmisches Wunder von ihm erwarten. Aber auch die, die sozusagen beim großen eschatologischen Wunder ihr Schäfchen ins Trockene bringen wollen – wie etwa Jakobus und Johannes, die Söhne des Zebedäus, die bereits jetzt die Zusage erhalten möchten, daß ihnen bevorzugte Plätze im Himmel eingeräumt werden, rechts und links direkt neben Jesus. Jesus antwortet, daß er dergleichen überhaupt nicht bestimmen könne, um den Nasenstüber hinzuzufügen: »Wer bei euch groß sein will, der soll euer Diener sein, und wer bei euch der erste sein will, der soll Sklave aller sein.«

Jesus ist von Leuten umgeben, »die meinten, das Reich Gottes werde sofort erscheinen«. Jesus geht auf ihre Frage scheinbar nicht ein, in Wirklichkeit aber doch, wenn er ihnen das Gleichnis von den anvertrauten Pfunden erzählt. Und das heißt: Spekuliert nicht über mirakulöse Dinge, von denen wir doch nichts wissen. Tut eure Pflicht, erfüllt sie so gut ihr könnt, erfüllt sie nach dem Willen Gottes, erfüllt sie jetzt.

Gegen die mirakulöse Wundersucht vager Zukunftshoffnungen wendet sich Jesus auch mit diesen Worten: Braucht euren Verstand, den ihr doch auch sonst anwendet. »Sobald ihr im Westen Wolken aufsteigen seht, sagt ihr: Es gibt Regen. Und es kommt so. Und wenn der Südwind weht, dann sagt ihr: Es wird heiß. Und es trifft ein. Ihr Heuchler! Das Aussehen des Himmels und der Erde könnt ihr deuten. Warum könnt ihr dann die Zeichen dieser Zeit nicht deuten? Warum findet ihr nicht schon von selbst das rechte Urteil?« Was sind denn Zeichen der Zeit? Daß Er da ist, der zum Tun des Willens Gottes auffordert. Und warum kann es für sie überhaupt nicht schwer sein, das rechte Urteil zu finden? Es steht ja sozusagen in Person vor ihnen. Aber warum redet sie Jesus als Heuchler an? Er sagt damit schroff und deutlich: Ihr könnt wohl, aber ihr wollt nicht.

Wichtig ist es auch, gerade in diesem Zusammenhang das folgende Wort zu beachten: »Ich bin gekommen, um Feuer auf die Erde zu werfen. Wie froh wäre ich, es würde schon brennen.«[4] Es gibt das nicht kanonische Herrenwort in den Homilien des Origenes, das er aus dem Thomas-Evangelium zitiert: »Wer immer mir nahe ist, ist nahe dem Feuer; wer immer mir fern ist, ist fern dem Reich.« Feuer ist altes Symbol für die Gottheit, so auch im Alten Testament gebraucht. Feuer bedeutet Fülle des Lebens, Glut der göttlichen Läuterung, flammende Gegenwart des Göttlichen, seiner Herrschaft oder des Reiches.

Wer dem Willen Gottes nachstrebt, wozu Jesus auffordert, vor dessen Augen liegt es hell und licht und unübersehbar.

Was soll nun noch die Frage, was ist es, wo ist es, wann kommt es?

Naherwartung – Enderwartung? Was soll es? Das Gottesreich ist so nahe wie das Leben, es ist das Leben schlechthin, das Leben nach dem Willen Gottes, wie ein anderes versprengtes Herrenwort versichert: »Das ist, was unser lebendig machender Erlöser gesagt hat: Er sagt: Wer sich mir nähert, nähert sich dem Feuer, und wer sich von mir entfernt, entfernt sich vom Leben.«[5]

Zwei Archetypen

Tiefenpsychologisch ist zu dem Gesamtkomplex des Eschatologischen, in welcher speziellen Form es sich auch darstellen mag, zusammenfassend zu sagen, daß es sich hier um das Durchbrechen zweier archetypischer Vorstellungen handelt. Archetypisch sind solche Vorstellungen zu nennen, die überall in der Welt unabhängig voneinander vorkommen, zur menschlichen Psyche urtümlich gehören. Sie sind, anders gesagt, typische Reaktionsweisen des Menschen auf typische Situationen und Erfahrungen. Mit ihnen versucht der Mensch, Antworten auf Grundfragen seiner Existenz zu geben, also auf das Woher und Wohin, Warum und Wozu. Es kann sich also dabei nicht um spezifisch individuelle Antworten auf spezifisch individuelle Fragen handeln, sondern vielmehr um allgemeine generelle Antworten auf allgemeine Menschheitsfragen.

Mit einer solchen archetypischen Vorstellung haben wir es beim Problem der Eschatologie zu tun. Denn die Eschatologie will ja gerade eben dies: eine grundsätzliche Antwort auf die Frage nach dem Woher und Wohin menschlichen Seins geben, hier natürlich speziell jüdischer Färbung. Allgemein kennen wir diese archetypische Vorstellung als *Urzeit-Endzeit-Mythos*, der in vielen Religionen, Mythologien oder Märchen vorkommt. Im Judentum ist die Urzeit näher durch die bekannte Paradiesgeschichte dargestellt und kanonisiert. Die Endzeit ist ein durch den Messias wiederhergestellter Paradieszustand. Beide Vorstellungskomplexe erweisen sich als archetypische Vorstellungen oder Mythen, weil sie transhistorisch sind, das heißt als Ereignis außerhalb der Geschichte vorgestellt werden. Insofern muß auch die Gestalt des Messias – der ja Träger aller eschatologischen Ereignisse sein soll – als eine archetypische Figur verstanden werden, wie wir sie auch aus anderen Religionen als Retter und Heilbringer vielfach kennen. Gerade in diesem Zusammenhang wird noch einmal *klar, daß Jesus als historische Persönlichkeit weder auf mythologische Spekulation noch auf den Titel Messias Wert gelegt hat.*

Im eschatologischen Komplex spielt aber noch eine zweite archetypische Vorstellung eine entscheidende Rolle. Mit der

Wiederherstellung des paradiesischen Zustandes ist ja zugleich der Gedanke vom Jüngsten Gericht untrennbar verbunden. Auch hier handelt es sich um eine archetypische Vorstellung im oben beschriebenen Sinn, nämlich um den *Archetyp von der ausgleichenden Gerechtigkeit am Ende der Zeiten.* Auch ihn finden wir bei den Ägyptern, Chinesen, Indern, Griechen oder Germanen, jeweils natürlich in der dem Volkstum angepaßten Form. In neuerer Zeit hat *Immanuel Kant* in seiner *Praktischen Vernunft* diesem Archetyp ein philosophisches Denkmal gesetzt. Er meint, daß alles Leben und Streben seinen Sinn verlöre, wenn wir nicht an eine solche ausgleichende Gerechtigkeit glauben dürften. Damit spricht er das aus, was von jeher jeder Mensch in dieser Beziehung gedacht, gehofft und gewünscht hat. Aber daran sieht man auch, wie undifferenziert und allgemein, das heißt eben archetypisch ein solches Denken ist. Jesu Einstellung ist jedenfalls grundsätzlich anderer Art, wie wir zeigen konnten.

Zu den beiden obigen Ausführungen ist nun aber gleicherweise zu sagen, solche archetypischen Motive tauchen in Völkern in besonderen Krisensituationen auf. Sie sind nämlich ihrer psychischen Beschaffenheit nach Kraftspender, Mutmacher und Vermittler von Hoffnung. Sie zeigen einem verzagenden Volk, daß es noch eine Zukunft hat. Denn es verhält sich tatsächlich so, daß archetypische Vorstellungen Träger von *ungewöhnlichen psychischen Energiepotenzen* sind, das kann nicht weiter begründet werden, aber durch Erfahrung vielfältig aufgewiesen und belegt werden.

Gleichzeitig aber sind solche archetypischen Motive, von denen wir ja gesagt haben, daß sie vornehmlich in Krisen- und Notzeiten auftauchen, *Warnsignale.* Sie warnen nämlich davor, eine kritische Situation zu mißachten. Es handelt sich ja hier im Bild gesprochen um eine Sternstunde des Volkes, um unwiederbringliche Entscheidungsmomente. Darum könnten sie mit Hab-acht!-Zeichen verglichen werden. *C. G. Jung* nennt sie »SOS-Rufe der Seele«.

Nun aber entsteht eine grundsätzliche Gefahr, daß man nämlich die eigentliche Funktion dieser Warnzeichen mißversteht und mißdeutet. Sie müssen nämlich aus der Sprache der

Bilder und Symbole, in der sie ja sprechen, übersetzt werden in die Sprache des Bewußtseins, denn nur so können sie konkrete Motive zum Handeln werden. Die Gefahr besteht jedoch darin, daß die auftauchenden archetypischen Motive und Bilder *wörtlich genommen* werden, also als direkte, unmittelbar zu befolgende Anweisungen zur Bewältigung der fraglichen Krise. Sie werden also nicht symbolisch, sondern historisch verstanden. Damit sind sie aber total mißverstanden, sie sind nun zu »Irrlichtern« geworden, wie C. G. Jung wiederum sagt, die also statt in die Rettung, in die Katastrophe stürzen.

Der zuletzt angeführte Gesichtspunkt ist von solch grundlegender Wichtigkeit, daß er noch konkreter unterstrichen werden muß. Das tue ich, indem ich ein psychisches Gegenwartsgeschehen aus der individuellen Ebene anführe, nämlich den archetypischen Traum einer Patientin: Sie schaut zum abendlichen Himmel hinauf. Dort sieht sie, daß plötzlich der Mond sich aus seiner Bahn löst und ins All fliegt. Sie erschrickt heftig, denn momentan versteht sie, daß damit ja das gesamte Gleichgewicht unseres Planeten außer Balance gerät und eine Katastrophe kosmischen Ausmaßes die Folge sein wird. Soweit der Traum, der gar keine persönlichen Motive, sondern mit Erde, Mond, Himmel nur archetypische Bilder enthält. Dieser Traum trat in einer Krisensituation der Patientin auf. Gleichwohl, so wie er dastand, gab er offenbar keine konkrete Weisung, er mußte also aus der archetypischen Symbolsprache in die Begriffe des Tagesbewußtseins übersetzt werden, wollte man echte Weisung aus ihm entnehmen. Der Mond ist in der Symbolsprache des Unbewußten ein weibliches Symbol oder Symbol der Weiblichkeit. Der Traum wies also offenbar auf die Gefahr hin, daß die Patientin durch Schaden an ihrer Weiblichkeit in eine große Gleichgewichtsstörung, ja Katastrophe der Gesamtpersönlichkeit geraten könnte. Die Frage nach den Assoziationen der Patientin zu dem Traum ergab, daß sie sich seit einiger Zeit mit dem Problem herumschlug, ob sie sich im Interesse ihrer ehelichen Beziehung sterilisieren lassen sollte oder nicht. So wie der Fall lag, handelte es sich um eine ernsthafte Krise, die sowohl Ehe wie Persönlichkeit betraf. Nunmehr konnte der Traum als Weisung des Unbewußten verstanden werden. Im Klartext sagte er in diesem Fall: Was du da tun willst, bedeutet eine Art Weltuntergang für dich.

Wohlgemerkt, der Traum sagte nicht konkret und ausdrücklich, was die Träumerin tun sollte. Er war ein symbolisches, das heißt verschlüsseltes Warnzeichen. Er sagte: So nicht! Das Wie mußte *gefunden* werden. Ein Wörtlichnehmen dieses Traumes hätte, das ist besonders eindeutig, in sinnlose Phantastereien und ganz gewiß in die Katastrophe geführt.

Das Grundsätzliche des Ausgeführten gilt auch für die Eschatologie. Denn, was hat man hier getan? Man hat archetypische Vorstellungen und Bilder, *ohne sie zu deuten und zu übersetzen*, als Anweisungen für das gegenwärtige und künftige historische Leben wörtlich genommen. Man tut bis heute ständig dasselbe. Damit verfällt man gerade dem, was diese Vorstellungen als Warnsignale verhindern wollen, nämlich psychischer Desorientierung und Phantasterei.

Anders gesagt, den Archetyp von Urzeit-Endzeit wie den anderen von der ausgleichenden Gerechtigkeit am Ende aller Tage hat man historisiert. Ein Archetyp kann *niemals historisiert* werden. Er will auf seine Weise helfen, indem er verstanden wird.

Auf die Zeit Jesu angewandt, hätte Eschatologie die damaligen Juden zu der ernsthaften Überlegung und Frage veranlassen müssen: Kann dieser so mit offensichtlicher Vollmacht redende Jesus nicht vielleicht doch uns etwas Entscheidendes zur Bewältigung unserer Krisensituation sagen? *Das* wäre *die* weiterführende Fragestellung oder Selbstbesinnung gewesen.

Statt dessen aber erwarten sie von Jesus die buchstäbliche Erfüllung ihrer archetypisch eschatologischen Spekulation. Sie schoben ihm zeitweilig sogar die Hauptrolle des Messias in diesem archetypischen oder eschatologischen Drama zu. Dieses konnte nur als Katastrophe auf sie selbst zurückschlagen, denn sie verweigerten sich ihrer Aufgabe historischer eigener Weiterentwicklung. Vor diesem Fehlverhalten warnte sie Jesus bis zum Schluß, »bis zum Tode am Kreuz«.

Ich könnte mir gut denken, daß manch einer den Einwand erheben wird, daß man sich hier die Auseinandersetzung mit einem angeblich so schwerwiegenden Problem wie der Eschatologie doch reichlich leichtgemacht habe. Wer jedoch von der Wirkensweise von Archetypen und der Bannkraft, in der sie Menschen halten, eine Vorstellung hat, wird einen solchen Einwand nie und nimmer erheben.

Es fehlt vorläufig auch weithin immer noch an der Einsicht, daß die Tiefenpsychologie über ihre Bedeutung für die Therapie hinaus einen entscheidenden Beitrag zum Erkenntnisproblem überhaupt zu leisten vermag. Und doch sollte gerade dies zu verstehen nicht so schwerfallen. Wir haben vorher gesagt, daß die Tiefenpsychologie nicht einfach nur Motive aufdeckt, was im übrigen jede Motivforschung tut, sondern die Psyche enthüllt, die solche Motive ursächlich hervorbringt und sich ihrer bedient. Dieser Prozeß der Hinterfragung ist offenbar aber stets und überall notwendig. Er gehört, als factor sui generis, zu den Voraussetzungen objektiver Wahrheitsfindung einfach hinzu.

Jesu Stellung zur Eschatologie möchte ich noch von einem anderen Gesichtspunkt her erhärten, nämlich vom Gesichtspunkt der *Konsistenz des Charakters* her, einer für die Erfassung einer Persönlichkeit tiefenpsychologisch so wichtigen Kategorie. Das heißt hier konkret: Kann der Jesus des »Jetzt, nicht irgendwann einmal« zugleich als Vertreter archetypisch eschatologischer Fernspekulation auftreten? Ist das sinnvoll vorstellbar? Nein, das ist es nicht. Behauptet man trotzdem ein solches Beieinander, so würde man ihm damit eine schizophrene oder zumindest schizoide Persönlichkeitsstruktur nachsagen. Über dieses Problem gibt es eine breite Literatur. Ehe man aber zu solchen Diagnosen kommt, sollte man sich immer selbst zuvor fragen, ob man nicht selbst schizoiden Kategorien verfallen ist, die man dann auf Jesus projiziert.

Tatsache ist jedenfalls zunächst einmal, daß die massiv eschatologischen Aussagen, die man Jesus nicht nur reichlich, sondern entstellend überreichlich in den Mund gelegt hat, samt und sonders Nachtragungen sind. Tatsache ist auch, daß sozusagen eschatologisch vorbelastete Denker bis auf den heutigen Tag weitgehendst dieser archetypisch eschatologischen Bewußtseinsebene verhaftet geblieben sind und darum bei Jesus nichts als Eschatologie finden können.

Ich möchte darum die Konsistenz der Persönlichkeit Jesu, die ja gerade das Neue, Eindrückliche und Wesenhafte bedingt, gerade in bezug auf das Eschatologische herausstellen, also den *grundsätzlich uneschatologischen Jesus.*

Zunächst, Jesu hauptsächliche *Denkkategorien* sind Wachsen, Werden, Reifen, Sichentfalten, Entwickeln. Die entsprechenden Gleichnisse oder sonstigen Bezüge brauchen wir hier nicht mehr besonders aufzuführen. Es handelt sich also durchgehend um Kategorien aus dem Organischen. Indem diese Kategorien nun eschatologisiert werden und irreale Spekulationen einer erhofften wunderbaren Zukunft ausdrücken sollen, sind sie nicht mehr organische, wachstümliche Kategorien, sie sind mechanisiert, sie sind ins Magische und Mirakulöse übertragen. Das ist eine Verfälschung, eine Projektion großen Stils. Bei einer Persönlichkeit, die so entschieden auf das Jetzt gerichtet ist, könnte sinnvoll doch nur das Gegenteil festgestellt werden, nämlich, daß jene Grundkategorien Wachsen, Werden, Reifen, Sichentfalten, Entwickeln ausgesprochen uneschatologische Kategorien sind. Es müßte gesehen werden, daß dies vornehmlich die Kategorien sind, mit denen Jesus von jener neuen Bewußtseinsebene spricht, die er heraufführt. Genau wie in der Analyse ist im übrigen der Prozeß der Wandlung das entscheidend Wichtige, nicht aber die Wünsche, Ansprüche oder Erwartungen, die am Anfang stehen, die sich im Laufe der Wandlung zumeist sogar von selbst erledigen. Damit ist zugleich nachdrücklich gesagt, daß Eschatologie der bequeme Weg ist, bequemer als der charaktervolle, aber schwierige und langwierige Weg der Wandlung.

Ein faszinierend origineller Zug an Jesus ist seine *wesenhafte Unbekümmertheit.* Gegenüber dem, was heute, morgen oder sonst einmal anfallen mag, gegenüber aller Unberechenbarkeit des Lebens. Es ist ein in weite Horizonte greifendes Wort: »Sorget nicht«! Und so hat ihn auch nicht mit Sorge erfüllt, was »zuletzt« sein könnte. Wesenhafte Unbekümmertheit ist keine Eigenschaft, sie ist Grundhaltung einer integrierten Persönlichkeit, angstfrei, realitätsverbunden, sinnfreudig, sinnoffen, sicher. Demgegenüber wirkt das eschatologische Konzept steril, intellektuell und künstlich. Gerade von dem Gesichtspunkt der wesenhaften Unbekümmertheit her zeigt sich Jesus als von ausgesprochen uneschatologischer Grundhaltung.

Ich nenne einen weiteren für Jesus grundtypischen, aber vollkommen uneschatologischen Grundzug, nämlich die nachdrückliche Art, mit der er von den *positiv schöpferischen Möglichkeiten* des Menschen spricht. Er sagt es in Gleichnissen, er sagt es in einzelnen Bildworten, wie man klug oder dumm, geduldig oder zugreifend, hartnäckig beharren oder umkehren, wie man das Herz befragen, aber die Vernunft nicht in den Wind schlagen darf. Wie man versöhnlich sein kann ohne Enttäuschung und Verbitterung. Wie man jene Haltung, die die Seligpreisungen so herausfordernd beschreiben, zu einem konkreten inneren Antrieb werden lassen kann. Beim Barmherzigen Samariter lautet die Aufforderung: »Gehe hin und tue desgleichen«, es sei denn, man ziehe es aus Angst und Bequemlichkeit vor, die Rolle jenes Priesters oder Leviten zu spielen. Dieser Aufforderung zum Tun begegnen wir allenthalben, stets liegt der Ton darauf, daß wir das können, niemals ist vom Nicht-Können die Rede. Jesus spricht die Menschen auf ihre Möglichkeiten an, und, indem er das tut, werden die Möglichkeiten zu konkreten Verwirklichungen. Wie das »Jetzt«, so ist das »Tue das« total uneschatologisch. Wenn wir Zutrauen, Vertrauen, Glauben, Enthusiasmus und Begeisterung in diese große, neue Menschlichkeit setzen, die Jesus bringt, sind wir solche, die das Unglaubliche möglich machen, die Berge versetzen, die ein Licht in der Welt und Salz der Erde werden können. Das alles hat im übrigen tiefenpsychologische Relevanz. Gerade in dieser Hinsicht muß der Psychotherapeut von Jesus lernen: Der Patient muß auf seine eigenen inneren Möglichkeiten hin angesprochen werden, wie verschüttet sie sein mögen, nur so treten Heilungschancen in Sicht.

Einer eschatologischen Interpretation Jesu widerspricht weiterhin die *Konkretheit des praktischen Eingreifens* Jesu. Bei Paulus findet sich vergleichsweise die Grundstimmung des Vorläufigen allenthalben. Es ist sogar besser, nicht zu heiraten, weil das wie so viel sonst Wichtiges nur unnötiger Ballast ist, nämlich wegen der Nähe des Endes. Vergeblich suchen wir diese Grundstimmung bei Jesus. Bei ihm ist diese Welt kein Wartesaal, in dem man nur auf die Abfahrt des eschatologischen Zuges wartet. Im Gegenteil, er äußert sich grundsätzlich zu Ehe und Ehebruch, alles Äußere auf innere Haltung und Gesinnung gründend. Prinzipielles sagt er zur Ehescheidung, um vor allem das Recht der Frau zu schützen. Er verlangt Wahrhaftigkeit vor dem Gericht, wodurch das Schwören unnötig wird. Und überhaupt will er eine positive Menschlichkeit solcher Art, die Gericht und Prozesse letztlich überflüssig macht. Schlechte Behandlung der Alten und ungenügende Sorge für Bedürftige und Kinder weiß er beim Namen zu nennen. Soziale Ungerechtigkeit und Götzendienst des Geldes prangert er an. Er spricht vom Steuergeben und vom sozialen Hilfsdienst am Nächsten, aber auch vom Übel der Schulden wie vom Problem der Arbeitslosigkeit, und so könnten wir lange fortfahren. Das alltäglich Konkrete, die Kleinigkeiten des Lebens gewinnen niemals bei Jesus den Charakter des Vorläufigen und Unwichtigen, das ja doch nicht mehr zählt, wie es eschatologischer Haltung entspräche. Wem umgekehrt das Konkrete – der existente Mensch in seiner unmittelbaren Situation, letztlich die gesamte Gesellschaft in jeder Hinsicht ihrer Verfahrenheit – derart intensiv am Herzen liegt, der kennt ganz offensichtlich keine die gegebene Situation vergleichgültigende Interimshaltung der Eschatologie, der ist vielmehr an der Erneuerung des Daseins und an einer besseren konkreten Zukunft interessiert.

Wenn aber Jesus – muß abschließend gesagt werden, und das suchten wir in den vorigen Kapiteln zu zeigen – der allgemein geltenden patriarchalischen Bewußtseinsebene gegenüber eine neue, höhere, ganzheitliche, integrierte Bewußtseinsebene in seiner Person darstellte und damit grundsätzlich eröffnete, dann bedeutete das ein *Zukunftsprogramm kosmischen Ausmaßes* für ungezählte Generationen, für weite Räume und Zeiten. Nur eine ganz ichbefangene, der eigenen, kleinen Geschichte verhaftete Sicht konnte angesichts dieser kosmischen Jesusfigur von Nah- und Enderwartung sprechen. Solche Würdigungen, die Jesus als Erfüller der derzeitigen Aspirationen eines kleinen, frommen, östlichen Volkes sehen, wirken geradezu provinziell, kleinbürgerlich, dies eben in ihrer spirituellen wie moralischen wie sozialen Engigkeit und Begrenztheit. Seit Jesu Auftreten hat sich die Welt ständig ausgeweitet, haben die Probleme zuvor nicht geahnte Dimensionen angenommen, trotzdem dürfen wir feststellen, daß die aktuelle Gegenwartsbezogenheit dieses universalen Jesus nichts von ihrer Aktualität und provokatorischen Brisanz verloren hat, – die des nichteschatologischen Jesus.

Der ferne Gott

Bei jedem der zuvor behandelten Abschnitte hat es sich gezeigt, daß die jeweiligen Grundprobleme jedesmal dasselbe Gottesbild erkennen ließen, nämlich das patriarchalische Gottesbild, jeweils nur von einem anderen Blickpunkt her. Dieses patriarchalische Gottesbild stand maßgeblich hinter dem richtenden, begnadenden, hinter dem monistisch allmächtigen und partikularistischen Bundesgott. Nun, im Anschluß an das Eschatologische, lernen wir eine neue Variante desselben Gottesbildes kennen, die wir als *den fernen Gott* charakterisieren. Was ist damit gemeint?

Was das Eschatologische anlangt, so wissen wir, daß gerade in neueren Jahrzehnten eine spezielle eschatologische Forschung sich bemüht hat, den ihrer Meinung nach wesentlichen Hintergrund für das Verständnis Jesu aufzuzeigen, um so auch der Jesusgestalt neue Gegenwartsbedeutung zu verleihen. Das Gegenteil aber ist erfolgt, das Eschatologische hat die Jesusgestalt zu einer vorwiegend zeitbedingten, antiquierten Figur von einst gemacht. Sie hat ihn andererseits in futuristische Fernen geschickt, und das räumlich und zeitlich. In beiden Richtungen ist er mehr denn je unseren Blicken entzogen, statt näher ist er uns ferner gerückt. Gerade die eschatologische Forschung der Neuzeit hat Jesus für die Neuzeit irrelevant gemacht.

Damals wie heute wollte man Jesus mit dem Eschatologischen Ehre erweisen, indem man ihn »erhöht« hat, bis hinauf zum Throne Gottes, »dem König aller Könige und Herrn aller Herren, der in unzugänglichem Licht wohnt«. In diesem hocherhabenen, unzugänglich fernen Gott erkennen wir den patriarchalischen Gott des Alten Testaments wieder, der insbesondere durch die Kategorie »heilig« charakterisiert wird, was hier der hebräischen Wurzelbedeutung nach »abgesondert« bedeutet, und daß heißt Unzugänglichkeit und Distanz errichtende Erhabenheit. Die Geschichte von Moses am brennenden Dornbusch mit ihrem »Tritt nicht näher« oder die Vision des Jesaja im Tempel mit ihrem »Weh mir, ich vergehe« sind zum Beispiel charakteristisch in dieser Hinsicht. Gott steht hier in der Tat fern, die persönliche Vertrautheit mit Gott, die wir benötigen, die wir dann bei Jesus beglückend und überreichlich finden, ist hier nicht denkbar. Gott ist der hoheitsvoll Jenseitige, der auf Goldgrund gemalte Allmächtige.

Diese Darstellungen in Wort und Lied bedeuten uns nach den zuvor gemachten Ausführungen nichts überraschend Neues: Es handelt sich ganz offenbar um Projektionen und Selbstdarstellungen eines patriarchalischen Selbstbewußtseins, für die Hoheit, Erhabenheit, Distanz, Gehorsam und Dienstbarkeit typische Ausdrucksformen sind. Diese Kategorien finden wir bei Jesus weder in seinem Umgang mit den Menschen noch auch, wenn er von seinem Vater im Himmel spricht.

Die Eschatologie ist die unheilvollste Übermalung des Jesusbildes, so hatten wir gesagt. Denn in dem Gottesbild, das hier die Führung hat, so sehen wir jetzt, gibt sich *der omnipotente Patriarch oder der orientalische Despot seine extremste Überhöhung.* Von diesem Gottesbild, dem Bild des fernen Gottes, gibt es keinen Weg zu dem Gottesverständnis Jesu, so sehr und so oft man sich zur Verwirrung der Christenheit auch darum bemüht hat, zu dem Gottesbild Jesu, dessen Grundaussage heißen darf: »denn er selbst, der Vater, hat euch lieb«[6].

Das krank machende Gottesbild

»Ich liebe Jesus, aber ich hasse Gott«

Diesen Satz sagt *Waldo* in der berühmten zeitgeschichtlichen Schilderung *Geschichte einer afrikanischen Farm*, mit der *Olive Schreiner* einen wesentlichen Beitrag leistete, das christliche Gewissen gegen die von den Engländern an den Burenfrauen in den Konzentrationslagern verübten Greuel aufzurütteln. Aber auch die von *Mahatma Gandhi* bereits in Südafrika praktizierte Politik der Gewaltlosigkeit vertrat und verbreitete sie. So steht dieses Werk in tatsächlich bedeutenden geschichtlichen Zusammenhängen.

Der junge Waldo sagt den zitierten Satz[1], den er lange wie ein Geheimnis mit sich herumgetragen hatte, in tiefster Erschütterung und heftigstem Protest gegen die doppelte Prädestion, gegen die ständige Ausmalung der Höllenqualen, gegen die Unmöglichkeit, den furchtbaren Urteilen des Allmächtigen in den Arm zu fallen, gegen die immer neu erschreckende Versicherung, daß mindestens die Hälfte der gesamten Menschheit in der Hölle braten werde. Damit schreit er seinen Protest hinaus gegen das die damalige holländische reformierte Orthodoxie beherrschende Gottesbild, das die Buren teilten, und zwar tut er das im vollen Bewußtsein, daß er damit zu den Verlorenen gehören werde, aber die Liebe zu Jesus hält er hoch, trotz allem. Dieser Junge hat etwas sehr Grundsätzliches gespürt, nämlich daß ein unüberbrückbarer Abgrund zwischen dem, was er von Jesus weiß und fühlt, und dem offiziell gepredigten Gottesbild klafft. Der junge Waldo auf jener fernen, einsamen afrikanischen Farm konnte nicht ahnen, welch grundsätzliche Bedeutung sein Protest in der Tat hatte. Er konnte auch nicht von ferne ahnen, daß er sich faktisch im Namen Jesu gegen Menschliches, Allzumenschliches auflehnte.

Wogegen wird hier, anders gesagt, protestiert? Gegen das, was wir mehrfach das harmonisierte Gottesbild genannt haben. Und mit diesem Terminus meinten wir ja, daß wir sogenannten Christen kein einheitliches, das heißt jesuanisches, kein ganzheitliches, das heißt konsequent jesuanisches, Gottesbild haben. Unser Gottesbild ist vielmehr harmonisiert, das bedeutet, es setzt sich zusammen aus genuinen und total heterogenen Elementen, aus regressiven Aspekten, aus Gottesvorstellungen, die den verschiedensten Entwicklungsstufen der Menschheit angehören, aus primitivsten und sublimsten Vorstellungen, den jeweiligen Bewußtseinsstufen entsprechend, wobei selbstredend das Primitivere jeweils die Führung an sich reißt.

Es muß hinzugesetzt werden, daß es sich bei der immer wieder versuchten Harmonisierung solcher Gegensätze nicht etwa um eine Mannigfaltigkeit in der Einheit handelt, auch keineswegs um eine complexio oppositorum oder um eine Einheit in den Spannungen, auch nicht, wie man heute gern sagt, um ein berechtigtes Nebeneinander einer pluralistisch strukturierten Religionswelt. Es handelt sich vielmehr um ein *religiöses Konglomerat sich ausschließender Tendenzen*, das in absolutem Gegensatz zum Gottesbild Jesu steht. Das haben wir in den voraufgegangenen fünf Punkten klar und eindeutig aufgewiesen. Tiefenpsychologisch geurteilt, die Folge eines solchen Konglomerates von sich widersprechenden und sich ausschließenden Tendenzen, absolut erklärt, dogmatisiert und kanonisiert bis auf den heutigen Tag, kann auf den Einzelnen wie auf das Kollektiv nur eine psychisch desorganisierende oder, deutlicher gesagt, krank machende Wirkung haben. Wir haben darum *dieses zusammengesetzte Gottesbild ein krank machendes Gottesbild* genannt.

Umsonst hat man sich die Jahrtausende über bemüht, dieses Gottesbild den Menschen schmackhaft und annehmbar zu machen. Unzählige Theologengenerationen haben sich darum bemüht, die auseinanderstrebenden Elemente in ausgewogenen Synthesen zusammenzufügen, um irgendwie doch noch eine Einheit in den Gegensätzen, wie man es gern nannte, herzustellen. Und so wurde uns dargetan, daß Zorn und Liebe, Gerechtigkeit und Liebe, Allmacht und Gerechtigkeit, Furcht und Liebe, Schöpfung und Erlösung, Gericht und Gnade und so weiter schließlich doch noch, wenn auch auf noch so komplizierte Weise, zusammengedacht werden können. Und man darf auch nicht vergessen, daß es sich hier nicht um harmlose religiöse Angebote oder Versuche handelt. Ungezählte Gläubige haben den bloßen Zweifel an der Möglichkeit solcher Synthesen mit Blut und Leben, mit Austreibung und Verachtung, mit Amtsentlassung und Elend bezahlen müssen, und dabei nützte es ihnen wenig oder nichts, daß sie Jesus liebten.

Diese Menschen hatten leider noch nicht die wissenschaftlichen und psychologischen Mittel an der Hand, um die Unmöglichkeit jener Synthesen erweisen zu können. Wir dagegen sind heute, gerade mit der Hilfe der Tiefenpsychologie, dazu in der Lage, weil wir sozusagen hinter die Kulissen schauen können und so die höchst fragwürdigen Entstehungsgründe dieses harmonisierten Gottesbildes, das wir ein krank machendes nennen, aufzeigen können.

Das eigentlich krank Machende

Krank machend ist das harmonisierte Gottesbild, im gekennzeichneten Sinne, keineswegs dadurch allein, daß es Anschauungen archaischen Charakters oder längst vergangener Bewußtseinsebenen enthält, sondern vor allem dadurch, daß es das Jesusverständnis in jene alten Kategorien hineinpreßt und von daher deutet und versteht. Im unmißverständlichen Bild gesprochen: Der neue Wein wird konsequent in die alten Schläuche gegossen. Anders gesagt, die Gestalt Jesu mit allem, was sie sagt und tut, ist in das beschriebene Konglomerat *hineinabsorbiert*. Es wird zum Beispiel ausdrücklich immer wieder und mit Emphase behauptet, daß der Gott Abrahams, Isaaks und Jakobs auch der Gott und Vater Jesu sei. Wenn dieser Satz stimmte, dann hätte sich Jesus jede weitere Mühe und jede zusätzliche Verkündigung sparen können. Der Satz zeigt nur, wie sträflich naiv Christen sind, wenn sie ohne ernsthafteres Nachdenken annehmen, Jesus brächte hinsichtlich des Gottesgedankens absolut nichts Neues. Das ist es, was ich meine, wenn ich sage, Jesus sei in das beschriebene Konglomerat von Widersprüchlichkeiten hineinabsorbiert. Indem aber Jesus in dieses Konglomerat von Widersprüchlichkeiten hineinabsorbiert ist, haben wir auch ihn, haben wir *auch das Jesus-Element verloren und sind in Regression hineingestoßen*, deren Wesen und vor allem krank machende Folgen wir im vorigen des öfteren beschrieben haben.

Tiefenpsychologisch genauer: Worin besteht die Regression, von der wir soeben sprachen? Sie besteht darin, daß Jesu neues Gottesbild, das ich früher das erste heile Gottesbild der Weltgeschichte genannt habe, als solches schlechthin verlorenging. Es wurde in das bis dahin herrschende patriarchalische Gottesbild eingeebnet. Niemals wurde somit wirklich verstanden, daß jenes neue oder heile Gottesbild eine Gesamtschau aller Existenz- und Seinsebenen bedeutete. Es kam vielmehr zu einem großen dogmatischen Flickwerk, entgegen der ausdrücklichen Parole Jesu, daß man einen alten zerrissenen und unbrauchbaren Kittel nicht mit einem neuen Stück Stoff flikken solle. *Die krank machende Regression ist die Folge dieses Flickwerks*. Im übrigen ist auf diese Weise genau das von Jesus Vorausgesagte eingetroffen. Solches Flickwerk hat nur die Konsequenz, so meint er, daß beides unbrauchbar wird. Übertragen meint das, das alte, patriarchalische Gottesbild trägt nicht mehr, das neue, jesuanische Gottesbild aber hat bisher überhaupt noch keine Möglichkeit gehabt, seine Eigenart und Mächtigkeit zu entfalten.

Projektive Reaktion und Umkehrreaktion

Was das schwerwiegende Problem der Absorption des jesuanischen Gottesbildes anlangt, ohne Übertreibung *das* Schicksalsproblem des Christentums bisher, so möchte ich dessen krank machende Konsequenzen noch mit einer weiterführenden, modernen tiefenpsychologischen Begrifflichkeit klarmachen. Ich beziehe mich hierbei auf den längst zu einem psychologischen Standardwerk gewordenen, umfangreichen Sammelband, herausgegeben von *Lloyd deMause*, der im Deutschen den Titel trägt: *Hört ihr die Kinder weinen. Eine psychogeneti-*

sche Geschichte der Kindheit[2]. Um etwaigen Mißverständnissen vorzubeugen, sei bemerkt, daß es sich nicht nur um eine geschichtliche, sondern ebenso tiefenpsychologisch fundierte Erforschung des fraglichen Gegenstandes handelt.

Lloyd deMause spricht von drei grundsätzlichen Möglichkeiten der Beziehung zwischen Eltern und Kindern, die vor allem unsere abendländische Menschheitsentwicklung geprägt haben. Er nennt sie die *projektive Reaktion*, die *Umkehrreaktion* und die *empathische Reaktion*.

Projektive Reaktion meint, daß der Mensch »das Kind als ein Vehikel für die Projektion von Inhalten seines eigenen Unbewußten« benutzt. Die Umkehrreaktion besteht darin, daß »das Kind nur dazu da ist, die Bedürfnisse der Eltern zu befriedigen«, anderenfalls hat es die Konsequenzen zu tragen, das heißt in der Regel, es wird geschlagen. Die dritte Einstellung »bezeichnet die Fähigkeit des Erwachsenen, auf die Stufe der kindlichen Bedürfnisse zurückzugehen und sie richtig einzuschätzen, ohne ihnen eigene Projektionen beizumischen«. Das sind die eigenen Worte des Verfassers. Was bedeuten sie für unseren Zusammenhang?

Zunächst kann nur von den ersten beiden Einstellungen gesprochen werden. Die dritte, die empathische Reaktion, ist vorläufig noch so selten, daß sie im wesentlichen Zukunftshoffnung ist. Vorweg aber sei bemerkt, daß es gerade diese empathische Reaktion ist, die wir bei Jesus und in seinem Gottesbild finden.

Wichtig ist auch zu bemerken, daß die beiden erstgenannten Reaktionen mehr oder weniger von Anfang an miteinander aufgetreten und zu beobachten sind. Sie sind also nicht sich ablösende oder aufeinanderfolgende geschichtliche Entwicklungsstufen, sondern als Grundeinstellungen zu verstehen, die sich mit jeder geschichtlichen Entwicklungsstufe verbinden können, auch mit der gegenwärtigen, trotz aller heutigen psychologischen Aufgeklärtheit.

Vorweg ist auch zu bedenken, daß die beiden ersten Reaktionen typische Ausprägungen patriarchalischen Geistes sind, so daß sie sich also mit unseren bisherigen Ausführungen aufs engste berühren, nicht nur im einzelnen, sondern prinzipiell, besonders hinsichtlich eines auch in diesem Werk als destruktiv empfundenen Gottesbildes.

Was bedeutet *projektive Reaktion?* Die Antwort kann verhältnismäßig kurz ausfallen, da sie von den vielfach angeführten Projektionsproblemen her relativ bekannt ist. Auf dieser Stufe der Entwicklung ist das Kind nahezu total »Toilette für Projektionen der Erwachsenen«. Das Kind ist also Träger der Hoffnungen, Wünsche, Verlangen, Feindseligkeiten, des eigenen Ehrgeizes und Machthungers, des Stolzes, vor allem aber der eigenen Ängste und Unsicherheiten, zumal in einer anfänglich feindlichen Umwelt, in der sich jedermann unsicher und bedroht fühlte. Auch das Kind selbst wird durchaus als Bedrohung empfunden, denn es stellt vor viele Probleme der Fürsorge, deren man noch in keiner Weise Herr ist. Zumal das eigene Selbstbewußtsein noch so schwach ist, daß es die Probleme weder sachlich sehen noch zu seiner Lösung beitragen kann. Das gilt für Männer wie für Frauen. Zu der Unentwickeltheit des Bewußtseins gehört aber auch gerade dies, daß man alle eigenen Unfähigkeiten nicht in der eigenen Person gründend erkennen kann, daß man sie vielmehr samt und sonders nach »draußen« verlegt, das heißt dem Kind als Schuld und Versagen zuschiebt. Und dieses primitive oder schwache Selbstbewußtsein fühlt sich vollkommen im Recht, wenn es beim Versagen des Kindes drakonische Strafen verhängt. Verletzungen, Aussetzungen und Tötungen sind die Regel. Auch heute noch sterben rund tausend Kinder im Jahr in Deutschland an Mißhandlungen durch die Eltern. Gleichwohl – Verletzungen, Aussetzungen oder Tötungen sind heute gewiß nicht mehr die Regel. Aber die hier kurz geschilderte projektive Reaktion ist prinzipiell als primitive Grundeinstellung immer noch weit verbreitet.

Was bedeutet demgegenüber *Umkehrreaktion?* War im Umkreis der projektiven Reaktion das Kind Vehikel der Projektionen der Eltern, findet jetzt eine »Umkehr« statt, nun leitet die Einstellung: Was können Kinder den Eltern geben? Die Erwartungshaltung auf Seiten der Eltern bestimmt die Reaktionen. Es geht hier nicht nur darum, daß die Kinder den Eltern Freude machen oder durch Erfolg ihrem Stolz schmeicheln sollen. Es geht um tiefenpsychologisch viel sublimere Implikationen. Frustrationen der eigenen Jugend sollen die Kinder wettmachen. Grundsätzlich wird das Kind als Quelle der Befriedigung der Bedürfnisse der Eltern angesehen. So kann es zum Substitut für Vater- und Mutterfigur werden. Jedesmal, wenn es die erwartete Liebe nicht gibt, wird es gezüchtigt. Mithin erscheint hier das Kind bald als gut, bald als schlecht, entsprechend wird es geliebt oder gehaßt. Nicht zuletzt wird es als Abwehr benutzt, nämlich wider die eigenen bedrängenden inneren Ängste, indem es nämlich durch seine Anhänglichkeit Vertrauen schenkt. Das alles kann geschehen, weil von der Grundlage ausgegangen wird, und das gilt natürlich auch für die zuvor geschilderte Stufe, das Kind sei absolutes Eigentum der Eltern, über das man nach Belieben verfügen kann. Der Grundtenor beider Verhaltensweisen ist, pointiert zusammengefaßt, eindeutig der: *Das Kind ist für mich da, nicht ich für das Kind.* Die Welt hat sich gewandelt, die Menschen haben ein anderes Bewußtsein, aber es wäre ein großer Irrtum anzunehmen, daß die Überzeugung, das Kind ist für mich da, nunmehr überholt und ausgestorben sei. Sie bestimmt wie eh und je die Beziehung zwischen Eltern und Kindern. Davon geben die hohen Selbstmordziffern Jugendlicher, die sich ständig intensivierende Drogenszene wie die gefüllten Wartezimmer der Psychotherapeuten ein beredtes Zeugnis.

»Das Kind ist für mich da« – das ist eine Aussage der patriarchalischen Bewußtseinsstufe. Wenn wir aber feststellen müssen, daß diese Aussage heutzutage nicht etwa nur von Vereinzelten wiederholt wird, sondern von Hunderttausenden, die auch weiterhin auf ihre entsprechende Weise das Schicksal der jungen Generation regulieren wollen, so kann man keinen Zweifel an unserer Feststellung hegen, daß wir auch in dieser Beziehung, trotz lauter gegenteiliger Behauptungen, weitgehendst heute noch der patriarchalischen Bewußtseinsebene verhaftet geblieben sind. Und das bedeutet natürlich nichts anderes als Regression größten Ausmaßes, das heißt kollektive Regression. Und daher die vielen ständig zunehmenden neurotischen Erkrankungen, die tatsächlich globales Ausmaß angenommen haben. *C. G. Jung* hat einmal die Wendung gebraucht, die Menschheit sei »historisch geschichtet«. Das bedeutet, daß im gleichen Zeitraum Menschen miteinander und untereinander leben, die in ihrer psychischen Beschaffenheit um Jahrhunderte und Jahrtausende differieren. Manche haben die Mentalität von Steinzeitmenschen, andere fühlen sich in mittelalterlichen Vorstellungen immer noch geborgen, große Scharen haben noch nie das Zeitalter der Aufklärung verlassen, und viele phantasieren noch heute enthusiastisch vom Wunder der Technik. Sie alle leben nur scheinbar zur gleichen Zeit, in Wirklichkeit in weit getrennten Zeiträumen. Und entsprechend sind ihre Ansichten und Meinungen, ihre Vorschläge und Planungen oft genug kontrovers, dies natürlich auch in besonderer Weise hinsichtlich ihrer Gottesvorstellungen. So bestehen auch noch heute jederzeit nebeneinander archaische, antike, mittelalterliche, aufklärerische und andere Gottesvorstellungen. Nicht zuletzt ist in der Neuzeit der technische Fortschritt zu einer Art Gottgläubigkeit geworden. Maßgebend ist in jedem Falle, das wollen wir betonen, die Höhe und Reife der jeweiligen Bewußtseinsentwicklung.

Das gleiche psychische Grundgesetz trifft sicherlich ebenso auf die beiden skizzierten Grundhaltungen der projektiven und der Umkehrreaktion zu. Von beiden aber mußte festgestellt werden, daß sie ein für die Kinder geradezu tödlich destruktives Verhalten bewirkt haben. Da es sich aber bei projektiver und Umkehrreaktion um grundsätzliche Verhaltensweisen der entsprechenden Bewußtseinsebenen handelt, erhebt sich notwendig die Frage: Sollte auch auf dem Gebiet des Christentums die Beziehung von Gott zu seinen Kindern durch gleiche psychische Voraussetzungen geprägt und belastet sein? Sollten wir also gerade von projektiver Reaktion und Umkehrreaktion her von einem krank machenden Gottesbild sprechen müssen?

Destruktive Konsequenzen

Mit destruktiven Tendenzen meinen wir all jene Faktoren, die das jesuanische Gottesbild gehindert haben, sich durchzusetzen. Wir meinen all jene Jesus angelasteten Vorstellungen, mit denen er faktisch rein gar nichts gemein hat. Wir meinen insbesondere jene unter fünf Gesichtspunkten zuvor erörterten Probleme, die ganz besonders als negative Belastungen des Jesusbildes angesehen werden müssen, zumal sie sich als rein menschliche Projektionen darstellten und mithin in den Evangelien natürlich keinen Anhalt finden. Von Konsequenzen destruktiver Art sprechen wir, weil sie aus Grundhaltungen hervorgegangen sind, die bereits im Umgang der Menschen mit Kindern sich als grausam und todbringend erwiesen haben. Zu solchen Haltungen konnte es kommen, nicht weil jene Menschen alle einfach von Natur aus boshaft waren, sondern – so empörend es klingen mag – weil sie ihr Tun durch das ihnen überkommene Gottesbild für notwendig und gerechtfertigt ansahen. Natürlich handelten sie in völliger Unbewußtheit, selbst bei ihren abstoßenden drakonischen Maßnahmen glaubten sie, das Richtige getan, das heißt, den Willen Gottes erfüllt zu haben. An Bibelsprüchen und Gesangbuchversen fehlte es nicht. Wie ja denn auch heute Eltern, die nachweislich ihre Kinder psychisch völlig ruiniert haben, in der psychotherapeutischen Sprechstunde stereotyp erklären: »Aber wir haben ja nur das Beste gewollt.«

Der Mensch als Fehlschlag Gottes [3]

Die destruktivste Konsequenz des harmonisierten Gottesbildes ist das sogenannte christliche Menschenbild. In der Paradiesgeschichte tritt der Mensch als ein sozusagen unbeschriebenes Blatt auf. Er ist infantil gebunden in seiner permanenten Abhängigkeit von Gott und seinen Geboten, nach deren Sinn er nicht einmal fragt. Er ist passiv, er weiß nicht um gut und böse. Selbst die Zuordnung des weiblichen Prinzips bedeutet in keiner Weise Fortschritt, Entwicklung oder Ganzwerdung. Psychologisch gesehen bedeutet dieser sogenannte paradiesische Zustand absolute Infantilität, Vaterbindung, wenn nicht sogar Vateridentifikation.

Sicherlich wird man einwenden, daß dieser Mythos den Menschen geradezu in den Himmel erhebt, wenn er ihn »Ebenbild Gottes« heißt. Wenn er als solcher sogar im Paradies permanent mit Gott direkt verkehrt. Diese Würdigung hat aber niemals Relevanz erhalten, trotz der immensen Literatur, die sich auf das Imago-Dei-Problem gehäuft hat. Selbst das Verständnis derselben ist bis auf den heutigen Tag völlig kontrovers, ja konfus. Tatsächlich aber hat dieser Ehrentitel schon einen Sinn, wenn auch einen sehr fragwürdigen. Denn es ist ja völlig klar: Wenn der allmächtige Patriarchengott Menschen sich zum Bilde schafft, dann kann das wirklich nur heißen, daß er wiederum kleine Patriarchen schafft. Und so haben sich die Patriarchen jeglicher Prägung und Zeit in ihrem Tun folgerecht immer auf den Oberpatriarchen als autorisierende Macht berufen, seien es staatliche, kirchliche oder auch nur kleinkarierte hausbackene Familienpatriarchen. Ihre Opfer sind in jedem Falle ungezählt.

Vom heutigen Standpunkt der Erkenntnis und Entwicklung ist der in diesem Bericht vorgestellte Mensch ganz besonders deswegen wirklich ein Fehlschlag, weil ausdrücklich nur der Mann zum Ebenbild geschaffen wird, im Falle der Frau ist davon keine Rede, ihr wird nur eine vom Mann abhängige, untergeordnete Rolle zugewiesen. Für ein namenloses Elend der mannweiblichen Beziehung, für die Menschheitsentwicklung überhaupt sind damit für die Zukunft die Weichen gestellt, was ich in meinem Buch *Jesus der Mann* ausführlich dargestellt habe.

Die eigentlich schwerwiegende Folge ergab sich aber daraus, daß man den fraglichen Mythos *historisch* nahm. Das heißt zum Beispiel, daß Paulus dann gerade mit Berufung auf diesen Mythos im 1. Korintherbrief, Kapitel 11, als christliche Grundregel ausgeben kann, daß die Frau ihr Haupt verhüllen muß, weil sie nicht wie der Mann Abbild und Abglanz Gottes sei. Überdies sei der Mann ja nicht aus der Frau, sondern die Frau aus dem Mann gemacht. Und der Mann sei auch nicht für die Frau, sondern die Frau für den Mann geschaffen. Zu derartigen abstrusen Folgerungen, die bis in die Neuzeit hinein ihr Unheil anrichten, führt es, wenn, wie gesagt, ein Mythos historisch genommen wird, also als Garant und Norm dafür, wie die konkrete Entwicklung laufen soll. Dieser katastrophale Prozeß ist nicht einmal heute zu Ende gekommen und stellt übrigens immer noch das Grundproblem für die Forderung nach echter beidergeschlechtlicher Emanzipation dar.

Zur historischen Mißinterpretation des Schöpfungs- und

Sündenfallmythos gehört aber die wahrhaft verheerende Folge, daß das Menschenbild grundsätzlich, ob Mann oder Frau, für alle Folgezeit nun *in erster Linie negativ qualifiziert* ist, und das »in erster Linie« ist besonders zu beachten. Nun ist der Mensch der gefallene Mensch, der zu nichts Gutem Fähige, der Sünder schlechthin. Und gerade neuere Theologen haben sich zu der Aussage verstiegen, daß der Mensch »tot« sei in der Sünde. Das wäre, psychoanalytisch ausgedrückt, der vom göttlichen Überich total erdrückte Mensch, eine horrende Vorstellung. Das Material für solche Urteile liefert natürlich das Mythologem vom Apfelbiß.

Und worum handelt es sich prinzipiell bei diesem Apfelbiß? Der Mensch will wissen, was gut und böse ist. Er strebt also aus seinem zuvor geschilderten, infantil paradiesischen Urzustand heraus. Das gerade gilt als Versuchung des Teufels und als Ungehorsam gegen Gott; aber dieser Ungehorsam ist für alle Zukunft das das Menschenwesen grundsätzlich korrumpierende Grundübel. Nun wird der Mensch zu allererst immer auf das angesprochen, was er nicht kann, nicht vermag, wozu grundsätzlich das Vermögen fehlt. Damit ist die Menschheitsgeschichte, ehe sie angefangen hat, eigentlich schon beendet. Wissenwollen ist Sünde, Entwicklung ist es dann auch. Gehorsam und Dummheit sind Haupttugenden des nachfolgenden religiösen Lebens geworden. Die Kirchengeschichte liefert zu dieser Bemerkung genügend bekanntes Material, so daß wir uns weitere Beispiele ersparen können.

Aber die Folgen für das Gottesbild sind ebenso vernichtend. Denn warum stellt der Mythos einen Gott dar, der den Menschen auf eine solche Entwicklung hin direkt und unmittelbar programmiert? Hier wird ein beschränktes, machtbesessenes, auf sich selbst bezogenes patriarchalisches Gottesbild konzipiert und dann natürlich tradiert, an dessen Folgen wir heute noch kranken, das wir deshalb aus gutem Grunde ein krank machendes Gottesbild genannt haben.

Zum Gesamttenor des Schöpfungsmythos ist aber eine noch viel kritischere Bemerkung zu machen. Wir hatten festgestellt, daß die beiden durchgehenden psychischen Verhaltensweisen der Eltern zu ihren Kindern, die projektive und die Umkehrreaktion, auf einen kurzen Nenner gebracht, der Devise folgen: Das Kind ist mein Eigentum, es ist für mich da. Wir haben auch aufgezeigt, welche schwerwiegenden negativen Folgen sich mit Notwendigkeit aus dieser Grundhaltung ergeben. Der Schöpfungsmythos, genauer analysiert, zeigt aber, daß jenes psychologische Grundmuster aus eben dieser Schöpfungsgeschichte stammt. Denn Gott selbst verhält sich genauso. Er legt exakt die Grenzen seiner Geschöpfe, ihrer Rechte und Pflichten – das, was sie dürfen und was sie nicht dürfen – fest. Darüber hinausgehende Freiheiten und Möglichkeiten werden ausdrücklich von vornherein unter Verbot und Strafe gestellt. Dieser Mensch ist so tatsächlich sein Geschöpf, sein Eigentum und in diesem Sinne für ihn da. Aber was ist das für ein Mensch? Nach heutiger psychologischer Erkenntnis ist das ein dreijähriges Kind. Denn in diesem Alter besteht die Hauptaufgabe darin zu lernen, was man darf und was man nicht darf. Erst danach setzt eigene individuelle Entwicklung ein. Die Kleinkindphase ist eine Phase des Ja-Sagens, die danach einsetzende Entwicklung schließt gerade auch das Nein-sagen-Können, das heißt echte Auseinandersetzung, ein. Dazu läßt Gott es aber gar nicht erst kommen. Der Gott dieses Schöpfungsmythos will offenbar nur Kleinkinder und Ja-Sager. Gerechter und genauer gesagt, spiegelt der Mythos in dieser Form biblischer Berichterstattung ja doch nur die in jener Zeit allgemein gültige menschliche Entwicklungsstufe wider. Auf jeden Fall wurde mit diesem kanonisierten Mythos die Psychologie eines Dreijährigen, wie wir heute sagen müssen, als Norm für fromm oder böse festgelegt. Und das ist erst recht ein Fehlschlag. Wir hatten vorher festgestellt, daß nach diesem Mythos Wissenwollen als böse, ja als Grundübel hingestellt wird. Jetzt ist zu präzisieren: *Über ein kindliches Anfangsmaß von Fragen und Wissenwollen hinausgehen zu wollen, das ist, genauer, das sündige Grundübel.*

Ich habe den Verdacht, daß die sich immer wieder erhaltende Vorliebe für den sogenannten »Kinderglauben« sich wesentlich aus diesem Schöpfungsmythos ableitet.

Als Psychotherapeutin muß ich in diesem Zusammenhang als typisch die besondere Beobachtung hinzufügen, daß gerade bei betont frommen Patienten jeglicher Prägung eine spezielle

Angst vor dem Erwachsenwerden und vor entsprechender Eigenverantwortlichkeit festzustellen ist. Denn ihre Frömmigkeit trägt zumeist kindliche Züge, deren Ursprung ganz offensichtlich noch an den im Schöpfungsmythos gesetzten Normen orientiert ist.

Aber man kann von diesem Mythos auch ganz anders reden, was ich nicht unerwähnt lassen will. Jeder Mythos, recht verstanden, hat einen bleibenden archetypischen Wert, insofern er als Mythos recht verstanden wird. Das würde hier heißen: Im Mythos handelt es sich, psychologisch verstanden, um einen bildlichen Ausdruck einer Urerfahrung, wie nämlich der Mensch zum Menschen geworden ist. Das kann nur geschehen, indem er aus dem »Paradies« kindlicher Unbewußtheit »ausgetrieben« wird, das heißt verantwortungsvoll seine Realitäten gestalten lernt, was in der Tat zumeist nur »im Schweiße seines Angesichtes« vor sich geht, anderenfalls bleibt er infantil und unfähig, den Aufgaben der Realität gerecht zu werden. So verstanden, haben jene alten Mythen in der psychotherapeutischen Praxis schon häufig dazu beigetragen, daß der Patient sein eigenes Problem dahin richtig verstand, daß er sich im Grunde weigerte, aus der Geborgenheit des »Paradieses« in die rauhe Realität hinauszugehen. Aber den Mythos derart als Mythos gelten zu lassen und ihn so zu lesen und zu deuten, ist eine Entdeckung der Tiefenpsychologie.

Ausbeutung als Auftrag

Der Mensch ist also in die Welt hinausgestoßen. Für sein Weltverhalten hat er aber eine präzise Anweisung mitbekommen. Machet sie euch untertan und herrschet über sie, lautet sie. Dies ist wiederum einer der katastrophalsten Sätze des alten Gottesbildes. In beiden zuvor geschilderten Grundweisen, projektive und Umkehrreaktion, lautet der durchgehende Grundsatz: Das Kind ist für mich da. Entsprechend heißt es nun: *Die Welt ist für mich da!* Dieser Satz hat wirklich Schule gemacht. Er konnte das im besonderen deswegen, weil der patriarchalische Mensch ihn als Auftrag seines Gottes hinnahm und ihn darum mit bestem Gewissen befolgte.

Was bedeutet jene Anweisung genaugenommen? Sie bedeutet doch einwandfrei Ausbeutung großen Stils. Das können wir heutzutage erst richtig nachfühlen, da wir an die Grenzen der Ausbeutungsmöglichkeiten gestoßen sind. Überflüssig zu sagen, daß gerade in diesem Satz, der sich so folgenschwer auswirken sollte, der alte Patriarch spricht, über dessen schrankenlosen Eigentumsanspruch wir das Nötige gesagt haben. Und erst recht ist nicht zu vergessen, daß dieser Auftrag in Wahrheit jener genügend geschilderten infantilen, selbstischen, verantwortungslosen, ja gierigen und hemmungslosen Haltung entspringt, die es jedenfalls als blanken Hohn erscheinen läßt, wenn gerade dieser Satz durch die Jahrtausende hin als Gottesoffenbarung ausgegeben worden ist. Gern, ja leidenschaftlich zitierte man immer wieder gerade diesen Satz, denn er garantierte die Sonderstellung des Menschen, seine Einzigartigkeit, seine Überlegenheit, seinen Herrschaftsanspruch. Umfangreiche Theologien sind im bezeichneten Sinne darum gerade auf jenen fragwürdigen Satz aufgebaut worden.

Dieser Ausbeutungsauftrag, wie man ihn nur nennen kann, bezog sich aber sehr bald nicht mehr nur auf die Fische, Vögel, Kraut, Bäume, also auf notwendige Nahrungsmittel. Sehr bald wurde er zu einem Blankoscheck, der jede Art von Ausbeutung decken sollte. Nur aufzählenderweise kann angedeutet werden, welche Ausmaße das »Machet sie euch untertan« im Laufe der Zeiten tatsächlich annahm. Sehr bald bezog es sich auch auf Menschen, Frauen und Kinder, auf unterjochte Völker und Rassen, auf Sklaven, die man im christlichen Amerika als »Gottesgeschenk« pries, es bezog sich auf geistig oder sozial Schwache, auf die Schätze auf und unter der Erde, schließlich auf die gesamte Natur wie den Kosmos. Der Mensch: Herr aller Dinge und Maß aller Dinge, so kennzeichnet sich sehr bald das Ergebnis.

Unterdessen war man ja Christ geworden. Jesus hatte gewiß mit dem Geschilderten nichts zu tun. Aber nun kam es wiederum nicht zu einem großartigen Umdenken, sondern zu der bequemen und darum so beliebten Harmonisierung. Jesus wurde wiederum in das ja längst bestehende, zuvor geschilderte Konglomerat von religiösen Widersprüchlichkeiten hineinprojiziert. Man war jetzt getauft, gerechtfertigt, erlöst, versöhnt. Man konnte also jene oben genannten Dinge mit christlich gutem Gewissen tun. Machet sie euch untertan – das war nun ein christlicher Satz. Proteste und Bestrebungen Einzelner, von Christi Geist wirklich Angeregter, haben an jener Grundeinstellung wenig ändern können. Es ist eine beschämende Tatsache, daß Wandlungen zum Besseren auf allen diesen Gebieten, die namentlich in den letzten Jahrhunderten stattgefunden haben, nicht in erster Linie durch das offizielle Christentum inauguriert wurden, sondern durch Wissenschaft, Politik, Sozialismus, Marxismus und sogar durch Revolutionen und Kriege.

Aber die Geschichte jenes Auftrages ist ja noch längst nicht zu Ende, sie hat im Gegenteil gerade in der Gegenwart einen so noch nie dagewesenen globalen Höhepunkt erreicht. Psychologisch muß man sagen, jener Auftrag, der so sehr primitiven Instinkten entsprach, hat sich darum reibungslos von seiner religiösen Grundlage lösen können, um nackt und unverhüllt als autonomer Komplex universaler Ausbeutung aufzutreten, der im übrigen nun mit den Menschen macht, was er will.

Aber längst ist es offenbar geworden, daß die schrankenlose Ausbeutung mit ihren vernichtenden Folgen auf uns selbst zurückfällt, ohne daß wir Auswege oder andere Lebensmöglichkeiten zur Verfügung hätten. Es braucht darum im Blick auf das neueste Kapitel des »Machet sie euch untertan« nicht im einzelnen eingegangen zu werden. Wir alle kennen die ökologischen Probleme mit ihrer Vernichtung der Natur. Wir wissen um die inhumane Brutalität einer schamlos vermarkteten Tierwelt, wissen auch von der ethischen Debasierung des Menschlichen überhaupt, wie es – aber das ist wirklich nur ein Beispiel – in der völligen gefühlsmäßigen Reaktionsunfähigkeit gegenüber dem Problem der Abtreibung sich zeigt.

Zusammenfassend kann man nur sagen: Vom hier skizzierten Gesichtspunkt her zeigt sich, das harmonisierte Gottesbild hat uns nicht nur krank gemacht, sondern, ohne Übertreibung, direkt und unmittelbar an den Abgrund unserer Existenz getrieben.

»Gott will es«!

So rief *Bernhard von Clairvaux*, zum zweiten Kreuzzug auffordernd. Der Aufruf ist typisch, denn jeder, der, bei welcher Gelegenheit auch immer, zu Gewalt und Krieg aufrief, behauptete, daß Gott es wolle. Damit sind wir hingewiesen auf den verhängnisvollen Pakt mit der Gewalt, den das krank machende Gottesbild eingegangen ist. Es war und ist ein fester Pakt, dem Millionen über Millionen im Laufe der Zeit zum Opfer gefallen sind. Es ist immer noch auch für unsere Zukunft ein Menschen gefährdender Pakt. Die Frage ist die: Wie kommt dieses Moment in den Gottesgedanken?

Gott will es, dahinter steckt natürlich eine noch ganz unentwickelte Bewußtseinsstufe menschlicher Existenz, nämlich der primitive Trieb, überleben zu wollen. *Mahatma Gandhi* nennt diesen Trieb »das Gesetz des Dschungels«, wo nämlich einfach eins das andere frißt. Daraus hat sich dann schließlich die genügend charakterisierte patriarchalische Stufe entwickelt. Der Patriarch ist aus doppeltem Grunde gewaltsam. Einmal weil sein und nur sein Wille gilt. Widerstand muß umgepflügt werden. Sodann fühlt sich der sogenannte allmächtige Patriarch im Grunde ständig unsicher. Wer sich aber bedroht fühlt, schlägt aus. Schließlich wird dieses patriarchalisch gewalttätige Element auf die Gottesvorstellung projiziert und damit legalisiert und legitimiert, wie zuvor im einzelnen gezeigt. Nun ist der anfängliche primitive Selbstbehauptungstrieb als Gott Zebaoth personifiziert.

Primitive Durchsetzungsgewalt kann man gewiß nicht als eine speziell humane Seite des Menschen betrachten; sie ist, zumal in der geschichtlichen Fortentwicklung, tiefenpsychologisch als Schattenphänomen anzusprechen. Das Gottesbild wird also ganz grundlegend gerade durch das inferiore Schattenphänomen bestimmt, und entsprechend treibt es hier sozusagen sein Unwesen. Durch die Schattenprojektionen an höchster Stelle entstehen nämlich die uns so wohl bekannten Feindbilder. Wer sich also gegen die Anhänger oder Knechte dieses Gottes stellt, stellt sich gegen Gott, und über ihn ergeht unvermeidlich das Gericht Gottes. So im Grunde beschreibt es das Alte Testament.

Das Christentum folgt auch hier schon bald nach. Womit genau? Der mit gewaltiger Allmacht über die Völker dahinfahrende Gott Zebaoth, der ausdrücklich auch als Vater Jesu Christi gilt, ist vorab ein richtender Gott. Und damit kommt das Richten als Grundmotiv in das Christentum hinein und mit dem Richten die Gewalt.

Das eigentliche Unheil aber, das der nunmehr harmonisierte Gottesgedanke heraufführt, ist die Tatsache, daß Jesus selbst, der »Friedefürst«, nun zum obersten Richter und Vertreter jenes Gottesbildes der Gewalt wird.

Jetzt konnten Christen auf die Koppeln der Soldaten »Mit Gott« schreiben. Nun konnte ein *Adolf von Harnack* für *Kaiser Wilhelm II.* den Aufruf zum Ersten Weltkrieg verfassen. Und nun kann man im Zeitalter des atomaren Wettrüstens den Pfarrern staatlicher- wie kirchlicherseits Maulkörbe verpassen, sie dürfen auch die wahnsinnige Menschheitsgefährdung durch die Atomwaffen auf der Kanzel nicht anprangern. Denn nun ist Gewalt im christlichen Raum »heilig«gesprochen, seit langem und immer noch. Aber wieviel Zeit bleibt uns noch?

»Schwarze Pädagogik«

Wir haben im letzten Abschnitt die intime Beziehung zwischen krank machendem Gottesbild und der Gewalt aufgewiesen. Diese Pervertierung durch das Moment der Gewalt konnte natürlich besonders dadurch so weitreichende Wirkungen heraufführen, weil sie sich von Anfang an und in den letzten drei Jahrhunderten noch ganz besonders der Erziehung, theoretisch und praktisch Einfluß nehmend, bemächtigt hat. Von Generation zu Generation hat dieses krank machende Gottesbild also die Menschen geradezu in Richtung Gewalt und Ausbeutung manipuliert. Das mag tendenziös übertrieben klingen, aber eine erdrückend große Literatur offenbart Fakten von einer solchen Scheußlichkeit, Gefühllosigkeit und Brutalität, bereits an kleinen Kindern verübt, daß unsere oben verwendeten Charakterisierungen nur als milde bezeichnet werden können.

Wer diese einschlägige Literatur kennt, der wundert sich nicht mehr über Kriegsgreuel, Konzentrationslager, Holocaust oder neueste Ausschreitungen, er fühlt sich vielmehr auf schmerzliche Weise gezwungen, über die Beziehung solcher perversen Gewalt zum krank machenden Gottesbild Erwägungen anzustellen.

Vorweg bemerkt sei auch, daß wir natürlich nicht übersehen, daß das Christentum gerade auch in Sachen Erziehung und Kinderfürsorge immer wieder die Initiative ergriffen hat. Schon im Jahre 787 n. Chr. gründete zum Beispiel *Dateo von Mailand* ein Asyl speziell für ausgesetzte Kinder. Und in der neueren Zeit eröffnete im Jahre 1741 *Thomas Coram* ein Findelhaus in London, »weil er es nicht ertragen konnte, die in den Gossen und auf den Misthaufen Londons liegenden Babys sterben zu sehen«[4]. Und solche positiven christlichen Beispiele könnten gewiß zahlreich fortgesetzt werden, und trotzdem sind sie nicht grundtypisch für die christliche Erziehung. Grundtypisch für die christliche Erziehung vielmehr ist, daß auch für sie Gewalt das legitime Mittel zur Bildung der Persönlichkeit, oder was man darunter verstand, blieb. Dafür sind uns heute ausreichend Quellen erschlossen, die uns so früher nicht zur Verfügung standen. Heutige Statistiker tragen im übrigen direkt zu der Glaubwürdigkeit jener Quellen bei.

Die Nachwirkung der Gewalt, die letztlich aus jenem krank machenden Gottesbild resultiert, hat auch in der Gegenwart keineswegs aufgehört. Der *Bundesminister für Jugend, Familie und Gesundheit* hat eine Studie über Kindesmißhandlung und Kinderschutz herausgegeben, aus der zu entnehmen ist, daß heute in Deutschland jährlich rund 64 000 Kinder mißhandelt werden.[5] Und mißhandelt meint jedesmal schwere Mißhandlungen wie Schädelbrüche, Arm- und Beinbrüche, innere Blutungen und so weiter. Und ungefähr 1000 sterben jährlich an solchen Mißhandlungen. Dabei ist aber die Dunkelziffer auf diesem Gebiet so groß, daß sich die genannten Zahlen tatsächlich auf ein Vielfaches erhöhen. Aus dem Jahre 1934 liegt uns der Bericht von einem Lehrer vor, der gleichsam als Leistungserfolg für sich errechnete, daß er während seiner Lehrtätigkeit 911 527 Stockschläge, 124 000 Peitschenhiebe, 136 715 Schläge mit der Hand und 1 115 800 Ohrfeigen verteilt habe.[6] Aus England liegt uns ein Zeitungsbericht von 1981 vor, daß eine Anfrage, ob man behinderte Kinder von der Prügelstrafe nicht ausnehmen solle, von der Regierung abschlägig beschieden wurde: Auch die Kinder im Rollstuhl könnten recht bösartig sein.

Gewalt ist nicht ausgestorben, darum konnte die Forscherin *Gisela Zenz* im Blick speziell auf die Bundesrepublik Deutschland mit Recht feststellen: »Kein Fall noch so grausamer oder auch tödlich verlaufender Mißhandlung hat es bis heute in der Bundesrepublik vermocht, mehr als Tagesaufsehen in der Presse zu erregen. Durch Fälle von Kindesmißhandlungen scheint das öffentliche Interesse nicht berührt.« [7]

Das Empörende ist, daß man sich, wo immer geschlagen wurde und wird, auf die Bibel, genauer auf das Alte Testament beruft. In der einschlägigen Literatur ist das Standardzitat Sprüche 13, Vers 24: »Wer seine Rute schont, der haßt seinen Sohn.« Und an zweiter Stelle, was Häufigkeit anlangt, steht dann die Fortsetzung derselben Stelle: »Wer ihn aber lieb hat, der züchtigt ihn bald.« Dem Hebräerbrief ist es dann vorbehalten geblieben, beiden Zitaten die zugespitzte Pointe zu geben: »Welchen der Herr lieb hat, den züchtigt er.« [8] Diese drei Zuchtanweisungen sind es — weitere, nicht minder drastische anzuführen, versagen wir uns — die zwei Jahrtausende lang jeder Grobheit, Grausamkeit und Brutalität Kindern und Jugendlichen gegenüber vornehmlich das gute Gewissen gegeben haben. Die dritte zusammenfassende Stelle steht sogar im Neuen Testament.

Was aber besonders auffällt, das ist die konsequente projektive und Umkehrreaktion, die wir — wie gesagt überall, aber hier ganz besonders — als Grundhaltungen wiederfinden. Das Kind ist mein Eigentum, ich kann es formen nach meinem Willen und kann die Erfüllung meiner Erwartung von ihm verlangen. Entspricht es diesen Erwartungen nicht, wird es in jedem Fall geprügelt.

Diese der Gewalt verschriebene Pädagogik charakterisiert sich, wobei von einzelnen Quellenangaben, die ins Uferlose führen würden, abgesehen werden muß, folgendermaßen: Wie sieht sich der Erzieher? Er sieht sich den Kindern gegenüber als »Gottes Stellvertreter«, als »Organ der Gottheit« oder auch als »Organ der Vorsehung«. Die Kinder sollen ihn erfahren als »unumschränkte und souveräne Macht«. Seine Erziehung vertritt »die Zucht Gottes«. Im Blick auf Voraufgegangenes könnten wir auch sagen, er ist der Jugend gegenüber der göttliche Patriarch.

Was will der Erzieher? Er will eine »harte Unterwerfung«, »der Wille des Kindes muß gebrochen werden«, »möglichst schon in der Wiege«. Die Kinder müssen »willenlose Werkzeuge« werden, der »Starrsinn« muß »zerschlagen werden«. Mit »eiserner Konsequenz« will der Erzieher die Kinder »willig« machen, »gehorchen« wird ganz groß geschrieben. Sie müssen es lernen, Knute, Stock, Schmerzen und Leid zu »ertragen«. »Selbstüberwindung« ist ein hehres Ziel. Und vor allem die »Dankbarkeit«, daß sie auf solche Weise auf so gute Wege geleitet werden.

Welche Mittel wendet der Erzieher an? Natürlich zuerst und zuletzt den »Stock«, die »Knute«, den »Strick« und »Rute« oder »Schläge«. Es ist eine »harte Unterwerfung«, die bewußt »sehr wehe« tun soll. Grundsätzlich aber ist der Stock doch nur »die verblümte Art, mit der Seele zu reden«. Er ist ja nur »die künstlich verlängerte Hand des Erziehers«. »Das leibliche Weh ist in der göttlichen Pädagogik vom Paradies an ein Mittel zur Bestrafung der Sünde, zur Verleidung derselben und zugleich zur Hilfe aus ihrer Umschlingung.« Und darum »liebt« der Schulvater im Grunde »auch mit dem Stock«. Unnötiges Mitleid gehört allerdings nicht zu den Mitteln des rechten Lehrers oder Vaters. Die Züchtigung ist ein »Prozeß«, der »bis zur Entkräftigung der Widerstände fortgeführt werden muß«.[9]

Die destruktiven Konsequenzen dieser oft an eine Folterkammer erinnernden Pädagogik sind psychologisch gesehen aber noch von besonderer Art. Wir wissen heute: *Geschlagene Kinder schlagen wieder*, wenn sie erwachsen sind.[10] Das ist gewissermaßen eine Art Rache für das Erlittene, aber zugleich auch und besonders eine unbewußte Reaktion verdrängter Traumata.

Die andere psychologische Konsequenz ist die: Der Mensch behandelt sich selbst so, wie er als Kind behandelt worden ist. *Das geprügelte Kind wird ein geprügelter Erwachsener*, der also kaum imstande sein wird, seiner Minderwertigkeitsgefühle und Aggressionen Herr zu werden und ein gesundes Selbstwertgefühl zu entwickeln.

Wegen dieser beiden letzten psychologischen Folgen können wir darum auf kollektivem wie individuellem Sektor nur mit Besorgnis auf ein ständig immer weiteres Anwachsen von Aggressionen rechnen.

Und was hat das alles mit dem christlichen Gottesbild zu tun? Hier kann man kaum noch von einem harmonisierten Gottesbild sprechen. Die Gestalt Jesu, mit allem, was sie tat und sagte, ist von dem alten, strengen, patriarchalischen Gottesbild des Alten Testamentes dermaßen verschluckt worden, daß auf diesem Sektor gar nichts mehr von ihm übrigblieb. Die sehr gelegentliche Nennung des Namens Jesus mutet einen geradezu als Blasphemie an. Diese ganze Pädagogik steht nicht etwa unter dem Bilde der Liebe Jesu, sondern unter dem Schreckensbild der Opferung Isaaks. Dieses Bild war es, das bezeichnenderweise so gern in den Schulstuben aufgehängt wurde.

Abgesehen von einzelnen Vorkämpfern, die es auch auf christlichem Gebiet durchaus gegeben hat, trat, dies sei nur kurz abschließend bemerkt, die Wende in der Kinderbehandlung, das heißt die Abwendung von der traditionellen Gewalt, durch die folgenden vier Faktoren ein: Die grundlegende Voraussetzung in der Neuzeit schuf *Bismarck* mit seiner Abschaffung der kirchlichen Schulaufsicht, die als der größte Erfolg seines so oft geschmähten Kulturkampfes bezeichnet werden muß. Ferner hat ein besonderes Verdienst in diesem Zusammenhang das Aufkommen der medizinischen Kinderheilkunde und der Kinderfachärzte. Ihre grauenvollen Befunde hatten bald entsprechende Gesetzgebungen zur Folge. Sodann ist die Entstehung der Kinderpsychologie zu nennen und in diesem Zusammenhang vor allem der Name *Sigmund Freuds*. Er zeigte zuerst die »Phasen« auf, in denen sich die Entwicklung der kindlichen Psyche vollzieht, denen jeweils ein ganz charakteristisches Verhalten natürlicherweise zugeordnet ist, mag dasselbe den Eltern angenehm sein oder nicht. Damit wurde den Eltern auf völlig neue Weise die alte projektive Vorstellung vom Kind als kleinem Erwachsenen endgültig zerstört. Das Kind wurde vielmehr als Kind, das heißt als Eigenwesen, aufgezeigt, das nun gerade auch von den Eltern und Erziehern eine ihm gemäße Behandlung erforderte. Und im Anschluß an Freud und andere Tiefenpsychologen entwickelte sich außerdem in den letzten Jahrzehnten eine wissenschaftliche Kinderpsychotherapie mit einer Vielfalt von Methoden.

Religiöse Sippenhaftung

Im Zusammenhang mit den Zehn Geboten heißt es: »Ich, der Herr, dein Gott, bin ein eifriger Gott, der da heimsucht der Väter Missetat an den Kindern bis in das dritte und vierte Glied.«[11] Tatsächlich sprechen diese Worte zwar keine religiöse, aber eine psychologische Wahrheit aus. Diese hatten wir ja bereits mit den beiden Sätzen wiedergegeben: Geschlagene Kinder schlagen wieder. Und: Ein geprügeltes Kind wird ein geprügelter Erwachsener. Dies sind harte Tatsachen, und es liegt auf der Hand, daß an ihnen nur so etwas geändert oder gebessert werden kann, daß in erster Linie die Eltern psychotherapeutisch behandelt werden müssen. Denn sie folgen ja unbewußten Leitbildern, die wir als Konsequenzen eines krank machenden Gottesbildes herausgestellt haben. Hier, bei den Eltern, muß zuerst die Kette der fortwirkenden psychischen Sippenhaftung durchbrochen werden. Kindertherapie allein ist nur ein Notbehelf, denn diese behandelten Kinder kehren ja immer wieder in dasselbe Milieu zurück.

Und so ist die eigentlich unerwartete Folge eingetreten, daß die genannten reformatorischen Faktoren sich allesamt gegen die Eltern und gegen alle anderen verantwortlichen Autoritätspersonen in Erziehung, Staat und Kirche gewandt haben. Es ist zu einer großen Krise des Vaterbildes gekommen, letztlich jenes Vaterbildes, das vom krank machenden Gottesbild seit alters Vorbild und Autorität bezog. Und so sind in den letzten Jahren eine große Reihe von Vaterbüchern entstanden, die psychologisch und zeitkritisch so bedeutend sind, daß sie geradezu direkt Kommentare oder Beiträge zu unserem Hauptthema sind. Die mir eindrücklichsten muß ich darum kurz zu Worte kommen lassen, sie alle sind der Versuch, sich von einem belasteten Vaterbild freizukämpfen.

Gehorsam war die große Tugend der schwarzen Pädagogik; und so faßt *Heinrich Wiesner* die Erziehung, die er genossen hat, mit den Worten zusammen: »Du hast uns zum ›Aufs-Wort-Gehorchen‹ erzogen.« »Wir parierten wie Hunde auf den Pfiff. Vernehme ich ein auch nur entfernt ähnliches Pfeifen, so mache ich noch heute die Ohren spitz.« Bei jeglicher Verrichtung mußten die Kinder selbstverständlich als »Handlanger« dabeistehen, zu jedem geforderten Griff sofort bereit, aber wehe, wenn sie selbständig etwas Ernsthaftes anpacken wollten, dann hieß es sofort »Daskannstdunicht«, »Davonverstehstdunichts«, »Dasmacheichschon«. Diese Worte waren so sehr stereotype Regel geworden, daß sie für den Jungen zu einem einzigen autoritativen Knall zusammengezogen erschienen. Hier wird das Bild des sogenannten gefallenen Menschen, der zu allem unfähig ist, in Reinkultur durchgepaukt. Für den Jungen war der Vater mithin der überdimensionale, strenge Patriarch. Aber wie stand es wirklich mit seiner Autorität? »Jedesmal, wenn du fortgingst«, ins Wirtshaus nämlich, »verlor ich dich, und je länger du fortbliebst, desto verlorener kam ich mir vor. Deine Heimkehr hatte allenfalls zur Folge, daß ich ruhiger schlief. Deine Heimkehr erlebte ich, der Sohn, jedesmal als die Heimkehr des verlorenen Vaters mit dem Unterschied zum Gleichnis der Bibel, daß es mir nicht möglich war, dir in deinem fremden, abstoßenden Zustand zu verzeihen.« [12]

Christoph Meckel sagt von seinem Vater: »Mein Vater litt unter chronischer Lieblosigkeit.« Denn er verdankte seinem Vater den Sinn für Prinzip und Strafe und den unbedingten Glauben an Autorität. »Geschlagen kroch er aus dem Loch seiner Kindheit.« Und entsprechend verhielt er sich. »Er war ein verbissener, gequälter und quälender Vorschriftenmensch, der die Gegenwart seines Kindes mißbrauchte, um sich selber ins Recht zu setzen.« »Hinter dem Verschwender von Zuckerbroten kam ein Offizier mit der Peitsche daher.« Die Beschreibung der greulichen Strafaktionen im Keller unterlassen wir. Zusammenfassend beschreibt der Sohn seinen Vater, in den dreißiger Jahren ein anerkannter Dichter, als den großen »Entwerter«. Er betrieb »konstante Entwertung, die Entwertung seiner selbst und des Lebens der anderen«. Im Bild ausgedrückt spricht er vom Vater als »Mehltau«. »Er deckte glanzlos die Familie zu. Der Vater hieß Mehltau, die Kinderkrankheit war Mehltau. Mehltau. Mehltau. Niemals fehlte der Mehltau.«[13] Dieser Mehltau ist das Symbol der psychischen Sippenhaftung. Der Vater des Verfassers, der selbst Opfer eines harten, gefürchteten Vaters geworden war, konnte darum auch seinen Kindern nur eine lähmende, entwicklungshemmende Erziehung weitergeben.

Sigfrid Gauch denkt, als er zum Begräbnis seines Vaters fährt: »Ich erinnere mich an lange Fahrten, bei denen ich allein im Auto saß, über meinen Vater nachdachte: über den Oberfeldarzt außer Diensten, den Reichsamtsleiter in der Reichsführung SS, den Adjudanten Heinrich Himmlers, den Verfasser von ›Neue Grundlagen der Rassenforschung‹, den im Eichmann-Prozeß vom Hauptankläger als Schreibtischmörder Bezeichneten, den, als den ich ihn kannte: meinen Vater.« Der Verfasser erinnert sich nach dem Begräbnis an den Rat eines Freundes: »Mach dich frei von ihm«, das heißt natürlich von dem inneren Bild dieses Vaters. Aber im Anschluß daran berichtet er von der Nacht nach dem Begräbnis: »In dieser Nacht schlafe ich in Vaters Bett.« Dazu kann man nur die Bemerkung des Verfassers aus dem gleichen Buch zitieren: »Ich kenne meine eigene schizophrene Situation sehr gut: den Vater als Person lieben und von seiner Persönlichkeit entsetzt zu sein.«[14]

Für diese Auseinandersetzung mit dem gerade durch die Religion korrumpierten Vaterbild ist das für mich erschütterndste Beispiel das von *Ernst Alexander Rauter*. Seinen Erziehern, die jedes vorstellbare Maß an Brutalität übertreffen, sagt er: »Eure Mischung aus Frömmigkeit und Brutalität hat mich früh provoziert.« »Wenn ihr nicht vor jeder Mahlzeit gebetet hättet und nicht so oft von Gott die Rede gewesen wäre in eurem Haus, wäre alles halb so ärgerlich für mich gewesen. Eure Erziehung durch Gewalt hat mich mit Gewalt vertraut werden lassen. Wenn meine Gewalt ein Verbrechen ist, ist eure Gewalt ein Verbrechen. Das eine entsteht aus dem anderen.« Besonders beliebt war das sogenannte Karussellspiel: »Du hobst mich an den Haaren in die Höhe und drehtest mich im Kreis, ein Karussell, das an deiner Hand hing. Als dir die Fliehkraft meines Körpers stark genug erschien, ließest du mein Haar los, ich landete in einer Zimmerecke.« »Wenn wir uns einmal die Folgen betrachten, die das Auspeitschen, die Hunderte hirnerschütternder Ohrfeigen, Stockschläge auf die Handflächen, Kopfnüsse, Ohrenlangziehen, Strafarbeiten, Essensentzug auf mich gehabt haben, von den seelischen, feinen Sachen nicht zu reden«, dann stellt das alles in der Tat den »Horrorfilm Kindheit« des Verfassers dar. Natürlich wurde auch hier Dankbarkeit verlangt, wozu Rauter selbst diesen Kommentar gibt: »Die Forderung von Dankbarkeit ist eine Form des ideologischen Terrors von Leuten, die gewohnt sind, Rechnungen auszustellen. Wer Dankbarkeit verlangt, ist ein Gefühlsgeizhals. Dankbarkeit ist eine Hausreligion zur Herrschaft über Köpfe. Wer Dankbarkeit verlangt, möchte ein Geschäft mit Gefühlen machen, die er nicht empfunden hat. Dankbarkeit kann man nicht verlangen. Die Forderung nach Dankbarkeit ist typisches Erwachsenenkorrumpiertsein.« Und natürlich verlangte man auch hier wie Dankbarkeit so Gehorsam. »Kinder müssen gehorchen lernen. Das ist keine Erklärung, es ist ein Dogma, wieder so ein Dogma.« Aus eigener Erfahrung kann der Verfasser dazu nur sagen: »Gehorsam verdummt.« Aber bevor der Verfasser dies alles einsehen oder verarbeiten konnte, war bereits geschehen, was er so bekennt: »Ich hatte selbst schon einen Sohn nach eurem Vorbild mißhandelt.«[15] Das ist das Gesetz der psychischen Sippenhaftung.

Die Schriftstellerin *Ruth Rehmann* berichtet von ihrem hochverehrten und menschlich sympathischen Pfarrer-Vater, der in der Nazizeit zufällig Zeuge eines politischen Mordes wird. Statt das Notwendige zur Aufklärung des Falles zu tun, »sehe ich ihn seine Abendmahlstasche aufnehmen und mit gesenktem Kopf davongehen, ganz nach innen gewandt: Tut Buße, denn das Himmelreich ist nahe herbeigekommen.« »Er war so, wie sie ihn haben wollten: Fröhlich im Herrn, den Miesigkeiten auf der Welt enthoben, sicher und furchtlos in seiner Glaubensarche.« Und so kann die Verfasserin aus einer offensichtlich reichen Erfahrung als typisch für das Verhalten der Kirche gerade in Problemsituationen nur folgern: »Die Sünden des Wissenwollens sind ihr immer schon sündiger erschienen als die des Nichtwissenwollens und diejenigen wohlgefälliger, die das Wesentliche im Unsichtbaren suchten und das Sichtbare als unwesentlich übersahen.« Und von solchen Kirchenmännern insgemein hat sie sich die Meinung gebildet: »Kein Elend ist elend genug, als daß so einer vom Roß seines demütigen Dünkels herunterkäme.«[16]

Es ist die schwarze Pädagogik, die in solchen und vielen anderen selbstbiographischen Werken ähnlicher Art heutzutage vor Gericht steht. Aber was steht im ursächlich tieferen Sinne vor Gericht? Das bereits mehrfach beschriebene krank machende Gottesbild, das bereits seit zweitausend Jahren als Leitbild für jegliche Form der Erziehung gedient hat, und zwar in der besonderen Form der von ihm gestalteten Vater- und Mutterbilder.

Erst die Tiefenpsychologie hat diese hintergründigen Zusammenhänge aufgedeckt. Damit aber hat sie uns zugleich die Möglichkeiten gegeben, das, was wir die Kette der religiös psychischen Sippenhaftung genannt haben, zu durchbrechen. Das bedeutet vor allem, Eltern werden auf ihre Tauglichkeit und Verantwortlichkeit als Eltern angesprochen. Und die Patienten werden auch nicht mehr als Opfer ihrer Eltern oder sonstiger widriger Lebensumstände behandelt, sondern grundlegend auf ihre eigenen Fähigkeiten und Möglichkeiten angesprochen, verantwortliche Menschen zu werden. Damit ist endlich das große Problem von Erziehung und Entwicklung *versachlicht* worden und aus dem religiösen Nebel der Normen eines krank machenden Gottesbildes herausgenommen.

Theologie ohne Hoffnung

Hinter all dem, was wir das krank machende oder harmonisierte Gottesbild oder auch ein Konglomerat von sich ausschließenden Widersprüchen genannt haben, steht natürlich von Anfang an die theologische Reflexion.

Wenn ich in der Überschrift von einer Theologie ohne Hoffnung spreche, so meine ich damit, daß nicht zuletzt die christliche Theologie, welcher Ausprägung auch immer, die Möglichkeit einer echten Selbstidentität des Christentums verhindert hat. Dieses Urteil ist, möchte ich entschieden betonen, aufgrund tiefenpsychologischer Erkenntnisse der Neuzeit gefällt. Es will durchaus kein theologisches, sondern *ausgesprochen ein tiefenpsychologisches* Urteil sein.

Es betrifft in erster Linie das Verhältnis christlicher Theologie zum *Alten Testament*. Diese Feststellung kann nicht überraschen, denn im Laufe der Ausführungen zeigte sich immer wieder die Unvereinbarkeit jesuanischer Grundpositionen zum Gottesbild des Alten Testamentes. Und woher ergab sich diese Unvereinbarkeit? Vor allem und grundlegend doch dadurch, daß theologisches Denken von Anfang an nicht verstand, daß mit Jesu Auftreten die Menschheit auf eine völlig neue Bewußtseinsebene gehoben wurde. Natürlich sprach, bekannte und glaubte man, daß mit Jesus etwas völlig Neues und Unerhörtes, ja etwas Einmaliges in die Welt gekommen war. Aber die Ausdrucksmöglichkeiten der herrschenden patriarchalischen Bewußtseinsebene waren einfach zu eng, zu überholt, religiös zu festgelegt, als daß sie Ausdrucksformen dieses Neuen hätten sein können. Es bestand auch gar keine Möglichkeit, wirklich neue Ausdrucksformen oder Kategorien schöpferisch zu finden, denn die Jesus umgebende Welt, seine Zeitgenossen und Nachfolger, gehörten ja ihrer Bewußtseinslage nach genau eben jener patriarchalischen Ebene an, die von Jesus nur so viel verstand, wie ihre Bewußtseinsstufe hergab, auch wenn sie sich bemühten, das sie Bewegende auf bestmögliche Weise auszudrücken, was die Tatsache der Evangelientradition bezeugt.

Wir haben schon zu Anfang dieses Buches darauf hingewiesen, daß mit den zur Verfügung stehenden, das heißt im wesentlichen alttestamentlichen Ausdrucksformen auch die alten Inhalte übertragen wurden. Dies geschah teils unbewußt, teils durchaus bewußt. Die eigentliche Katastrophe der christlichen Theologie, die sie nun zu einer hoffnungslosen Angelegenheit machte, bestand aber darin, daß man die inadäquaten Ausdrucksformen zusammen sogar mit ihren Inhalten einer nunmehr antiquierten Bewußtseinsebene kanonisierte und dogmatisierte. Und so war endgültig der neue Wein in die alten Schläuche gegossen.

Das heißt konkret: *Es ist für Christen absolut unmöglich, das Alte Testament weiterhin als ihre Heilige Schrift und Grundlage ihres Glaubens anzuerkennen. Adolf von Harnack* schrieb einmal an den bekannten Lutherforscher *Karl Holl* hinsichtlich des Alten Testamentes: »Weder will ich es aus den Buchdeckeln der Bibel herausnehmen, noch dem Unterricht entziehen: Ich will es geschätzt und behandelt sehen, wie Luther die *Apokryphen* behandelt hat, ›gut und nützlich zu lesen‹. Das kann ich nicht zugeben, daß die Stellung der Kirche sich seit dem zweiten Jahrhundert nicht gründlich verändert hat, beziehungsweise sich nicht verändern müßte. Die alte Kirche wußte doch nichts von sich entwickelnder Wahrheit! Ich habe meine Kinder ohne Schwierigkeiten so belehren können, daß ich ihnen sagte, das Alte Testament ist der Juden Gesetz und Geschichte, unser Testament ist das Neue.«[17]

Die damaligen Vorschläge Adolf von Harnacks sind einfach richtig und verlangen nach allem Voraufgegangenen auch keine Erklärung mehr. Sie sind *überfällige Forderungen*, vor allem, weil das Gottesbild Jesu tatsächlich, wie wir sogleich noch näher zeigen werden, mit dem des Alten Testamentes absolut unvereinbar ist. Weitere Harmonisierungsversuche beleben nur immer neu das krank machende Gottesbild und verhindern immer endgültiger die Entwicklung der christlichen Selbstidentität.

Diese Stellungnahme bedeutet zugleich den wichtigsten Beitrag zu der drängenden jüdisch-christlichen Debatte. *Den Juden wird endlich das Alte Testament als ihr Eigentum, das es immer war, zurückgegeben.* Damit würde ein geschichtliches Unrecht gut gemacht, das, wie wir gezeigt haben, nicht zu rechtfertigen ist. Und dieses Unrecht wird auch durch eine zweitausendjährige unaufrichtige Tradition nicht legalisiert. Emotionale Sympathiebeteuerungen den Juden gegenüber, noch dazu durch schlechtes Gewissen verursacht, helfen gar nicht. *Wir sind den Juden im bezeichneten Sinne endlich Sachlichkeit schuldig!* Nur sie würde einen echten Dialog ermöglichen.

Das bedeutet selbstverständlich für uns einen gravierenden »theologischen Besitzverzicht«, wie man es genannt hat,[18] der aber im Grunde Verzicht auf das bedeutet, was uns rechtens niemals gehört hat. Wir müssen zum Beispiel endlich aufhören, christliche Positionen durch alttestamentliche Zitate stützen zu wollen. Wir können nicht mehr, wie in der bisherigen Form, das Alte Testament als dogmatische Grundlage unseres christlichen Glaubens ausgeben. Wir müssen aufhören, arroganterweise uns in die für den jüdischen Glauben bedeutsamen Positionen hineinzudrängen, indem wir ihre Heilsgeschichte als die unsrige erklären, ihr Selbstbewußtsein als Bundesvolk und so weiter für uns usurpieren. Es ist also endlich an der Zeit, daß die christliche Theologie all ihre Kräfte an Entwicklung christlicher Selbstidentität setzt. Das kann sie natürlich nur, indem sie endlich an der Person Jesu lernt, neue Kategorien für das von ihm dargestellte Neue zu entwickeln. Dazu müßte aber die Theologie selbst eine Bewußtseinsebene erreichen, die der jesuanischen in etwa kongenial wäre. Aber dazu besteht in absehbarer Zeit wohl kaum Hoffnung.

Was weiterhin an der bisher betriebenen Theologie so hoffnungslos wirkt, ist der offensichtliche Umstand, daß sie bisher nicht in der Lage gewesen ist, eine *genuin an Jesus erwachsene christliche Ethik* zu entwickeln. Natürlich gibt es ethische Lehrbücher in Hülle und Fülle. Aber sind sie genuin jesuanisch? Haben sie die Kirchen schöpferisch berührt? Haben sie den geringsten Einfluß auf das sogenannte Kirchenvolk oder gar auf die Öffentlichkeit des Volks im weiteren Sinne? Die offenbare und darum nicht weiter zu beweisende Tatsache ist die, daß die Ethik immer der schwächste Punkt unserer Theologie war und geblieben ist. Und das ist das schwerwiegende Verdikt über ihre Bedeutungslosigkeit. Was geblieben ist, ist wiederum auch in dieser Beziehung das Alte Testament, nämlich der Dekalog, die Zehn Gebote, die man wiederum harmonisiert oder verchristlicht hat, indem man sozusagen ein elftes Gebot, das Liebesgebot, angehängt hat. Weit und breit gilt nun das sogenannte »christliche Liebesgebot« als Inbegriff aller christlichen Ethik. Das alles ist jedoch völlig irreführend. Denn erstens steht das sogenannte Liebesgebot bereits im Alten Testament und kann schon deshalb nicht grundtypisch für Jesus sein. Und zweitens *hat Jesus überhaupt niemals ein »Gebot«*

erlassen. Zwar haben Theologen auch von einer »Geistethik« gesprochen als im Sinne des Geistes Jesu entworfen. Das Ungenügende einer mosaisch gesetzlichen Ethik wurde also gewiß immer wieder gespürt. *Luthers Sermon von den guten Werken* oder *Von der Freiheit eines Christenmenschen* zum Beispiel stellt ganz gewiß einen großartigen Gegenschlag aus jesuanischem Geist dar. Aber selbst solche Durchbrüche mußten letztlich unwirksam bleiben, weil die immer weiter herrschende patriarchalische Grundhaltung sie zwangsläufig absorbierte und unwirksam machte. Berechtigt etwa die heutige Bewußtseinslage, grundsätzlich gesehen, zu der Hoffnung, daß die Theologie eine wahrhaft an Jesus orientierte Ethik zu schaffen vermag?

Der schwerste Punkt ist der, den ich als dritten und letzten nennen will: Statt dem Angebot, Jesu zu folgen, der der Menschheit die Chance einer neuen Menschwerdung gab, ist man einer archetypisch mythologischen Vorstellung gefolgt, die weder originell, noch individuell oder gar zukunftsweisend war. Ich meine den uralten *Mythos der Erlösung durch vergossenes Opferblut.* Die Übertragung dieses Mythos auf Jesus und die zentrale Stellung, die man ihr bis heute gibt, bedeutet tiefenpsychologisch gesehen wiederum die Vermischung von verschiedensten, miteinander unverträglichen menschlichen Entwicklungsstufen. Im Falle Jesu kommt dieser Mythos speziell aus dem jüdischen Raum durch die Verschmelzung von Sündenbock- und Passahlammvorstellung, wie im Zusammenhang mit paulinischem Denken schon angedeutet. Im übrigen handelt es sich dabei um eine religionsgeschichtliche Vorstellung, die so allgemein ist, wie das Religionsfeld weit ist. Sie ist also ganz gewiß völlig kollektiv, unindividuell und unhistorisch. Sie ist, was wir an anderer Stelle ausführlich als archetypisch beschrieben haben. Tiefenpsychologisch gesehen, hat hier nun derselbe Prozeß stattgefunden, den wir bereits im Zusammenhang mit der Eschatologie dargelegt haben. Nämlich, man hat die archetypische Vorstellung historisiert, indem man sie auf den historischen Menschen Jesus übertrug. Die Folge davon war, daß der historische Jesus hinter der Idee oder dem Mythos, was hier dasselbe meint, verschwand und damit eigentlich für die Weiterentwicklung der von ihm ausgehenden Impulse verloren ging. Das bedeutet aber, man ging den leichteren Weg. Anstatt Nachfolge Jesu zu üben und seinen Impulsen zur menschlichen Weiterentwicklung zu folgen, das heißt schwerste Arbeit an sich und der Umwelt zu leisten, ließ man sich durch sein Blut erlösen. In die moderne Predigtsprache eines evangelischen Dekans übersetzt, lautet dies heute so: »Wir schreiben die Rechnungen, Gott begleicht sie.«

Warum ist also die Theologie, wie in der Überschrift gesagt, ein Unternehmen ohne Hoffnung? Sie stellt in den entscheidenden Mittelpunkt einen *uralten Mythos*, der einer *antiquierten Menschheitsstufe* entstammt und darum dem modernen Menschen, sofern er jener Stufe nicht mehr psychisch verhaftet ist, nichts mehr sagt.

Sodann aber muß gesehen werden, daß ein Mythos, der aus uralten Tagen stammt, seinem Charakter nach durch alle Zeiten hindurch gleichbleibend ist. Ein Mythos ist *statischen* Charakters und ist entwicklungsunfähig, das aber bedeutet natürlich, daß er auch nicht imstande ist, menschheitliche Entwicklung in Gang zu bringen. Dazu ist nämlich vor allem Bewußtheit und Wille notwendig.

Das eigentlich Hoffnungslose ist aber dies, daß der zentrale Mythos des Christentums »erlöst durch sein Blut« in Wirklichkeit *die Stimme Jesu selbst völlig verdeckt* hat. Jesu Anruf zu aktuellem, individuellem und konkretem Einsatz für eine neue gesamtmenschliche Entwicklung wurde faktisch Opfer des Mythos. Erlöstsein wurde als Hauptthema des Christentums mehr und mehr zu einem unschöpferischen Heilsegoismus, der vergleichgültigt an den eigentlichen Aufgaben, die Jesus stellt, vorbeigeht. Dieser Aufgaben haben sich zumeist dann die Nichtchristen angenommen, so verlief doch die moderne Entwicklung! Und so kann man heute nur feststellen: Wir wurden erlöst, wir sind erlöst und immer wieder erlöst – und die Welt erstarrt vor Waffen der Selbstvernichtung.

Das Gottesbild Jesu

Die empathische Reaktion

Wir hatten von der projektiven und der Umkehrreaktion als menschlichen Grundhaltungen gesprochen und auch von ihren vernichtend negativen Konsequenzen – letzteres nicht nur im Blick auf die Pädagogik, sondern ganz besonders hinsichtlich der Ausprägung eines Gottesbildes, das wir nur ein krank machendes Gottesbild nennen konnten. Es war ferner eine dritte mögliche Grundweise des Verhaltens angedeutet worden, die *Lloyd deMause* »empathische Reaktion« nennt. Sie kommt vorläufig noch so selten vor, daß sie im wesentlichen für uns ein Wunsch an die Zukunft bleibt. Das Erstaunlichste war auch schon kurz benannt worden: diese exzeptionelle Verhaltensweise finden wir bei Jesus – sowohl im Umgang mit den Menschen wie entsprechend wiedergespiegelt in seinem Gottesbild.

Was heißt und was ist empathische Reaktion? Wir knüpfen an die Definition von Lloyd deMause an, die wir bereits teilweise gegeben hatten. Sie »bezeichnet die Fähigkeit des Erwachsenen, auf die Stufe der kindlichen Bedürfnisse zurückzugehen und sie richtig einzuschätzen, ohne ihnen eigene Projektionen beizumischen. Der Erwachsene muß aber gleichzeitig in der Lage sein, genügend Distanz zu dem kindlichen Bedürfnis zu bewahren, um es befriedigen zu können.« Bei dieser Verhaltensweise »versuchen die Eltern, sich in die sich erweiternden und besonderen Bedürfnisse des Kindes einzufühlen und sie zu erfüllen«. »Die Kinder werden weder geschlagen noch gescholten, und man entschuldigt sich bei ihnen, wenn sie einmal unter großem Streß angeschrien werden.« Die Erwachsenen versuchen ständig, auf das Kind »einzugehen, mit ihm zu spielen, seine Regressionen zu tolerieren, ihm zu dienen, statt sich von ihm bedienen zu lassen, seine emotionalen Konflikte zu interpretieren und ihm die für seine sich entwickelnden Interessen erforderlichen Gegenstände zur Verfügung zu stellen. Bisher haben nur wenige Eltern konsequent versucht, in dieser Form für ihre Kinder zu sorgen.« Aus den wenigen Berichten, die wir über eine derartige Form von Behandlung besitzen, »geht klar hervor, daß sich in diesem Rahmen Kinder entwickeln, die freundlich und aufrichtig und nicht depressiv sind, die nicht dauernd andere nachahmen oder ausschließlich gruppenorganisiert sind, die einen starken Willen haben und sich durch keine Autorität einschüchtern lassen.«[1]

Wenn hier besonders gerühmt wird, daß solche Zöglinge sich durch keine Autorität einschüchtern lassen, dann sind natürlich solche Autoritäten gemeint, die in Wahrheit keine sind, die keine Substanz haben, die hohl und nichtig, aber in dieser Welt so zahlreich sind.

Diese neue Haltung, die eine verstehende, sich einfühlende und darum eine in jedem Augenblick Entfaltung fördernde ist, hat zuerst *Alexander Sutherland Neill* in seiner berühmt gewordenen Schule *Summerhill* erfolgreich praktiziert und in vielen Büchern mit Recht als Grundlage aller echten Pädagogik propagiert. Wir beziehen uns ausdrücklich auf ihn, weil er unter vielen modernen Pädagogen, Psychologen und Theologen der einzige ist, der in Theorie und Praxis wirklich von der Bedeutung der Grundprinzipien einer empathischen Erziehung etwas verstanden hat. Das gilt trotz aller verständnislosen Kritik.[2]

Einem seiner Hauptwerke, *Theorie und Praxis der antiautoritären Erziehung*, stellt er das folgende bezeichnende Motto voraus:

»Deine Kinder sind nicht deine Kinder. Sie sind die Söhne und Töchter der Sehnsucht des Lebens nach sich selbst.

Sie kommen durch dich, aber nicht von dir, und obwohl sie bei dir sind, gehören sie dir nicht.

Du kannst ihnen deine Liebe geben, aber nicht deine Gedanken, denn sie haben ihre eigenen Gedanken.

Du kannst ihrem Körper ein Heim geben, aber nicht ihrer Seele, denn ihre Seele wohnt im Haus von morgen, das du nicht besuchen kannst, nicht einmal in deinen Träumen.

Du kannst versuchen, ihnen gleich zu sein, aber suche nicht, sie dir gleich zu machen.

Denn das Leben geht nicht rückwärts und verweilt nicht beim Gestern.

Du bist der Bogen, von dem deine Kinder als lebende Pfeile ausgeschickt werden.

Laß deine Bogenrundung in der Hand des Schützen Freude bedeuten.«

Das Kind ist mein Eigentum, darum kann ich mit ihm machen, was ich will – so hieß es zuvor. Aber A. S. Neill hingegen sagt den revolutionierenden Satz: »Allen Eltern und Lehrern muß als oberstes Gebot gelten: *Du sollst auf seiten des Kindes stehen.*« Das ist eine kopernikanische Wende, die dann nicht nur die Erziehung betrifft, sondern schließlich das Menschenbild überhaupt und nicht zuletzt das Gottesbild.

Früher wußten immer andere am besten, was den Kindern dient, und dieser Wahn blüht natürlich auch heute noch, jetzt aber heißt es endlich: »Daseinszweck des Kindes ist es, sein eigenes Leben zu leben – nicht das Leben, das es nach Ansicht der besorgten Eltern führen sollte oder das den Absichten des Erziehers entspricht, der zu wissen glaubt, was für das Kind am besten ist. Solche Einmischung und Lenkung von seiten Erwachsener hat lediglich eine Generation von Robotern zur Folge.«

Er schärft weiterhin ein: »Sie müssen Ihr Kind so akzeptieren, wie es ist, und es nicht nach Ihren eigenen Vorstellungen formen wollen. Mein Motto für die Erziehung und das Leben zu Hause: Laßt um Himmels willen die Menschen ihr eigenes Leben leben! Diese Einstellung paßt zu jeder Situation.«

Das Ergebnis einer solchen Pädagogik wird von einem ehemaligen Schüler von Summerhill so beschrieben: »Ich glaube, man kriegt da das Gefühl eines völligen Selbstvertrauens.«

Von ganz besonderer Wichtigkeit ist die folgende, die Religion betreffende Analyse: »Den strengen Gott, der einen mit Harfen lohnt oder mit Feuer straft, haben wir nach unserem eigenen Bilde geschaffen. Er ist die Superprojektion. Gott wird zur Wunscherfüllung, Satan zur Angsterfüllung.« Einen besseren und kompetenteren Kommentar zu unserem Abschnitt »Richtet nicht« können wir uns nicht wünschen.

Natürlich wird A. S. Neill auch immer wieder nach seiner Stellung zur Religion befragt. Eine seiner bemerkenswertesten Antworten ist diese: »Streng religiös erzogene Kinder«, so meint er mit Recht, »werden am ehesten neurotisch.«

Der Laienprediger fragt zudringlicher: »Ihre Schule ist herrlich, aber warum sind Sie so heidnisch?« A. S. Neill antwortet: »Sie verbringen ihr Leben damit, den Leuten von Seifenkisten herunter zu predigen, wie sie erlöst werden können. Sie *reden* von Erlösung. Wir *leben* sie. Nein, wir halten uns nicht bewußt an christliche Grundsätze, doch grob gesagt, ist Summerhill so ungefähr die einzige Schule in ganz England, in der die Kinder so behandelt werden, wie Christus es billigen würde.«[3]

Gerade aus dem letzten Zitat geht hervor, daß es sich nicht etwa darum handelt, Jesus nach der empathischen Reaktion zu verstehen, sondern vielmehr darum, einzusehen, daß diese sogenannte empathische Reaktion auf sicherlich verschlungenen Wegen aus echt jesuanischen Elementen erwachsen ist.

Methodische Zwischenbemerkung

Ein kurzes Wort hinsichtlich der für die Darstellung des Gottesbildes Jesu verwendeten Textstellen sei noch eingeschoben.

Wichtig sind für uns zunächst die Worte, die die historisch-kritische Forschung als echt, das heißt als wirklich von Jesus selbst stammend, erkannt hat. Bei solchen Feststellungen handelt es sich in der Hauptsache um solche Worte, die in keiner Weise von der Umwelt Jesu bezeugt oder aus ihr erklärt werden können.

Für unsere Arbeit aber, die grundsätzlich eine tiefenpsychologische Forschung ist, die genauer die spezielle Zielsetzung hat, das Gottesbild Jesu tiefenpsychologisch zu hinterfragen, ist die *spezielle Kategorie der sachlichen wie persönlichen Konsistenz* von grundlegender methodischer Bedeutung. Sachlich würde Konsistenz bedeuten, einfach gesagt, daß die zum Beispiel hier verwendeten Worte untereinander in einem sich gegenseitig ergänzenden, bestätigenden oder abgerundeten Zusammenhang stehen.

Persönliche Konsistenz andererseits bedeutet, daß die zur

Frage stehenden Texte nicht nur unter sich, sondern auch mit der wesentlichen Grundhaltung Jesu übereinstimmen müssen. Ja, in der Tat, *das* ist er, *so* hat er gesprochen! Das wäre Feststellung von Konsistenz. Unmöglich, der eben noch dies gesagt hat, kann doch nicht im gleichen Atemzug genau das Gegenteil behaupten. Das wäre Feststellung von Inkonsistenz. Dafür ein konkretes, unmittelbares Beispiel: Der große Widersacher gegen das Gesetz, Gesetzesfrömmigkeit, gegen Gesetzlichkeit in jeder Beziehung kann unmöglich anderenorts den Finger warnend heben und erklären, er werde schon darüber wachen, daß nicht »der kleinste Buchstabe noch ein Tütelchen vom Gesetz vergehe.«[4] Das ist inkonsistent und darum unglaubwürdig. Es handelt sich aber keineswegs darum, was man gewöhnlich logisch oder unlogisch nennt; Konsistenz heißt vielmehr: Steht diese oder jene fragliche Äußerung mit dem *Wesenskern* dieser Persönlichkeit in Beziehung?

Letzteres gilt besonders von dem Jesus, den wir vorher bereits als Modell wahren Menschseins darzustellen versucht haben.

»Euer Vater weiß, was ihr bedürft«

Wenn wir versuchten, das Wesen der empathischen Reaktion ein wenig zu konkretisieren, dann war trotz der Kürze der Beispiele doch sofort eindeutig, daß wir hier sozusagen in einer völlig anderen Luft atmen, daß eine totale Umkehrung bisheriger Einstellungen, eine Kehrtwendung vollzogen ist, die wir eine kopernikanische Wende genannt hatten. Hieß die Parole bislang: Das Kind ist für mich da, so heißt sie jetzt: Ich bin für das Kind da.

Diese Kehrtwendung war nur möglich, weil hinter ihr noch eine tiefergreifende ermöglichende Wandlung stand. Sagte die patriarchalische religiöse Grundeinstellung immer neu: Der Mensch ist für Gott da, so heißt die Umkehr, die von Jesus durch Wort und Tat heraufgeführt wurde, paradoxerweise: *Gott ist für den Menschen da.* Das ist der neue Inhalt der Botschaft Jesu. Das wäre das *empathische Gottesbild* bei Jesus zu nennen.

Diese Worte sind so grundcharakteristisch für Jesus, daß ich sie als *Themawort* für Jesu Gottesbild empfinde und darum auch als *Leitwort* über die folgenden abschließenden Ausführungen setzen will, in denen das genuin jesuanische Gottesbild dargestellt werden soll. »Euer Vater weiß, was ihr bedürft, ehe denn ihr ihn bittet«,[5] übersetzt Luther.

Gott ist für den Menschen da! Wie kann Jesus zu dieser revolutionären Umkehrung kommen? Die erste Antwort lautet: Er kann es, weil er selbst von Projektionen frei ist, das heißt, er teilt nicht jene menschliche Grundhaltung, die projektive Reaktion genannt worden ist. Daß er diese Grundhaltung nicht teilt, sehen wir an seinem Umgang mit Hoch und Niedrig, mit Zöllnern und Dirnen, mit Frauen und Kindern, mit Ausgestoßenen und Verachteten, das heißt mit all denen, die als gottlos und verachtet die Hauptträger der Schattenprojektionen der frommen Umwelt waren. Entsprechend ist Jesus auch frei von Projektionen auf Gott, also frei von Wunschvorstellungen, von Enttäuschungsreaktionen, er überträgt auch keine lehrhaften Glaubenssätze. Er verkehrt mit Gott als seinem Vater völlig spontan und realistisch, und er erzählt ebenso spontan den Menschen, was dieser Verkehr auch für sie bedeutet. An die Stelle der Projektion ist tatsächlich die Realität des Vaters getreten.

Jesus ist aber auch frei von der Umkehrreaktion, die ja besagte, daß der Mensch seine eigenen Frustrationen und Wünsche durch andere, sei es durch das Kind, durch andere Menschen oder sogar durch Gott erfüllen will. Von Jesus aber wissen wir, er erwartet nichts für sich selbst von denen, die er ruft, keine Anerkennung, keine Ehrentitel, keine Dankbarkeit, keinen Gehorsam; Gehorsam und Bedienung schon gar nicht. Im Gegenteil, er ruft Menschen, um ihnen etwas zu geben, nämlich neue Möglichkeiten wahren Menschseins oder, wie man heute so gern sagt, Möglichkeiten zur wahren Selbstverwirklichung. Zugleich sehen wir: Auch in dieser Hinsicht wird Jesu Realitätssinn durch keinerlei projektive Erwartungen oder Wünsche getrübt. Er vermag vielmehr hochaktuell und konkret dem einzelnen das anzubieten, was er in seiner menschlichen Situation wahrhaft braucht und nötig hat. Auch Gott gegenüber bleibt die Beziehung frei von Wunschdenken und Erwartungshaltung. Er weiß, er hat einen Auftrag, und den führt er aus, was immer die auf dem Wege sich einstellenden Konsequenzen sein mögen.

Dieser von keinen Projektionen oder Wünschen und Erwartungen getrübte Realitätssinn stellt in der Tat das dar, was wir als empathische Haltung oder empathische Reaktion bei Jesus bezeichnen. Sie bedeutet also, *die Realität in ihrer unverhüllten Klarheit sehen und ihr gemäß handeln*. Das ist der pschologische Ausdruck für das, was in der Charakterisierung Jesu als »*Vollmacht*« bezeichnet wird.

Daß die beiden besprochenen Reaktionen nicht mehr in Kraft sind, daß vielmehr eine dritte, qualitativ völlig andersartige an ihre Stelle getreten ist, das kommt eben in diesem Leitwort so deutlich zum Ausdruck: »Euer Vater weiß, was ihr bedürft.«

»Wer mich gesehen hat, hat den Vater gesehen«

Dieses Wort[6] ist in Wahrheit eine Ungeheuerlichkeit. Da geht ein junger Mann von etwa dreißig Jahren durch ein kleines, fast unbekanntes Land, das überdies sich einer hochstehenden Religion rühmt, und spricht die Leute im Tempel und auf der Straße an: Achtet auf mich! Wenn ihr genau hinschaut, was ich tue, und wenn ihr genau hinhört, was ich sage, dann seht und hört ihr Gott.

Das ist doch gewiß einzigartig in der Religions- und Weltgeschichte. Und erst recht in einem Volk, das meint, die einzig wahre Gotteserkenntnis zu besitzen. Ein solches Wort hatte weder Abraham noch Moses noch einer der hochgeschätzten Propheten zu sagen gewagt. Es konnte also nur als Arroganz, Anmaßung, ja als Blasphemie beurteilt werden.

Trotzdem ist das Schicksal dieses Mannes zu einem Ereignis der Weltgeschichte geworden, genauer aber zu einer Tragödie, auch wenn man auf die vielen Millionen hinweist, die sich im Laufe der Jahre als seine Anhänger bezeichnet haben. Die Tragödie bestand darin, daß die ganze Relevanz dieses Wortes eben doch nicht verstanden wurde, ja es ist sogar gegenüber der Tradition keine Ungerechtigkeit, wenn man sagt, daß es im Grunde überhaupt nicht verstanden wurde.

Der beste Beweis für diese unerhört erscheinende Behauptung ist der Umstand und die Tatsache, daß man im Grunde genommen, trotz aller großen Bekenntnisse zu Jesus, doch zum Altbewährten zurückkehrte: zu den Gottesvorstellungen, die aus dem Alten Testament nur zu bekannt waren.

Mit jenen alten Vorstellungen vermischt, wurde die Ungeheuerlichkeit und Einzigartigkeit dieses Wortes Jesu entschärft, nivelliert – und so verlor es vor allem das, was es am meisten auszeichnete, nämlich seine Provokation. Man konnte nun sogar zustimmen, jedenfalls dann, wenn man das alttestamentliche Beiwerk in Kauf nahm.

Eine besondere Art moderner Entschärfung ist der Hinweis darauf, daß dieses Wort wie einige ähnliche ja aus dem Johannesevangelium stammt, dessen historische Glaubwürdigkeit eben nicht als sehr zuverlässig angesehen wird.

Gerade diese Entschärfungen aber sind es ja, die zum Entstehen des harmonisierten Gottesbildes geführt haben. Die Folgen desselben waren nichts weiter als furchtbar, so daß aus dem harmonisierten Gottesbild ein krankes und krank machendes wurde. Krank, so sei erinnert, war es deswegen, weil Jesus selbst mit allem, was er tat und wollte – speziell was er über seinen Vater grundstürzend Neues sagte – absorbiert und so zur Unwirksamkeit verurteilt wurde.

Wenn wir dieses provozierende Wort aus seiner Versenkung herausholen und es überdies von der Last eines zweitausendjährigen Mißverständnisses befreien, wenn wir also ganz unvoreingenommen fragen: Was würde es bedeuten, wenn dieses Wort ganz so, wie es gesagt ist, stimmen würde? Das hätte ganz sicherlich unvorhersehbare Folgen. Die altbewährten Stützen, von denen wir sprachen, würden sich dann als die »alten Schläuche« präsentieren, die nach Jesu Meinung sowieso nur zum Platzen bestimmt sind. Wir würden wirklich die Stimme Jesu hören, die unverwechselbare. Wir würden einen »Vater« zu sehen bekommen, wie wir ihn noch nie kennengelernt haben. Wir würden einen »neuen Wein« serviert bekommen, der noch die ganze rebellierende Gärungskraft des Geistes Jesu enthält.

Wir brauchten uns dann keine »Gedanken« mehr über Gott zu machen, keine Ideologien über ihn zu erfinden, keine Diskussionen über sein Tot- oder Lebendigsein zu entfachen. Bücher, die sich bemühen, die »Existenz« Gottes zu beweisen oder gar denkbar zu machen, wären in der Tat überflüssig.

Dem allen gegenüber steht Jesu Aufruf: Schaut doch einfach mal her, dann werdet ihr sehen, mit wem ihr es zu tun habt. Hört doch einfach mal zu! Dann werdet ihr auch wissen, was ihr zu tun habt.

Diesem Aufruf folgend, würden wir das neue Gottesbild kennenlernen: das Gottesbild Jesu. Das wäre dann endlich das wahre christliche Gottesbild, unvermischt, kompromißlos, das Gottesbild, das Zentrum und Ziel unserer christlichen Selbstidentität sein sollte.

Wir zeichnen nun einige Hauptzüge desselben.

Loslassen können

Jemand hat gesagt, wenn von aller Evangelientradition einzig und allein das Gleichnis vom verlorenen Sohn erhalten geblieben wäre, so würde es völlig ausreichen, um das Neue und Einzigartige der Gestalt Jesu zu rekonstruieren. Das trifft in der Tat zu. Für das spezielle empathische Vater- oder Gottesbild Jesu ist es von zentraler Bedeutung. Aber für die moderne Erziehung wie auch Psychotherapie im besonderen ist es schlechterdings wegweisend.

Gewöhnlich wird dieses Gleichnis mit dem vom verlorenen Groschen und dem anderen vom verlorenen Schaf zusammengenommen. Und doch werden recht verschiedene Situationen und entsprechend verschiedene Grundhaltungen dargestellt. Der Groschen ist eine Sache. Geht er verloren, muß man ihn wie die Frau im Gleichnis auf Knien und Ellbogen suchen, sonst ist er eben dahin. Das verlorene Schaf ist allerdings ein Tier, es kann blöken, um dem Hirten die Richtung seiner Suchaktion anzuzeigen. Aber es bleibt absolut abhängig von der Hilfe des Hirten.

Im Gleichnis vom verlorenen Sohn dagegen will ein erwachsener junger Mann in die Welt ziehen und erbittet vom Vater das ihm zustehende Betriebskapital. Vom Vater hören wir nur, daß er der Bitte des Sohnes nachkommt und ihn gehen läßt. Keine guten Ratschläge oder die Mahnung, doch möglichst regelmäßig Nachricht zu schicken. Kein Rat des Älteren, wie das Geld am besten angelegt werden könnte, keine Absprache für die Rückkehr. Ein erwachsener junger Mann trifft für sich eine Entscheidung, und wie reagiert der Vater? *Er gibt ihn völlig frei.*

Bei Adam vollzog sich der Auszug seinerzeit weniger erfreulich. Aber die Situation war auch eine ganz andere. Der Vater war ein festhaltender, autoritärer Patriarch, der seinen Kindern als Strafe statt Betriebskapital nur Flüche mitgab. Und der Mensch ein infantiler Unerwachsener, der völlig unvorbereitet in eine kalte und unwirtliche Welt hinausgestoßen wurde. Die Konsequenzen für ihn und die Welt waren entsprechend.

Aber in Jesu Gleichnis findet sich eine ganz andere Situation, nämlich die Zeichnung eines echten, guten Vaters, der in wahrhaft empathischer Haltung weiß, was der Sohn braucht. Die übliche Darstellung, die den Sohn aufsässig und ungehorsam zeigt, ist eine bösartige Eintragung, nichts davon steht im Gleichnis. In Wirklichkeit will der junge Mann ins Leben hinaus, um seine eigenen Erfahrungen zu machen, die tatsächlich niemand anderes für ihn machen kann – auch nicht der beste Vater. Die verständige, empathische Haltung des Vaters war etwas Neues, neu ist sie noch heute.

Mütter rufen für ihre 26jährigen Söhne an, ob ich sie nicht therapieren will. Väter bitten um Unterredungen, um Tips zu bekommen, wie man heranwachsende Söhne zur Raison bringt. Neurotische junge Männer sagen trotz schwerer Schädigungen durch das Elternhaus, wenn auch gebeugten Hauptes: Zugegeben, meine Eltern haben trotz allem immer das Beste für mich gewollt.

Verzweifelt kämpfe ich bei den Eltern gegen ihre ständige Gängelei schulpflichtiger Kinder, gegen ihr maßloses Überwachen der Schularbeiten. Laßt doch die Kinder endlich ihre eigenen Erfahrungen machen, muß ich ihnen immer wieder sagen. Sie können sie doch nicht lebenslänglich stützen und vorwärtstreiben. Statt von Hetze in Schule und Haus zu sprechen, wäre es wirkungsvoller, die Kinder loszulassen, sie freizugeben, trotz der Furcht, sie könnten »bei den Schweinen« landen. Auch von dort kann ein Weg zurückführen, bemerkt das Gleichnis.

Aber in Wirklichkeit geht es bei dem allen gar nicht um die Kinder, es geht in erster Linie um den eigenen Ehrgeiz, der eventuelles Versagen der Kinder als eigenes Versagen registriert, was man vor Bekannten und Verwandten doch unmöglich verwinden kann. Es geht also auch heute vorwiegend um die Projektion eigener Wünsche und ebenso um die Umkehrreaktion, die vom Kind zurückhaben will, was an Arbeit, Geld und Hoffnungen hineingesteckt worden ist.

Zwei Beispiele aus der Praxis mögen zur Veranschaulichung dienen. Das erste stammt aus meinem eigenen Erleben. Auch mir ging es wie vielen Eltern der Gegenwart, die die Angst um eine heranwachsende Tochter umtreibt. Natürlich stellen sich dann auch mancherlei Schuldgefühle mit der quälenden Frage ein, was habe ich selbst versäumt? Da erlöste mich ein Traum in besonders schwieriger Zeit: »Ich war Lehrerin in einem Schloß und unterrichtete einen etwa zwölfjährigen Jungen in Englisch. Alles ging gut, nur konnte er leider den Dativ eines Hauptwortes nicht begreifen, der im Traum als Beziehungsfall bezeichnet wurde. Es haperte also an der Fähigkeit, echte Beziehung entwickeln zu können, sowohl zu den Eltern wie zur Umwelt. Schließlich wurde ich zum Vater und Schloßherrn zitiert; er erklärte mir, ich müsse eine schlechte Lehrerin sein, weil der Junge den Beziehungsfall einfach nicht begreifen könne. Da richtete ich mich – im Traum – gerade auf und antwortete: Wenn der Junge eben zu dumm ist, um diesen wichtigen Fall zu begreifen, dann kann auch die beste Lehrerin nichts ausrichten.« – Ich wachte auf und fühlte mich nach langer Zeit zum ersten Mal getröstet. Man muß ein Kind eben freilassen können, auch in bezug auf seine Schwächen. Eigene ständige Schuldgefühle beeinträchtigen nur die innere Freiheit des anderen. Einzig und allein aber – und das muß betont werden – ist das Loslassenkönnen die einzig wahre Chance zur Entwicklung.

Und ein zweites Beispiel, erzählt von einer amerikanischen

Analytikerin. Eine Mutter hielt ihren einzigen Sohn fest an sich gebunden, war er doch ihr ein und alles. Es kam aber dann doch, wie es wohl kommen mußte. Der Sohn zerriß das Band und sprang über die Mauer. Schwere Jahre ohne Nachricht folgten. Die Mutter begann eine Analyse und versuchte mit deren Hilfe, sich ein eigenes Leben aufzubauen. Als das Ende der Analyse gekommen war und die Frau sich von der Analytikerin verabschiedete, schlug die Kirchturmuhr gerade zwölf Uhr. Die Frau erwähnte beim Fortgehen noch, daß sie nun endlich ihren neuen, eigenen Weg klar vor sich sehe. Drei Tage später erreichte sie der erste Brief ihres Sohnes. Er schrieb: Gerade schlägt es bei uns neun Uhr, ich bin dreitausend Meilen von zu Hause entfernt. Aber plötzlich fühle ich, wie eine Angst von mir weicht, die mich bis dahin nie losgelassen hatte. Ich kehre heim.«[7] Der Neun-Uhr-Schlag, den der Junge gehört hatte, war der 12-Uhr-Schlag nach der Ortszeit der Analytikerin. Es handelte sich also um Gleichzeitigkeit auf die Minute. Was war passiert? Die Mutter hatte den Sohn wirklich freigegeben, ohne deshalb aufgehört zu haben, ihn zu lieben. Nun konnte er zurückkehren in die Freiheit eines wahrhaft empathischen Elternhauses. So sieht das in der konkreten Praxis aus.

Loslassen muß man können – und doch weiter lieben. Das hat uns Jesu empathisches Vaterbild zum ersten Mal klargemacht.

Heimkehr ohne Furcht

»Ich will mich aufmachen und zu meinem Vater gehen«, sagt der Sohn in der Fremde. Das Verständnis der gemeinten Vaterfigur ist keineswegs so selbstverständlich, wie es auf den ersten Blick hin erscheinen mag. Tatsächlich hat sie die verschiedensten Deutungen erfahren. Man hat zum Beispiel gemeint, in der beschriebenen Situation würde jeder Vater so handeln. Oder, so hat man geschlossen, es mag sich schon um einen bestimmten Vater handeln, aber die Beziehung zu Gott sei eine sehr vage. Man hat sogar darauf hingewiesen, daß das fragliche Gleichnis auch deswegen nicht so einzigartig sein könne, weil es ja sogar sehr ähnlich erzählt in der buddhistischen Literatur vorkomme. Es gehöre somit zum Allgemeingut der Menschheit.

Heimkehr ohne Furcht ist jedenfalls auch heute keine Selbstverständlichkeit. Wir brauchen nur an die vielen Schülerselbstmorde zu denken; schon eine schlechte Zensur macht Schülern eine Heimkehr ohne Furcht unmöglich. In einer indischen Schule kam ein Junge bereits am Morgen heulend an, denn in Vorahnung eines schlechten Zeugnisses hatte er bereits von seinem Vater einen Prügelvorschuß mit auf den Weg bekommen. Als er nun tatsächlich ein schlechtes Zeugnis bekam, weigerte er sich konstant, nach Hause zu gehen, denn die Hauptauszahlung war ihm gewiß. Bei uns hat der Film »Tod eines Schülers« zum gleichen Problem tiefe Beunruhigung und viele Debatten ausgelöst. Empathische oder verständnisvoll handelnde Väter sind also bei uns wie anderswo immer noch eine Seltenheit. Sprechstundenerfahrungen bezeugen das gleiche. Kann schon eine schlechte Note oder ein Sitzenbleiben derartige psychische Reaktionen auslösen, wie würde dann die Mehrheit der Väter in der Situation des verlotterten und verkommenen Sohnes handeln, wie er im Gleichnis dargestellt wird? Früher schickte man solche Söhne nach Amerika oder Australien, um sie los zu sein. Heute verschwinden sie vielfach in der Drogenszene. Von Freudenfesten zur Feier der Heimkehr ist jedoch nichts bekannt.

Es handelt sich in Jesu Gleichnis offensichtlich um einen besonderen Vater. Im Gegensatz zu den patriarchalischen Vätern, die durch die Erwartung oder Forderung charakterisiert waren, die sie mit dem Sohn verbanden, zeigt Jesus uns einen Vater, der von seinem Sohn nichts für sich selbst erwartet. Und darum kann er von ihm auch nicht enttäuscht werden. Das ist also *ein Vater, der den Sohn so akzeptiert, wie er ist, und das darum, weil er eben sein Sohn ist. Zu einem solchen Vater kann man zurückkehren – was immer passiert sein mag.*

Sehen wir uns diesen Vater etwas genauer an. Ist es im Anfang der Geschichte der sachliche, objektive, loslassende Vater, so kommt am Ende dieses Dramas eine ganz andere Seite an demselben Mann zum Vorschein. Es sind fast weibliche und mütterliche Züge, die nun sein Verhalten prägen. Er läuft dem

Sohn entgegen, er fragt nicht nach Aussehen und Schuld, er umarmt und küßt ihn, und er jubelt und ruft seine Freude in die Welt hinaus. Essen und Trinken, Anziehen und Sichschmükken, Ausbrüche des Gefühls schwemmen alles andere hinweg. So reagiert eigentlich eine Mutter. Männer pflegen ihre Gefühle zumeist anders auszudrücken. Dieser Vater, das will Jesus offenbar mit allem Nachdruck zeigen, ist in der Tat ein ganz besonderer Vater, nämlich Modell seines eigenen Vaters im Himmel. Im Gegensatz zum einseitig männlichen patriarchalischen Vater zeigt Jesus hier zum ersten Mal und zwar ausführlich und mit markanten Strichen sein eigenes ganzheitliches, integriertes Gottesbild, das männliche und weibliche Reaktionsweisen in gleicher Weise umfaßt, das, wie des öfteren zum Ausdruck gebracht, erstes heiles Gottesbild der Weltgeschichte genannt wurde.

Schauen wir aber auch den Sohn etwas intensiver an. Wie vermochte er überhaupt den Mut aufzubringen, nach einer so vertanen Jugend sich ohne Furcht heimzuwagen? Es muß sich doch etwas in ihm geregt haben, das trotz allem ihn heimzog. Und mit dieser Vermutung rühren wir einen grundwesentlichen Tatbestand an. Viele würden zwar meinen: Was heißt hier Grundwesentliches, wenn man derart im Dreck gelandet ist? Dann geht man gern nach Hause zurück. Das ist aber in Wahrheit ganz und gar nicht der Fall, man geht in der Regel ganz andere Wege. Von den »Schweinen« führt der Weg erfahrungsgemäß ins Gefängnis oder in den Selbstmord. Wenn hier der Weg statt dessen in das Elternhaus zurückführt, dann zeigt das deutlich, daß der Sohn etwas Grundwesentliches aus dem Elternhaus mitbekommen hatte, nämlich die innerste Gewißheit einer unauslöschlichen Zugehörigkeit. In der Psychologie spricht man, im Anschluß an den Amerikaner *Erik H. Erikson*, vom »Urvertrauen« als einer besonders bevorzugten Mitgift zur Bewältigung des Lebens, die selten genug ist. Jenes Grundwesentliche, von dem wir sprachen, könnte auch als eine Art Urvertrauen bezeichnet werden, das aber jener Vater, von dem Jesus spricht, *allen* seinen Kindern als innerste Gewißheit oder Möglichkeit mitgibt. Im Bilde spreche ich gern von der Freifahrkarte ins Vaterhaus, was identisch sein soll mit Heimkehr ohne Furcht. Auf diese wesentlichste Möglichkeit besinnt man sich gemeinhin aber am allerwenigsten. Man will nicht zu Kreuze kriechen, wie der Volksmund sagt, das heißt, sich derart demütigen. So wird vielleicht verständlich, daß die Psychotherapie es geradezu als ein Grunderfordernis ansehen muß: Erst schwerster Leidensdruck macht den Menschen therapiefähig, indem er letzte, unbewußt in ihm liegende Möglichkeiten zur Wandlung bewußt macht und aktiviert. Genauso erging es dem Sohn im Gleichnis. Der Satz »Ich will mich aufmachen und zu meinem Vater gehen« war also der erste, schwere Schritt in die Wandlung.

Jesu Heimkehr ohne Furcht enthält mithin viel differenzierte Psychologie. Aber sie ist zugleich eine Bombe unter das morsche Gebäude althergebrachter, christlich dogmatischer Grundsätze patriarchalischen Ursprungs. Hier hören wir nichts von Sühne und Blutopfer, von Kreuz und Gnade, die nötig wären, die diese Vater-Sohn-Gemeinschaft erst feierlich wiederherstellen und besiegeln müßten. Keine Gerichtssitzung über einen hoffentlich reumütigen Sünder findet statt. Also auch keine Begnadigung. Es gibt auch keine versteckten Hinweise auf eine spätere Abrechnung im Stile: Warte nur, das dicke Ende kommt nach. Von diesem allen, für die allgemeine Christlichkeit so Unentbehrlichen, findet man in diesem grundlegenden Gleichnis nur das direkte Gegenteil. Und das muß ja so sein. Denn jene erwähnten dogmatischen Begriffe stammen letztlich von jenem allmächtigen, in Wahrheit rachsüchtigen und nur auf seine eigene Ehre immer wieder bedachten, kleinkarierten Gottesbild.

Jesu Heimkehr ohne Furcht zeigt uns hingegen den unauslotbaren, mit keinen menschlichen Maßen zu messenden großen Gott, der es sich leisten kann, so zu handeln.

Woher weiß Jesus das alles? Er stellt es einfach hin, er sagt es, aber er gibt keinen Kommentar. Er weiß es eben, denn er spricht von seinem eigenen Vater. Aber dahinter steht das Geheimnis jener echten Autorität, die sagen kann: »Niemand kennt den Sohn, nur der Vater, und niemand kennt den Vater, nur der Sohn – und der, dem es der Sohn zeigen will.«[8]

Jesus hat uns im Gleichnis vom verlorenen Sohn, wie wir sahen, besonders darauf hingewiesen, daß es eine letztlich unzerstörbare Beziehung zwischen dem dort gezeichneten Vater und seinem Sohn gibt, die wir mit dem psychologischen Begriff Urvertrauen in Zusammenhang gebracht haben.

Dieses Urvertrauen aber muß immer wieder gesehen, erkannt und gepflegt werden. Und nur ein empathischer Vater, der weiß, was wir bedürfen, läßt es sich angelegen sein, uns auf dies Vertrauen immer wieder anzusprechen, es unter Beweis zu stellen, ja er ringt darum, daß wir solch ein Vertrauen tatsächlich wagen.

Dem patriarchalischen Gott ging es eigentlich immer nur darum, daß die Menschen ihm gehorchen, ihn ehren, ihn fürchten, ihm dienen, ihm danken und sich vor ihm demütigen. Alle diese Begriffe konnten im Alten Testament gelegentlich auch mit dem Wort Vertrauen zusammengefaßt werden, aber es war ein Vertrauen unter Bedingungen. Es war die geforderte und angemessene Reaktion auf das Handeln Gottes, das ja den Grundsatz einschloß: Der Mensch ist für mich da.

Zum empathischen Gottesbild Jesu gehört jedoch die erstaunliche Tatsache: *Gott selbst wirbt um unser Vertrauen*. Es geht ihm nicht um unseren Gehorsam, es geht ihm um unser Herz. Er selber ermutigt uns immer neu zu jenem Vertrauen. Jesus zeigt ihn als einen Vater, der nicht enttäuscht. Entsprechend fragt er: »Wer von euch Vätern würde seinem Sohn einen Stein geben, wenn er um Brot bittet? Oder eine Schlange, wenn er um Fisch bittet? Ihr seid schlechte Menschen und wißt doch, was euren Kindern gut tut. Wieviel mehr wird euer Vater in der Höhe denen Gutes tun, die ihn darum bitten.« So wird mit überzeugenden Bildern um Vertrauen geworben. Jesus kann die Schilderung dieser Vertrauen erwecken wollenden Haltung Gottes auf verschiedenste Art pointiert steigern. Im Gleichnis vom Freund, der ausgerechnet um Mitternacht sich Brot ausleihen will, ebenso wie in der Geschichte vom gottlosen Richter und der schreienden Witwe fordert Jesus seine Zuhörer geradezu auf, zu den stärksten, ja unverschämt erscheinenden Mitteln getrost zu greifen, um sich bei dem Vater Gehör zu verschaffen. Denn dies ist ein Vater, der geradezu gestört werden will, einer, der nicht um seine eigene Ruhe und Autorität bangt. Ihm geht es ja einzig und allein darum, daß wir wirklich verstehen, daß er jederzeit für uns da ist.

Wie weit sind wir damit von dem selbstbezogenen, selbstherrlichen Patriarchengott entfernt, der immer Distanz hält und jede Störung als persönliche Bedrohung oder als Sünde versteht! Daß zum Beispiel Kinder Krach machen dürfen, ist auch heute nicht beliebt. Ich denke dabei an den alten, viel zitierten Spruch: »Kinder darf man sehen, aber nicht hören.« Man sieht förmlich das Stirnrunzeln der Frommen, wenn sie solche Aufrufe Jesu hören, die unter Mißachtung geheiligter Riten, gleichsam ungekämmt und ungewaschen in die Nähe des heiligen Gottes zu gehen ermuntern.

Aufs Ganze und Grundsätzliche gesehen: Ist es nicht sogar eine psychologische Weisheit, daß gerade der Höherstehende den ersten Schritt tun muß, um bei dem Tieferstehenden Vertrauen erwecken zu können? Wie würde es der Kleinere von sich aus wagen, sich zu nähern oder den gegebenen Zusagen zu trauen? Er müßte ja doch jeden Augenblick fürchten, als unverschämt zusammengedonnert zu werden, wie es etwa Hiob bei all seiner Frömmigkeit geschah. Sicherlich hat Jesus darum ein Kind als Modell wahren Vertrauens in die Mitte gestellt, dessen Spontaneität sich nicht so leicht abschrecken läßt.

Wir finden sicher nicht allzu viele Beispiele für diese von Jesus gemeinte Haltung, die in so uneingeschränkter Weise Vertrauen erwecken will. Die Religionen aller Jahrtausende haben bisher zu viel an Kult, Ritual, Geboten und nicht zuletzt an ständig weitergegebenen Ängsten zwischen uns und Gott gelegt. Er rückte uns also ferner und ferner, wie kann man da wirklich vertrauen?

Jesus hingegen verkündigt den *nahen Gott*, seine ständige Gegenwart ohne Vermittlung und ohne Verhaltensregeln. Er ermuntert, mit Gott zu reden wie ein Freund zum Freund, wie ein Kind zum Vater. Kein Vergleich ist ihm sprechend genug, um diese Nähe eindrücklich zu machen. Selbst die viel beanstandeten Worte von den gezählten Haaren auf dem Kopf und von den Sperlingen auf dem Dach gehören hierher. Selbst dem scheinbar Kleinsten oder Unwichtigsten ist Gott nahe.

Man hat sich schon oft an diesen zuletzt angesprochenen Stellen gestoßen. Sie scheinen wenig mit der Wirklichkeit zu tun zu haben. Faktisch erhalten wir ja nur zu oft Steine statt Brot oder Schlangen statt Fische, und gottlose Richter siegen nur zu oft über das Recht der Armen und Rechtlosen.

Was ist also das eigentlich Große an diesen Worten? Was nützt dann, grob gesagt, die empathische Haltung Gottes? Das Entscheidende ist: Wenn Jesus von Gott spricht, der um unser Vertrauen wirbt, will er uns auf eine neue Ebene der Gottes- wie der Wirklichkeitsbeziehung stellen. Er will uns zu einem direkten und unmittelbaren Gesprächspartner Gottes machen. Dann aber verändern sich die Perspektiven. Dann verändert sich auch sozusagen unter der Hand, was wir vorzubringen haben. Was wirklich zählt, ist das permanente Gespräch mit dem Gott, der mir so nahe ist.

Von einem französischen Mystiker, *Bruder Lorenz*, wird berichtet, daß er zur Erfüllung seiner täglichen Pflichten in die Küche geschickt wurde. Da verbrachte er die größte Zeit seines Klosterlebens. Aber, so hören wir, es war ihm möglich, sich zwischen seinen Töpfen und Pfannen ebenso leicht in die Gegenwart Gottes zu erheben wie draußen in der Natur. Er selbst sagt darüber: »Für mich besteht kein Unterschied zwischen der Arbeit und der für das Gebet bestimmten Zeit. Im Lärm und Durcheinander meiner Küche, wo dauernd die verschiedensten Aufträge ausgerufen werden, halte ich meine Gedanken auf Gott gerichtet und fühle mich von einer ebensolchen Stille umgeben, als ob ich vor dem Allerheiligsten Sakrament auf den Knien läge. In seinem Dienste bereite ich den Eierkuchen, den ich gerade in der Pfanne habe.«[9]

Daß es Gott ist, der für uns da ist, das wußte auch die kleine *Anna* aus den Slums. Für sie war es klar, »daß Mr. Gott nichts dagegen hatte, sich ganz klein zu machen.« »Die Leute dachten immer, Gott sei riesengroß und unendlich, aber das war ein Fehler, so zu denken. Offensichtlich konnte Mr. Gott jede Größe annehmen, die ihm gefiel. Mr. Gott muß sich manchmal ganz klein machen, sonst weiß er doch überhaupt nicht, wie ein

Marienkäfer lebt. Oder?« Als sie jemand fragt, warum sie nicht in die Kirche käme, sagt sie: »Weil ich schon alles weiß.« – »Und was weißt du alles?« – »Ich weiß, daß ich Mr. Gott lieb habe und Leute und Katzen und Hunde und Spinnen und Blumen und Bäume und überhaupt alles; ich ganz allein mit meiner ganzen Figur.«

Sie starb mit acht Jahren, nachdem sie von einem Baum gefallen war, mit den Worten: »Ich wette, Mr. Gott läßt mich dafür in sein Himmel rein.«[10]

Jesus wirbt um den Menschen, er nimmt ihn an, wie er ist, er will nur eins: sein Vertrauen, seine Nähe – und das ist es, was auch der Mensch braucht.

Warten können

Wir haben bereits im Abschnitt über den uneschatologischen Jesus darauf hingewiesen, daß in Jesu Aussagen vor allem die Bilder überwiegen, die aus dem Organischen genommen sind. Säen und Ernten, Wachsen und Reifen, Frucht bringen und verdorren, Same und Unkraut, um nur einige Bilder zu nennen. Genauer gesehen, steht hinter diesen Begriffen bei Jesus wiederum ein spezifischer, sein Gottesbild charakterisierender Zug. Warten können ist das *große Geheimnis echter Schöpferkraft und Entwicklungsfähigkeit*, und das gilt nach Jesu Meinung in bezug auf die *Menschen wie auf Gott.*

Bei Pflanzen – so ist uns ohne weiteres klar – nützt es absolut nichts, ständig hinzulaufen und nachzuschauen, ob ein Fortschritt festzustellen ist. Daß im Gegenteil allzu großer Eifer nur schadet, sehen wir bei den durch Intensivverfahren hochgezüchteten Pflanzen wie Tieren. Wir sehen es besonders bei den durch unsachgemäße Erziehung hastig vorangetriebenen Kindern. Wir sehen es bei den nicht warten könnenden, karrierebesessenen Männern und Frauen. Aus der Geschichte wissen wir von ganzen Kulturen, die sich selbst zu einer enormen Schnellblüte emportrieben, was dann zugleich ihren Untergang bedeutete. Gesunde Entwicklung ist nur möglich, wenn sie das Moment des Wartenkönnens einschließt.

Warten können hat es, so meint man ohne weiteres, mit Geduld zu tun. Das aber ist im Sinne Jesu durchaus nicht der Fall. Das Wort Geduld kommt in den Evangelien überhaupt nur dreimal vor, und das in allgemeineren Zusammenhängen. In der Briefliteratur dagegen spielt es dann eine große Rolle. Das hängt einmal mit der ausbleibenden Wiederkunft Christi zusammen, auf die man mit immer größerer Geduld warten soll. Zudem wird Geduld sehr schnell eine christliche Tugend, die den Christen zum Ertragen der irdischen Trübsal fähig machen soll. In der weiteren Entwicklung nimmt Geduld so einen immer passiveren Charakter an, der schöpferischen Entwicklungen geradezu im Wege steht.

Das meint Jesus nicht. Bei Jesus hat Wartenkönnen vielmehr mit *Vertrauen* zu tun. Ich kann warten, weil schöpferische Kräfte, denen ich vertrauen kann, bereits am Werk sind. Es sind besonders zwei Gleichnisse, die wir als charakteristisch aufführen möchten. Es sind die Gleichnisse von der selbstwachsenden Saat und vom Unkraut unter dem Weizen.[11] Der Skopus von beiden Gleichnissen ist dieses vertrauensvolle Wartenkönnen. Im ersten Fall wird noch besonders darauf hingewiesen, wie selbsttätig der Wachstumsprozeß vor sich geht. Wie leicht es dem Mann gemacht wird, wenn er nur um die Gesetze des Wachstums weiß, und wie auch der Same gleichsam selbst weiß, was er zu tun hat, wenn man ihn nur gewähren läßt. Die Ernte kommt dann ganz gewiß und zur rechten Zeit. Im zweiten Gleichnis wird mit noch größerer Eindrücklichkeit das Wartenkönnen eingeschärft. Man muß auch warten können, wenn es – wie den Jüngern angesichts des Unkrauts – uns in den Fingern zuckt, Schwierigkeiten aus dem Weg zu räumen, was nur zu oft falsche Hilfestellung bedeuten kann. Ausreißen schadet nur, so heißt es klar und eindeutig. Habt Vertrauen, Wachstum ist eine Macht, eine gewaltige Kraft, die Gott in den Samen gelegt hat.

Aber dieses mit Vertrauen gekoppelte Wartenkönnen war nie und ist heute erst recht keineswegs selbstverständlich. Wir verweisen nur zurück auf das über die »Schwarze Pädagogik« und ihre fürchterlichen Folgen Gesagte. Diese Pädagogik mit ihrem falschen christlichen Selbstbewußtsein war eine ausgesprochene Ausreißpädagogik. Hier tat man im Extrem das, von dem Jesus im genannten Gleichnis ganz grundsätzlich abrät: Man riß mit den sogenannten »bösen Gewohnheiten« auch die schöpferischen Möglichkeiten des Kindes aus. An diesen Folgen leiden wir heute noch, und so trat das tatsächlich ein, vor dem Jesus gewarnt hatte. Hinter dieser Ausreißpädagogik stand aber motivierend das Gottesbild des eifrigen Gottes, der die Sünden der Väter heimsucht an den Kindern.

Im Gegensatz dazu ist Jesu Aufforderung zum Wartenkönnen wiederum eine Aussage über ein *spezifisches Element der empathischen Reaktion*. Was sagt Jesus damit im Blick auf das Gottesbild?

Zunächst begegnen wir in unvermutetem Zusammenhang noch einmal einer *radikalen Absage an den patriarchalischen Gott*, denn der Patriarch wie sein Gott können gerade nicht warten – sie sind auf Leistung bedacht. Der Patriarch will ja ständig etwas für sich und das möglichst schnell und absolut.

Vor allem aber ist es die *denkbar überzeugendste Motivierung eben des Vertrauens, um das Gott wirbt*. Einem, der warten kann, wenn nämlich einmal nicht alles nach Programm verläuft, wenn vieles enttäuscht oder im Ansatz stecken bleibt, ist eine Sache, aber Vertrauen durchhalten angesichts des »Unkrauts«, das ist noch eine ganz andere Sache. Hier ist wirklich jede »Erwartungshaltung«, die immer Angst erweckt, endgültig überwunden. Der Gott, der warten kann, stärkt auch das Selbstvertrauen des Gegenüber. Das Wartenkönnen wird zu einer *Beziehungsmacht*, die wiederum den anderen gerade anspornt, nicht zu enttäuschen, sondern voranzugehen.

Im Blick auf den Menschen ist das Element empathischer Reaktion, von dem wir sprechen, eine ständige Verpflichtung, aber ebenso eine ständige Ermächtigung.

Das zuletzt Gesagte hat ganz besondere Bedeutung für die Psychotherapie, wie natürlich auch in der weiteren Psychologie und Pädagogik. Hier hat man nämlich auch entdeckt, daß das psychische Wachstum sich in einer ganz spezifischen Weise abspielt, nämlich in ganz bestimmten, sich ablösenden Phasen. Und dieser Prozeß gelingt am besten, je weniger störende Eingriffe erfolgen. Man wird dabei noch einmal an das oben erwähnte Gleichnis von der selbstwachsenden Saat erinnert, in dem eine solche Art selbsttätigen Wachstums besonders anschaulich dargestellt wird. »Erst kommen die jungen Halme, dann wächst die Ähre, und schließlich gibt es volle Körner. Wenn die Körner reif sind, ist Erntezeit.« Man könnte bei dieser Beschreibung denken, Jesus lehre moderne Psychologie. So eingehend schildert er den Entwicklungsprozeß eines Samenkorns, und damit ist ja im Grunde eine menschliche Psyche gemeint. C. G. Jung hat darum die Psyche »ein sich selbst regulierendes System« genannt. Sie reguliert nämlich das innere psychische Gleichgewicht eines Menschen, um ihn gesund zu erhalten. Leider gibt es Dinge genug, die von klein auf unser seelisches Gleichgewicht stören und uns krank machen: falsche Erziehung, falsche Vorbilder, Krankheiten, Kriege – und daran ist kein Ende. Aber die Psyche versucht wie der Same, von dem Jesus spricht, unbeirrt zu einer Ernte – das heißt zu Gesundheit und Selbstentfaltung – zu kommen. Und wie der Same bei Jesus im Stillen weiterwächst, so geht auch die innere Operation des psychischen selbstregulierenden Systems weiter, ohne daß das Bewußtsein jeweils genau davon Kenntnis nimmt. In der therapeutischen Analyse aber kann man diesen Prozeß der Selbstentfaltung, zum Beispiel in den Träumen, deutlich erkennen und verfolgen. Gerade als Analytiker muß man darum das Warten lernen. Vorschnelles Eingreifen durch Ratschläge, Gebote oder Verbote könnte katastrophal sein. In den meisten Fällen muß man ganz einfach zusehen können, was sich in der Psyche abspielt. Man kann dem Patienten höchstens damit helfen, daß er auch sehen lernt, was sich eigentlich in seiner Psyche ereignet. Zwei Fälle zur Konkretisierung:

Ich hatte eine Patientin, die ein recht »schwaches Pflänzchen« war, um einmal so zu reden. Sie hatte bereits einen Selbstmordversuch hinter sich und war auch danach immer selbstmordgefährdet. Selbstbewußtsein und Wille waren dementsprechend schwach. Manchmal habe ich gezweifelt, ob Gesundung oder Besserung möglich sein würde. Aber man muß Warten geradezu üben, zumal in diesem Fall die Träume nicht aufhörten, positiv und zuversichtlich zu sein, obwohl man in der Realität kaum einen Fortschritt merken konnte. So war mir klar, daß ich weiter warten und ihr zur Seite stehen mußte.

Fast zwei Jahre dauerte diese gemeinsame Arbeit. Dann legte sie ein gutes Examen ab, ging mit ihrem Mann einige Zeit nach Amerika und erwartet in diesen Tagen ihr erstes Kind. Es hatte sich gelohnt, vertrauensvoll zu warten.

Entwicklungsphasen haben verständlicherweise eine natürliche Abfolge, die eingehalten werden muß, wie es die Bilder des Gleichnisses ebenfalls nahelegen. Unser Intellekt oder unsere Ungeduld haben leider die Untugend, nicht warten zu können, vielmehr die Abläufe willkürlich zu verwirren. Aus solcher Verwirrung entstehen dann die meisten Neurosen. Man will ernten, ehe sich überhaupt Halme gebildet haben.

Ein junges Mädchen kam zu mir wegen sexueller Störungen. Bei näherer Befragung ging die Klage dahin, daß sie beim sexuellen Verkehr noch nie einen »Höhepunkt« erlebt hätte. Sie berief sich auf den seinerzeit vieldiskutierten *Oswald Kolle* und meinte, nach seinen Ausführungen zu schließen, müsse bei ihr doch etwas nicht in Ordnung sein. Ich fragte, wie alt sie sei. Siebzehn! Ich fragte weiter: Meinen Sie wirklich, daß man mit siebzehn Jahren schon auf allen Höhepunkten gewesen sein muß? Entwickeln Sie doch erst einmal Ihre Persönlichkeit, dann werden Sie staunen, was Sie alles an Höhepunkten erleben können.

Wartenkönnen ist eine göttliche Kunst, meint Jesus. Darum zeigt er uns einen Vater, der warten kann. Dieses Wartenkönnen sollen wir ihm abgucken. Wie man das tun kann, zeigt Jesus auf vielfache Weise.

Gewaltlos

Das empathische Gottesbild Jesu, so haben wir gesehen, hat es mit dem Gott zu tun, der für uns alle da sein will, der um unser Vertrauen wirbt, der in die Freiheit entläßt, statt zu reglementieren, dem wir ohne Furcht begegnen können, weil er für Freiheit und Selbstentfaltung steht, um nur einiges Wesentliche zu rekapitulieren. Von hier aus ist es selbstverständlich und zwangsläufig, daß *Gewalt ausgeschlossen ist*. Denn Gewalt verträgt sich mit keinem der angeführten Züge. Gewalt will vielmehr in jedem Bezug das direkte Gegenteil. Gewalt will gefügig machen, und zwar rücksichtslos. Ihr sind alle Mittel recht. Furcht und Angst will sie bewußt erzeugen. Unsicherheit und Mißtrauen sind übliche Mittel. Kurz, sie wirkt immer vergewaltigend; eigenes Wachstum und Selbstentfaltung sind gegen ihr Programm. Natürlich erzeugt sie Rachegelüste und Vergeltungswünsche, die sie wiederum mit Gewalt niederhalten muß. Und so bleibt Gewalt unter einem ständigen Wiederholungszwang, der es nie wirklich zu Frieden und Befriedigung kommen lassen kann.

Es ist darum ganz selbstverständlich, daß Jesus entschieden vor jeglicher Art von Gewalt warnt. Denn Gewalt würde ja gerade zum alten, patriarchalischen Gottesbild zurückführen, zum Gott Zebaoth, Symbol des Krieges und der Aggression. Dieses Gottesbild ohne Gewalt ist in der Tat einmalig. Das sieht man vor allem auch daran, daß gerade dieser Punkt auch heute noch der in aller Welt umstrittenste ist.

Die eindeutigen und kompromißlosen Aussagen Jesu in Sachen Gewalt müssen darum klar gesehen werden. Pointiert sagt er: »Glücklich, die auf Gewalt verzichten, sie werden die Erde besitzen.« Oder er mahnt: »Ihr kennt die Regel: Auge um Auge, Zahn für Zahn. Ich aber sage euch jetzt: Ihr sollt euch überhaupt nicht wehren. Wenn jemand dir eine Ohrfeige gibt, so laß dir auch eine zweite geben.« Hierher gehört auch das Wort: »Ihr wißt, daß es hieß: Liebe deine Freunde, hasse deine Feinde. Ich aber sage euch jetzt: Ihr sollt eure Feinde lieben und für die beten, die euch schlecht behandeln. So werdet ihr zu Gottes Kindern. Warum erwartet ihr von Gott eine Belohnung, wenn ihr nur die liebt, die euch mögen? Das bringen sogar die Steuereintreiber fertig. Was ist denn da besonderes daran, mit Leuten zu reden, die man mag? Das tun auch die, die nicht an Gott glauben. Nein, ihr sollt so vollkommen sein wie euer Vater in der Höhe.« An letzterem Wort wird besonders deutlich, daß gerade am Punkt der Gewalt die Eigenart des Gottesbildes Jesu besonders hervortritt. Gewaltlos sein, ja, so ist Gott! Gewalt und Macht gehören im Grunde zusammen, weiß Jesus, eins stützt das andere, und eins benutzt das andere: »Wie ihr wißt, tyrannisieren die Herrscher der Völker ihre Leute, und wer die Macht hat, gebraucht sie rücksichtslos. Aber so soll es bei euch nicht sein. Wer von euch etwas Besonderes sein will, der soll der Diener der anderen sein, und wer von euch an der Spitze stehen will, der soll euer Sklave sein.«[12]

Jesu Stellung zur Gewalt ist also völlig eindeutig, und von der Ebene seines Gottesbildes her kann sie überhaupt nicht anders ausfallen. Das hindert nicht, daß sie besonders umstritten ist und bleibt. Streiten kann man lange, es braucht eine *innerliche, umwendende Erfahrung*, um sie zu begreifen. Das will ich an dem schon erwähnten *A. S. Neill* klarmachen. Er erzählt: »Ich unterrichtete in einem Schulsystem, das auf dem Riemen beruhte. Mein Vater benutzte ihn, und ich tat dasselbe, ohne mir Gedanken darüber zu machen, ob dies richtig oder falsch sei. – Und zwar bis zu dem Tag, da ich selbst einen Jungen wegen Unverschämtheit mit dem Riemen verdrosch. Ganz plötzlich stieg ein neuer Gedanke in mir auf: Was tue ich denn da eigentlich? Dieser Junge ist klein, und ich bin groß. Wie kann ich jemand schlagen, der mir an Größe so unterlegen ist? Ich warf meinen Riemen ins Feuer und habe niemals mehr ein Kind geschlagen.«[13] Der Patriarchengott schüchterte ein durch seine Größe, das heißt durch die immer neue Zurschaustellung seiner Allmacht. Der empathische Gott steigt herab von seinem Thron, er macht sich, wie die kleine *Anna* sagte, unter Umständen klein wie ein Maikäfer, um uns zu verstehen. Das ist sicherlich der Umstand, der am Weihnachtsfest so anrührt, um die Menschen die Machtzwänge, wenn auch nur für kurze Zeit, vergessen zu lassen.

Ein Bestseller ersten Ranges ist gegenwärtig das Buch von *John Ronald Reuel Tolkien*. Dieses mehr als tausend Seiten starke Werk, betitelt *The Lord of the Rings*, das in immer neuen Auflagen herauskommt, übersetzt und verfilmt, behandelt als Zentralthema das Problem der Macht. Das geschieht nicht mit intellektuellen Erwägungen; das Buch stellt vielmehr ein vielfarbiges, symbolreiches Epos dar. Hauptsymbol ist ein Ring, der alle Macht der Welt enthält und dem verleiht, der den Ring trägt. Der Kampf um diesen Ring steht im Mittelpunkt der Handlungen. Da er in der Hand der Guten ist, müßte der Sieg über das Böse unmittelbar nahe sein. Aber der Anführer der Guten erklärt warnend: »Wir können den Ring der Macht nicht benutzen, das wissen wir nur zu gut. Er gehört dem Sauron – dem Führer der Bösen –, der hat ihn auch geschmiedet, und darum ist er durch und durch übel. Der bloße Wunsch, ihn zu besitzen, korrumpiert das Herz. Selbst wenn einer von den Weisen mit Hilfe dieses Ringes den Anführer des Bösen besiegen würde, um sich selbst auf seinen Thron zu setzen, würde tatsächlich nur ein anderer Bösewicht ihn ersetzen. Und das ist der Grund, warum der Ring zerstört werden muß: Solange er sich in der Welt befindet, bedeutet er eine Gefahr selbst für den Weisen.«[14]

Tolkien bietet mit seinem großen Epos eigentlich einen Kommentar zu Jesu Ansichten über Macht und Gewalt. Macht korrumpiert, sagt Tolkien, denn sie führt unausweichlich zur Gewalt. Es gibt keinen Unterschied zwischen guter und böser Macht, Macht ist immer böse. Denn ihre Wurzel ist der Egoismus des Menschen. So gehört sie zum patriarchalischen Gottes- und Menschenbild. Indem Jesu Macht und Gewalt als grundsätzlich böse ablehnt, zeigt er wiederum ein besonders wichtiges Element seines neuen Gottesbildes.

Trotz so großer Verteidiger des empathischen Standpunktes bleiben Jesu gewaltlose Parole und alle in diesem Zusammenhang angeführten Worte in der heutigen Welt und besonders der Politik vollkommen inopportun. Bei den führenden Politikern wundert uns das nicht, denn sie werden wie eh und je, trotz aller Friedensbeteuerungen, einzig und allein von dem ewig alten skrupellosen Machtkomplex beherrscht, dessen fürchterlichste Ausprägung und Selbstcharakterisierung »Gleichgewicht des Schreckens« heißt. Wichtiger ist für unseren Zusammenhang hier die Frage: Wie stellt sich die Kirche zu Jesu Worten und dem Problem der Gewalt? Sie hat zunächst die Worte Jesu immer wieder dahin *entschärft*, daß sie sie auf das Innenleben oder das Jenseits bezog. Damit war sie sofort der Schwierigkeiten enthoben. Sie brauchte nie aus diesen Worten praktische, reale Konsequenzen zu ziehen. Natürlich fühlte sie sich damit grundsätzlich der Notwendigkeit enthoben, auch zur Gewalt eine eindeutige Stellung zu beziehen. Ihre theologischen Grundsätze hat sie entsprechend geformt, und sie war sogar in der Lage und ist es noch, Gewalt als christlich zu akzeptieren. Es hat offiziell nirgendwo eine kompromißlose Ablehnung des Krieges gegeben. Besonders peinlich ist das Fehlen der Stimme der Kirche gegen das existenzbedrohende heutige Wettrüsten, wogegen Schriftsteller aus Ost und West und andere mutig Stellung beziehen. Fürchtet man etwa, als Mitglied von Friedensbewegungen, als prorussischer Agent oder Staatsfeind disqualifiziert zu werden? Wo bleibt der Protest der Kirche gegen die staatliche Abtreibungserlaubnis, die besonders abscheuliche Gewaltanwendung gegen ungezählte hilflose menschliche Lebewesen bedeutet? Natürlich sagt man dies und das, aber nichts Entscheidendes. Wo bleibt der *unübersehbare Protest* der evangelischen Kirche im Namen Jesu? Wo sagt die Kirche Durchschlagendes zur menschenunwürdigen wie tierunwürdigen Vermarktung der Tiere? Zur menschenunwürdigen wie tierquälerischen Intensivhaltung? Was sagt sie zu grausamen Tierversuchen für Pharmazie und Kosmetik? Und so könnte man fortfahren. Mit ihrem Schweigen, mit ihren feigen oder vermittelnden und darum nichtssagenden gelegentlichen, schwachen Verlautbarungen, wenn überhaupt welche vorliegen, verrät sie nur, daß sie im Grunde auf Seiten der Gewalt steht; daß sie weiterhin ein überholtes, nämlich das destruktive patriarchalische Gottesbild hochhält; daß sie nach wie vor dessen Grunddogma vertritt, die Welt ist für mich da, sie ist mir zur Ausbeutung übergeben.[15]

Die Kirche sieht, daß eine Welt im Begriff ist, sich selbst zugrundezurichten. Die Kirche hat die Mittel in der Hand, im Namen Jesu schicksalwendend einzugreifen. Aber sie nimmt eine derart schwächliche Haltung ein, die überhaupt keine ist. Das fällt nach unserem Strafgesetzbuch unter den Begriff unterlassene Hilfeleistung.

Trotz allem wird man immer noch sagen: Gewaltlos? – Wir sind doch keine weltfremden Utopisten! War *Martin Luther King* ein Utopist, der seinen farbigen Brüdern mit ausschließlich gewaltlosen Mitteln neue soziale Existenzmöglichkeiten errang? War *Mahatma Gandhi*, der Gewaltlosigkeit die einzige menschenwürdige Waffe nannte, der mit dieser Waffe ein Weltreich aus den Angeln hob, ein weltfremder Utopist? Werden nicht diese und viele andere Vorkämpfer als Avantgardisten einer neuen Menschheit nur mitleidig auf uns als von Gewalt korrumpierte Nachzügler der Menschheitsentwicklung herabsehen?

Zu Großem berufen

Wir haben nur einige, aber grundwesentliche Züge am neuen Gottesbild aufgewiesen. Neu ist es gegenüber dem alten, patriarchalischen ganz gewiß, es ist eindeutig *kein projektives*, das heißt also kein Produkt menschlicher Projektionen. Denn die aufgewiesenen Züge gab es ja eben in einer patriarchalischen Welt nicht. In der Person Jesu ist dieses neue Gottesbild zum ersten Male sowohl aufgezeigt wie von ihm selbst dargestellt.

Es ist darum folgerichtig, daß dieses neue Gottesbild einen neuen Menschen prägt. Eindrücklich zerstört Jesus das alte, nunmehr überholte, patriarchalische Menschenbild, und ebenso eindrücklich zeigt er den neuen Typ Mensch auf. Daß hier ein neuer Mensch entsteht, ist zwar im vorigen überall schon angeklungen, aber das, was hier abschließend »Zu Großem berufen« genannt wird, muß doch noch eigens herausgestellt werden, denn es weist auf die unbegrenzte oder *unermeßliche Fülle der Dimensionen* hin, in die hinein nur der neue Mensch sich entfalten kann, der seinen Ermöglichungsgrund in dieser neuen Gotteswirklichkeit Jesu hat.

Jesus denkt tatsächlich an eine unermeßliche Fülle neuer Dimensionen; »*alles* kann, wer glaubt«, das heißt wer jenes Vertrauen hat, von dem wir sprachen. Hierher gehört auch das Wort: »Denn merkt euch gut, wenn euer Vertrauen auch nur so groß ist wie ein Senfkorn, dann könntet ihr zu dem Berg sagen: Geh von hier nach dort, und er wird es tun. Dann könnt ihr *alles* tun.« »Für die Welt seid ihr *das* Salz.« »Für die Welt seid ihr *das* Licht.« Oder schließlich: »Ihr sollt so vollkommen sein wie euer Vater in der Höhe.« Wenn solche Worte in einer patriarchalischen Gesellschaft fielen, dann kann man gut verstehen, daß die allgemeine Reaktion zunächst die war: »Das Volk entsetzte sich über seine Lehre, denn er hatte etwas zu sagen, er lehrte ganz anders als die Gesetzeslehrer«,[16] womit die unerhörte Neuigkeit der Worte Jesu eindrücklich unterstrichen wird. Diese sind wohl die prägnantesten Worte, die das »Zu Großem berufen« definitorisch zusammenfassen. Wohlgemerkt aber, alle diese Worte sind zum Tun gesagt, sie geben an, was der Mensch der empathischen Stufe tatsächlich kann. Sie sind nicht bloße Ideale oder Angebote elitären Verhaltens, wozu man sie immer wieder abgewertet hat. Das gilt besonders auch von dem so viel diskutierten Vollkommensein. Das Wort wird ständig patriarchalischen Kategorien gemäß moralistisch perfektionistisch verstanden und dann mit dem scheinheilig demütigen Vermerk versehen: Das ist natürlich keinem Menschen möglich! Womit man ja Jesus in Wahrheit Lügen straft, statt sich zu fragen, ob man ihn überhaupt richtig versteht. Was »vollkommen« meint, ist nicht aus unseren, sondern aus Jesu eigenen Zusammenhängen zu verstehen, nämlich daß sich das empathische Gottesbild und das Handeln der Menschen auf der empathischen Menschheitsstufe entsprechen sollen und das in der Tat oder selbstverständlich auch können. *Diese Entsprechung ist die reale neue Vollkommenheit!*

Aber Jesus bleibt nicht bei allgemeinen Aussagen stehen. Was »Zu Großem berufen« heißt, konkretisiert er. Er nimmt die Konkretisierungen wie immer aus seiner Umwelt. Um aber die Besonderheit des neuen Menschen darzustellen, wählt er beispielsweise verantwortliche Positionen. Wir sollen sein oder sind Haushalter, Verwalter, Pächter, Aufseher oder , um weiter Jesu Vergleiche in unsere Umwelt zu übersetzen: Wir sind Prokurist, Generalbevollmächtigter, Direktor und so weiter. Früher sagte man, wir Christen seien ja »nur« Haushalter, immer wieder »nur«. In Wirklichkeit meint Jesus *sogar*, denn die alle diese Titel verbindende Bedeutung ist die, daß wir im Sinne Jesu *Stellvertreter Gottes* sind, sein Werk an seiner Stelle tun und dafür verantwortlich sind.

Der Gott, der in solcher Weise sein eigenes schöpferisches Tun an Menschen delegieren kann, ohne neidisch zu sein oder sich herabgesetzt und bedroht zu fühlen, wie es beim Patriarchengott der Fall war, kann nur der als empathisch geschilderte Gott Jesu sein, der die Seinen zu Großem berufen will. Diese Großzügigkeit Gottes, den Menschen derart an seinem Werk teilnehmen zu lassen, kommentiert *Martin Luther* in besonders glücklicher Weise, wenn er von Gott sagt, »ja, er kann es wohl, aber er will es nicht allein tun; er will, daß wir mit ihm wirken und *tut uns die Ehre*, daß er mit uns und durch uns sein Werk will wirken.«[17] Das ist höchster Ausdruck empathischer Reaktion. *Er* tut uns die Ehre.

Damit nicht genug. Auch diesen Gesichtspunkt weiß *Martin Luther* noch zu überbieten, nämlich in einer besonders großartigen Bemerkung zu Römer 3,7 in seiner lateinischen Römerbriefvorlesung aus dem Jahre 1515/16. Er vergleicht hier Gott mit einem Künstler und erklärt: »Selbst nur als Künstler zu glänzen, das ist nicht die beste Art von Künstlertum, aber andere zu solchen Künstlern *heranzubilden, die ihm gleich sind*, das erst macht ihn zum wahrhaft lobenswerten Künstler.«[18] Zu was Höherem kann Gott uns berufen als zu Künstlern, die ihm gleich sind?

Aber sind alle diese Berufungen zu Großem nicht doch schöne Worte von einst, Träume und Phantasien oder Illusionen? Anders gefragt, sind die Mächte und Kräfte, die wir mit der wahren Gotteswirklichkeit Jesu namhaft machten, denn auch heute erfahrbar und damit als Realität ausgewiesen?

Zumindest ihre psychologischen Entsprechungen sind in der Psychotherapie definitiv erfahrbar, und sie werden erfahren. Das heißt bei solchen, selbstverständlich, die unter Leidensdruck sich bemühen, ihr Menschsein von der üblichen patriarchalischen Stufe zu einer höheren, zur empathischen fortzuentwickeln. Dafür ein Beispiel: Ein Patient träumte zur Zeit des Abschlusses seiner Analyse folgenden Traum: Er steht in einer Höhle und findet auf dem Boden einen Schlüssel aus Keramik. Der Träumer ist nämlich bildender Künstler. Fragend schaut er sich um, was dieser Schlüssel wohl zu bedeuten habe. Da entdeckt er eine Tür mit einem Schlüsselloch, in das der Schlüssel tatsächlich paßt. Er öffnet die Tür mit dem Schlüssel und entdeckt in der Tiefe hinter der Tür eine lebhaft sprudelnde Quelle. Überrascht und erfreut über diesen Anblick tritt er näher. Da hört er eine Stimme: Mit voller Kraft wird die Quelle erst nach einiger Zeit sprudeln.

So spricht die Psyche von Kräften und Möglichkeiten zu einem Menschen, der sich bewußt und willig in einen Wandlungsprozeß hineinbegibt. Die sprudelnde Quelle ist hier das Symbol für die Mächtigkeit der von Gott in uns hineingelegten inneren Möglichkeiten, die zu Großem und Größerem befähigen.

Gerade dieser letzte Abschnitt hat uns gezeigt, was sein könnte, wenn der Mensch wirklich bereit wäre, die unverwechselbare Stimme Jesu zu hören und das original jesuanische Gottesbild kennenzulernen und zu akzeptieren. Statt dessen fahren wir mit dem beschriebenen, Jahrtausende alten Harmonisierungsprozeß fort. Also füllen wir weiter den neuen Wein Jesu in die alten Schläuche. Wir wählen Krankheit statt Gesundheit, und entsprechend sieht die Welt und die Christenheit aus. Soll es so bleiben? Oder finden wir einmal unsere wahre Selbstidentität als Christen?

Anmerkungen

Selbstidentität der Christen?

1 Mt 9,16 f
2 Off 21,5
3 Harnack, Adolf von: Marcion. Das Evangelium vom fremden Gott. – Leipzig 1921. S. 81, 174, 92
4 Vgl. auch Nigg, Walter: Das Buch der Ketzer. – Zürich 1949. S. 62 ff
5 Deutsches Institut für Fernstudien an der Universität Tübingen: Fernstudium für ev. Religionslehrer. Studieneinheit 10, Teileinheit 5: Jesus von Nazareth – Jesus Christus. – Tübingen 1980. S. 5
6 Bultmann, Rudolf: Jesus. – Tübingen 1964 (25.–27. Tsd.). S. 131
7 Radius Nr. 2/1980, S. 61. – Umkehr und Erneuerung. Erläuterung zum Synodalbeschluß der Rheinischen Landessynode 1980. Hrsg. von B. Klappert / H. Stark. – Neukirchen-Vluyn 1980. S. 264 ff
8 Radius Nr. 3/1980, S. 62
9 Apg 4,12
10 Das Neue Testament. Übersetzt und kommentiert von Ulrich Wilkens. – Gütersloh 1970 (6. Aufl.). S. 29

Entprojizierung des Forschers

1 Wolff, Hanna: Jesus der Mann. Die Gestalt Jesu in tiefenpsychologischer Sicht. Nachwort zur 2. Auflage. – Stuttgart 1976. S. 189
2 Fueter, Karl: Revision des Prozesses Jesu? – In: Wer war Jesus von Nazareth? Hrsg. von G. Strube. – München 1972. S. 223 ff
3 Lapide, Pinchas: Der Messias Israels? – In: Umkehr und Erneuerung, S. 236. Das Zitat stammt aus: Harnack, Adolf von: Die Mission und Ausbreitung des Christentums in den ersten drei Jahrhunderten. – Leipzig 1902. S. 50
4 Umkehr und Erneuerung, S. 265; insbesondere Punkt 4,3 und 4,4
5 Wolff, Hanna: Jesus der Mann. Die Gestalt Jesu in tiefenpsychologischer Sicht. – Stuttgart, 5. Auflage 1980
6 Wolff, Hanna: Jesus als Psychotherapeut. Jesu Menschenbehandlung als Modell moderner Psychotherapie. – Stuttgart, 3. Auflage 1980

Die Fragestellung

1 Brecht, Bertolt: Die Rundköpfe und die Spitzköpfe. – In: Die Stücke von Bertolt Brecht in einem Band. – Frankfurt/M 1978. S. 373
2 Reich, Wilhelm: Christusmord. – Freiburg i. Br. 1979 (2. Aufl.). S. 139, 122, 245
3 Grohs, Gerhard: Ist Protestantismus noch eine Kraft? – In: Radius Nr. 4/1980. S. 51

Richtet nicht

1 Lk 12,14; Joh 8,15; Joh 12,47
2 Mt 7,3 ff
3 Lk 6,37 ff
4 Lk 18,1 ff
5 Lk 12,58 f
6 Mt 13,36–43
7 Joh 12,48
8 Mt 5,34
9 Mt 25,31–46
10 Braun, Herbert: Jesus. – Stuttgart/Berlin 1969. S. 127
11 Mt 6,3; Mk 12,41 ff; Mk 14,8
12 2 Tim 4,1
13 Jung, C. G.: Ges. Werke, Bd. 11. – Zürich 1963. S. 470, 475
14 Fickert, Barbara: Die Offenbarung heute. – Freiburg i. Br. 1978. S. 235, 237
15 Jes 33,22
16 Ps 58, 12
17 Ps 96, 13
18 Kretz, Louis: Witz, Humor und Ironie bei Jesus. – Olten 1981. S. 23
19 Vgl. die ausführlichere Darstellung über »Das patriarchalische Mißverständnis Jesu« in: Wolff, Hanna: Jesus der Mann. Die Gestalt Jesu in tiefenpsychologischer Sicht. – Stuttgart 1980 (5. Auflage). S. 28 ff

Allein durch Gnade?

1 Auch Lk 18,13 spricht nicht dagegen; das Gebet des Zöllners lautet wörtlich übersetzt: »Söhne dich mit mir aus«. Gute Nachricht für Sie, NT 68, übersetzt: »Gott, habe Nachsicht mit mir.« Es ist nicht vom Verhalten Gottes die Rede, sondern vom falschen und rechten Verhalten der Menschen. Die Perikope macht eine Aussage über solche, die ihren Schatten projizieren wie der Pharisäer und damit sich selbst verfehlen, und solche, die ihren Schatten anerkennen und damit wahrhaftig werden wie der Zöllner.
2 Mt 20,1–16
3 Lk 15,4–32
4 Schrempf, Christoph (1860–1944): Ges. Werke in 13 Bänden. 1930–35
5 Rutschky, Katharina: Schwarze Pädagogik. Quellen zur Naturgeschichte der bürgerlichen Erziehung. – Frankfurt/M 1977 (2. Aufl. 1980)
6 Jes 66,13 f; Mt 5,45
7 Jes 49, 15.26
8 Ps 103, 11.13.17 f
9 4 Esra 8,34 ff – Aulén, Gustaf: Das christliche Gottesbild in Vergangenheit und Gegenwart. – Gütersloh 1930. S. 23
10 Perrin, Norman: Was lehrte Jesus wirklich? Rekonstruktion und Deutung. – Göttingen 1972. S. 106
11 Gal 1,11 f.16 f
12 1 Kor 15,10
13 1 Kor 5,7; Kol 2,14; Gal 3,13; Röm 3,31

14 Röm 8,32; 3,25; 8,3; Eph 2,16
15 Röm 9,14 ff
16 Küng, Hans: Heute noch an Gott glauben? – München 1977. S. 48
17 Perrin, Norman: Was lehrte Jesus wirklich? A. a. O., S. 154; vgl. zu diesem Zusammenhang besonders auch mein Buch: Jesus als Psychotherapeut (a. a. O.)

Dualismus statt Monismus

1 Ps 91; 2 Mose 6,3; Hiob 40,9
2 Amos 3,1 ff.6; Sirach 11,14
3 Mt 13,28; Lk 13,1–5
4 Perlitt, Lothar: Der Vater im Alten Testament. – In: Das Vaterbild in Mythos und Geschichte. Hrsg. von H. Tellenbach. – Stuttgart 1976. S. 98
5 Perlitt, a. a. O., S. 88
6 1 Mose 22,1 ff
7 Jung, C. G.: Antwort auf Hiob. – In: Ges. Werke, Bd. 11. – Zürich 1963. S. 385 ff
8 Hiob 40,2; 38,15; 40,5
9 Brocke, Edna: Der Holocaust als Wendepunkt. – In: Umkehr und Erneuerung. S. 101 ff, 109 ff
10 Ps 46,9; Lk 9,54 f; Mt 20,25 f; Mt 5,3 ff
11 1 Mose 3,1 ff; 6,1 ff; 11,1 ff
12 1 Sam 3,9; 5 Mose 32,36; Ps 123,2
13 1 Sam 8,7
14 Mt 19,26; Mk 9,23; Joh 14,12
15 1 Mose 20; Röm 9
16 Wolff, Otto: Mahatma und Christus. – Berlin 1955. S. 67
17 Jung, C. G.: Ges. Werke, Bd. 11. S. 494; zu Jungs Verständnis des Christentums siehe auch: Wolff, Hanna: Die tiefenpsychologische Hürde. – Bielefeld 1979 (= Botschaft und Dienst, Heft 6). S. 17 ff, 20 ff
18 Wolff, Hanna: Der lebendige Gott. Nathan Söderbloms Beitrag zur Offenbarungsfrage. – Emsdetten 1938. S. 147, 149, 150 f

Kein Bundesdenken

1 Kahlefeld, Heinrich: Die Gestalt Jesu in den synoptischen Evangelien. – Frankfurt/M 1981. S. 53 f
2 2 Mose 19,5; Mt 22,41 ff; Jes 54,10; Jer 11,3
3 Holl, Adolf: Jesus in schlechter Gesellschaft. – Stuttgart 1971
4 Lk 14,24; 20,19; Joh 8,44
5 Vgl. Schmitt, Hans-Christoph: Die Krise der Heilsgeschichte. Bemerkungen zum gegenwärtigen Stand der alttestamentlichen Wissenschaft. – In: Deutsches Pfarrerblatt Nr. 8/1980, S. 390 ff
6 Jones, E. Stanley: The Christ on the Indian Road. – London 1949 (29. Aufl.). S. 16 f
7 Schüngel-Straumann, Helen: Der Dekalog – Gottes Gebote? – Stuttgart 1973 (= Stuttgarter Bibelstudium 67). S. 85
8 Gal 6,10

9 Mk 3,35; Lk 14,26; Mt 15,11
10 Bettelheim, Bruno: Die Kinder der Zukunft. Gemeinschaftserziehung als Weg einer neuen Pädagogik. – Wien 1971. Besonders S. 130f, 134, 262, 281f, 294, 313f

Jetzt, nicht irgendwann einmal

1 Nigg, Walter: Das ewige Reich. – Zürich 1957 (2. Aufl.). S. 27
2 Stauffer, Ethelbert: Jesus war ganz anders. – Hamburg 1967. S. 205
3 Lk 4,21; Joh 4,23; Joh 5,24
4 Mk 10,43f; Lk 19,11ff; Lk 12,54ff; Lk 12,49
5 Jeremias, Joachim: Unbekannte Jesusworte. – Gütersloh 1980 (= Gütersloher Taschenbücher GTB Siebenstern). S. 64f, 67
6 1 Tim 6,16; Joh 16,27

Das krank machende Gottesbild

1 Schreiner, Olive: Geschichte einer afrikanischen Farm. – London 1883. Neudruck: Zürich 1964. S. 22
2 Hört ihr die Kinder weinen. Eine psychogenetische Geschichte der Kindheit. Hrsg. von Lloyd deMause. – Frankfurt/M 1977, S. 20f (Originaltitel: The History of Childhood)
3 Formulierung in Anlehnung an: Löbsack, Theo: Der Mensch: Fehlschlag der Natur. – Gütersloh 1974
4 Hört ihr die Kinder weinen. A. a. O., S. 50f
5 Der Bundesminister für Jugend, Familie und Gesundheit: Kindesmißhandlung – Kinderschutz. Ein Überblick. – Bonn 1980
6 Hört ihr die Kinder weinen. A. a. O., S. 67f
7 Zenz, Gisela: Einleitung zur deutschen Ausgabe. – In: Das geschlagene Kind. Hrsg. von Ray E. Helfer und C. Henry Kempe. – Frankfurt/M 1978. S. 23f
8 Heb 12,6
9 Rutschky, Katharina: Schwarze Pädagogik. A. a. O. – 106 Standardwerke zur Erziehung, etwa den letzten drei Jahrhunderten entstammend, sind hier nach ihren besonders charakteristischen Grundsätzen quellenmäßig wiedergegeben.
10 Miller, Alice: Am Anfang war Erziehung. – Frankfurt/M 1980. S. 285ff. – Vgl. zum Ganzen besonders auch: Kempe, Ruth S. und Kempe, C. Henry: Kindesmißhandlung. – Stuttgart 1980
11 2 Mose 20,5
12 Wiesner, Heinrich: Der Riese am Tisch. – Basel 1979. S. 105, 120, 122, 154
13 Meckel, Christoph: Suchbild. Über meinen Vater. – Düsseldorf 1980. S. 23, 55, 111, 147, 149
14 Gauch, Sigfrid: Vaterspuren. – Königstein/Ts 1979. S. 9, 135, 149
15 Rauter, Ernst Alexander: Brief an meine Erzieher. – München 1979. S. 25, 56, 59, 63, 85, 89f
16 Rehmann, Ruth: Der Mann auf der Kanzel. – München 1980 (4. Aufl.). S. 212ff
17 Zahn-Harnack, Agnes von: Adolf von Harnack. – Berlin 1951. S. 244f
18 Ruether, Rosemary: Nächstenliebe und Brudermord. – München 1978. S. 246

Das Gottesbild Jesu

1 Hört ihr die Kinder weinen. A. a. O. , S. 20f, 84
2 Vgl. für den Gesamtzusammenhang auch: Bettelheim, Bruno: Liebe allein genügt nicht. Die Erziehung emotional gestörter Kinder. – Stuttgart 1970
3 Neill, Alexander Sutherland: Theorie und Praxis der antiautoritären Erziehung. – Hamburg 1970 (406.–455. Tausend). S. 9, 24, 30, 127, 131, 231, 333
4 Mt 5,18
5 Mt 6,8
6 Joh 14,9
7 Wickes, Frances G.: Analyse der Kindesseele. – Zürich 1969 (2. Aufl.). S. 77
8 Mt 11,27
9 Chenny, Sheldon: Vom mystischen Leben. – Wiesbaden 1949. S. 350
10 Fynn: Hallo, Mister Gott, hier spricht Anna. – München 1979 (11. Aufl.). S. 21f, 42, 169
11 Mt 13,24ff; Mk 4,26ff
12 Mt 5,5; 5,38ff; 5,43ff; 20,25ff
13 Neill, A. S.: Neill, Neill! – Orange Peel! An Autobiography. – New York 1972. S. 19
14 Tolkien, John Ronald Reuel: The Lord of the Rings. – London 1977. Seventeenth Impression, S. 285
15 Vgl. besonders: Ude, Johannes: Du sollst nicht töten. – Dornbirn 1948
16 Mk 9,23; Mt 17,20; 5,48; 7,28
17 Luther, Martin: Von den guten Werken. – In: Luthers Werke. Hrsg. von Otto Clemen. Bd. I. – Berlin 1929. S. 252
18 Luther, Martin: Römerbriefvorlesung 1515/16. – In: Luthers Werke. Hrsg. von Otto Clemen. Bd. V. – Berlin 1933. S. 233

In dem vielstimmigen Echo auf das vorliegende Buch, das nun bereits eine dritte Auflage (das 20. Tsd.) nötig macht, ist mir aus den allerverschiedensten Kreisen das charakterisierende Wort »befreiend« entgegengetreten. Befreien möchte das Buch in der Tat, nämlich zu einer bewußten christlichen Selbstfindung, die uns eine zweitausendjährige Kirchengeschichte und Dogmatik nicht ermöglicht hat.

Diese vielen, die vom Befreitwerden sprechen, tun dies offensichtlich, weil sie zum ersten Male bewußt und klar an die neue Bewußtseinsebene Jesu sich angeschlossen fühlen.

Jüdische Reaktionen hingegen zeigen, daß eine solche befreiende Diskussion gar nicht möglich ist, weil das Judentum bis auf den heutigen Tag fest eingebunden ist in die patriarchalische Bewußtseinsebene alttestamentlicher Thorafrömmigkeit. Das heißt aber, tiefenpsychologisch ausgedrückt, auf der alten Bewußtseinsebene verharrend, kann man nicht zugleich zur neuen Bewußtseinsebene Jesu befreit werden.

Denn es ist nun einmal ein Faktum, und nicht etwa eine Theorie oder eine Ideologie, daß die Bewußtseinsebene, auf der ein Mensch lebt, seine Erkenntnisfähigkeit und Erkenntnismöglichkeit ganz grundsätzlich und im weitesten Sinne bedingt. Sie ist es, die über Enge und Weite, über Verstehen oder Mißverstehen der zu erforschenden Realität entscheidet. Völlig gleichgültig, ob der tiefenpsychologisch ungebildete Laie oder Forscher dies wahrhaben will oder nicht.

Im übrigen will dies Buch ganz und gar kein Beitrag zum sogenannten christlich-jüdischen Dialog sein. Es wendet sich thematisch ganz ausdrücklich an Christen. Diese will es von der – seitens der Kirche bisher geübten – Vermischung von patriarchalischer und jesuanischer Bewußtseinsebene fort zu echt christlicher Selbstidentität hin befreien.

Warum ist das nötig? Indem wir die Jesusgestalt fast ausschließlich in jenem patriarchalischen Rahmen fixiert zu sehen bekommen, wird dieser Jesus selbst verhängnisvollerweise zu einer zeitgeschichtlich bedingten und in einem bestimmten Weltbild gefangenen Person. Herrscht hierüber nicht grundsätzliche Klarheit, sind Neuerungsversuche von vornherein lahm gelegt.

Dies zeigt sich z. B. in den kirchlicherseits unternommenen Versuchen, durch Wiedereinführung der altkirchlichen Bekenntnisse in den Gottesdienst die Aktualität Jesu für die Gegenwart stärker sichtbar zu machen. Dadurch werden aber in Wahrheit viele Gläubige nur verstärkt in innere Nöte versetzt. Denn die Denk- und Verständnisformen jener bekennenden Aussagen sind nun einmal nicht mehr die unsrigen.

Ebenso versuchen heute viele Naturwissenschaftler, die Gestalt Jesu für uns zu modernisieren, indem sie meinen, biblische und jesuanische Aussagen mit dem Weltbild der Gegenwart in Einklang bringen zu können.

Beide Arten der Modernisierung sind aber abzulehnen, vor allem deswegen, weil beide Jesus zu einer zeitbedingten Gestalt degradieren. Die einen, indem sie ihn in einen uralten Rahmen zurückversetzen, die anderen, indem sie ihn in den Rahmen moderner Naturwissenschaft hineinversetzen möchten, der ja sicher auch zeitbedingt ist.

Tatsache ist aber, daß beide Male wenig von dem Jesus verstanden wird, der in einer jeden Zeit, völlig unabhängig von wechselnden Weltbildern modern und aktuell ist. Zu diesem »befreienden« Jesus befreit zu werden, dazu möchte dieses Buch helfen.

Lieferbare Bücher im RADIUS-Verlag

Heinrich Albertz: **Blumen für Stukenbrock.** Biographisches. 5. Auflage 1985, 304 Seiten, Leinen 36,–

Heinrich Albertz: **Diesseits von Eden.** Sechzehn Predigten. 2. Auflage 1981, 96 Seiten, Paperback 9,80

● Heinrich Albertz: **Das Grüne Gitter.** Potsdam. Sanssouci. Ein Besuch. Radius-Bibliothek (hrsg. von Wolfgang Erk), 32 Seiten mit drei Farbfotos, Leinen 12,–

● Heinrich Albertz (Hrsg.): **Die Zehn Gebote.** Eine zehnbändige Reihe mit Gedanken und Texten. Band 1: 120 Seiten, Paperback. Fortsetzungspreis bei Abnahme aller 10 Bände: 16,80. Einzelpreis: 19,80 (September '85)

Heinrich Albertz: **Nachträge.** 2. Auflage 1984, 200 Seiten, Paperback 27,–

Heinrich Albertz: **Störung erwünscht.** Meine Worte zum Sonntag. 2. Auflage 1981, 64 Seiten, Paperback 6,80

Horst Albrecht (Hrsg.): **Christus hinter Sprachbarrieren.** Versuche mit Rundfunkandachten. Ein Lernbericht. 140 Seiten, Paperback 29,–

Oskar Ansull: **DISPARATES.** Gedichte. Band 6 der »Reihe: Dichtung im ausgehenden Zwanzigsten Jahrhundert« (hrsg. von Ingeborg Drewitz). 80 Seiten, Paperback 16,–

Jean Apatride: **Die Schneide der Axt wurde stumpf.** Gedichte – Kurztexte – Aphorismen. Band 4 der »Reihe: Dichtung . . .« (hrsg. von Ingeborg Drewitz). 128 Seiten, Engl. Brosch. 20,– (ueP)

Eberhard Arnold: **Die Revolution Gottes.** Aus dem Lebenszeugnis der hutterischen Gemeinschaften. Mit einer Einführung von Franz Alt. 2. Aufl. 1985, 110 Seiten, Paperback 16,80

Horst Bannach: **Segeln gegen den Wind.** Standpunkte ergeben noch keinen Kurs. 224 Seiten, Hardcover 26,–

Horst und Klaus Bannach: **PsalmTexte.** 100 Seiten, Paperback 12,80 (ueP)

Klaus Bannach: **Christus der Narr.** Meditationen zu Bildern von Roland Peter Litzenburger. 108 Seiten mit 12 Vierfarbtafeln und 6 Schwarzweiß-Abbildungen, Hardcover 24,80 (ueP)

Klaus Bannach: **Gebete der Stille.** 136 Texte durchs Jahr. 2. Auflage 1981, 80 Seiten, Paperback 12,80

Klaus Bannach: **Gebete gegen die Angst.** 80 Seiten, Paperback 12,80

Christoph Bartels: **Vertrauen ist besser.** Über die Tragfähigkeit christlicher Verantwortung. 176 Seiten, Paperback 23,–

Beten nach Auschwitz. Texte und Modelle für Gottesdienste und Gemeindefeiern zum Gedenken an den Holocaust. 80 Seiten, Paperback 12,80

Lenelotte von Bothmer: **Ich will nicht Krieg.** Erfahrungen und Konsequenzen. 160 Seiten, Paperback 23,–

Willy Brandt/Erhard Eppler/Walter Jens/Hans Koschnick/Heinz Kühn: **Rastatter Reden.** 80 Seiten, Paperback 7,80

Wilhelm Dantine: **Der heilige und der unheilige Geist.** Über die Erneuerung der Urteilsfähigkeit. 256 Seiten, Leinen 34,–

Kurt und Heide Dittert (Hrsg.): **IN VINO VERITATES.** Texte für jeden Tag des Jahres von Dichtern, Philosophen, Politikern, Theologen, Musikern . . . für Weinkenner und Feinschmecker. 328 Seiten, Hardcover 32,– (ueP)

Ingeborg Drewitz: **Kurz vor 1984.** Literatur und Politik. Essays. Mit einem Vorwort von Walter Dirks. 220 Seiten, Leinen 24,–

● Ingeborg Drewitz: **Lebenslehrzeit.** RadiusBibliothek (hrsg. von Wolfgang Erk), 40 Seiten, Leinen 12,– (September '85)

Ingeborg Drewitz: **Mein indisches Tagebuch.** 2. Aufl. 1984, 120 Seiten, Paperback 19,80

Ingeborg Drewitz (Hrsg.): **Schatten im Kalk.** Lyrik und Prosa aus dem Knast. Vorgestellt vom PEN-Zentrum der BRD. 140 Seiten, Paperback 16,80

Klaus Duntze: **Der Geist, der Städte baut.** Planquadrat – Wohnbereich – Heimat. 216 Seiten, 25 Fotos, Paperback 24,–

● Wolfgang Erk (Hrsg.): **Hoffnungstexte.** Ermutigungen für jeden Tag des Jahres. 380 Seiten, Leinen 29,80 (September '85)

Wolfgang Erk (Hrsg.): **Prophet dieser Zeit.** Erinnerung an Martin Niemöller. 100 Seiten, Paperback 16,80

Wolfgang Erk (Hrsg.): **Der verbotene Friede.** Reflexionen zur Bergpredigt aus zwei deutschen Staaten. Titelessay von Ingeborg Drewitz. Nachwort von Wolfgang Erk. 320 Seiten, Leinen 38,–

Wolfgang Erk (Hrsg.): **Warten auf ihn.** Ein christliches Hausbuch für Advent, Weihnachten und Epiphanias. 248 Seiten, 8 Farbabbildungen, Leinen 32,–

Wolfgang Erk/Jo Krummacher (Hrsg.): **Motivationen.** Friedenstexte für jeden Tag. 2. Auflage 1983, 400 Seiten, 2 Lesebänder, Leinen 36,–

Wolfgang Erk/Jo Krummacher (Hrsg.): **Spuren der Hoffnung.** 120 ausgewählte RADIUS-Fotos. Mit einem Essay von Peter Härtling. 200 Seiten, Leinen 39,80

Wolfgang Fietkau: **Laß doch dem Kind die Flasche.** Zwanzig Erzählungen. 160 Seiten, Leinen 23,–

Gerhard Fritz/Kurt Scharf: **Krisenherd Korea.** 128 Seiten, Paperback 14,80

Ge Gessler/Klaus Bannach: **Geist – Schöpfer des Lebens.** Bilder und Meditationen zum Thema Heiliger Geist. 80 Seiten, 10 Vierfarbtafeln und 8 Schwarzweiß-Abbildungen, Hardcover 29,80

Albrecht Goes: **Christtagswege.** RadiusBibliothek (hrsg. von Wolfgang Erk). 2. Auflage 1985, 80 Seiten, Leinen 16,–

Albrecht Goes: **Noch und Schon.** Zwölf Überlegungen. 120 Seiten, Paperback 19,80

Helmut Gollwitzer: **Argumente.** Texte aus vier Jahrzehnten. Hrsg. von Wolfgang Erk. 128 Seiten, Paperback 14,80

Helmut Gollwitzer/Friedrich-Wilhelm Marquardt/Claus-Dieter Schulze: **. . . aus der Sklaverei befreit.** Zwölf Predigten zu den Zehn Geboten. 128 Seiten, Paperback 14,80

Helmut Gollwitzer/Rolf Rendtorff/Nathan Peter Levinson: **Thema: Juden —
Christen — Israel.** Ein Gespräch. 2. Auflage 1980, 128 Seiten, Paperback 14,80

Helmut Gollwitzer u. a.: **Utopien in der Bibel.** Elf Predigten. 96 Seiten,
Paperback 14,80

Janet und Paul Gotkin: **Zu viel Zorn, zu viele Tränen.** Ein persönlicher Sieg
über die Psychiatrie. 288 Seiten, Paperback 34,—

Hannah Green (Joanne Greenberg): **Der Gründer.** Roman. 260 Seiten,
Paperback 19,80

● Hannah Green (Joanne Greenberg): **Herbstzeitlose oder: Glückliche Fü-
gung.** Roman. 240 Seiten, Paperback 29,— (September '85)

Hannah Green: **Ich hab dir nie einen Rosengarten versprochen.** Bericht einer
Heilung. 240 Seiten, Leinen 26,80

Hannah Green (Joanne Greenberg): **Mit diesem Zeichen.** Roman. 248 Seiten,
Leinen 26,80. Paperback 19,80

Hannah Green (Joanne Greenberg): **Die schwebende Tante.** High crimes.
256 Seiten, Leinen 26,80

Hannah Green (Joanne Greenberg): **Wenn es Sommer wird.** Erzählungen.
2. Auflage 1978, 210 Seiten, Paperback 19,80

Hannah Green (Joanne Greenberg): **Eine Zeit wie im Paradies.** Roman.
240 Seiten, Paperback 29,—

Ethel Gröning: **Die Hakenkreuzbonbons.** Eine private Chronik. 208 Seiten,
Paperback 26,—

● Walter Habdank/Johann Christoph Hampe: **Kreuzweg und Auferstehung.**
24 Holzschnitte und 24 Betrachtungen. 104 Seiten, Paperback 16,80

Texte der Gustav-Heinemann-Initiative:

Bekommen wir eine andere Republik? (1978) 60 Seiten, Paperback 9,80

Wer macht unsere Zukunft? Sind wir nur Marionetten? (1980) 96 Seiten,
Paperback 12,80

Recht zum Widerstand. (1983) 120 Seiten, Paperback 14,80

Bürgerrechte 1984. (1984). 120 Seiten, Paperback 14,80

● **Zukunfts-Chancen suchen** (1985). 120 Seiten, Paperback 14,80
(September '85)

Peter Härtling: **Für Ottla.** RadiusBibliothek (hrsg. von Wolfgang Erk).
2. Auflage 1985, 40 Seiten, Leinen 12,—

Peter Härtling: **Und hören voneinander.** Reden aus Zorn und Zuversicht.
112 Seiten. Paperback 19,80

● Peter Härtling: **Zueignung.** Über Schriftsteller. Erinnerungen an Dichter und
Bücher. RadiusBibliothek (hrsg. von Wolfgang Erk), 100 Seiten, Leinen 18,—
(September '85)

Titus Häussermann (Hrsg.): **Ingeborg Drewitz.** Materialien zu Werk und Wirken. 160 Seiten, Paperback 26,—

Johann Christoph Hampe: **Fundamente und Grenzen.** Impromptus über Sinn-
bilder des Menschendaseins. RadiusBibliothek (hrsg. von Wolfgang Erk,
144 Seiten, Leinen 20,—

Gunnar Hasselblatt: **Leben und Sterben im Oromoland.** 128 Seiten mit
12 Abbildungen, Paperback 16,80

Gunnar Hasselblatt: **Nächstes Jahr im Oromoland.** Von der eklatanten Verletzung der Menschenrechte durch den abessinisch-amharischen Rassismus in Äthiopien. Ein Bericht. 2. Auflage 1984, 152 Seiten, Paperback 16,80

Klaus-Peter Hertzsch: **Der ganze Fisch war voll Gesang.** Biblische Balladen zum Vorlesen. 10. Auflage 1984, 80 Seiten mit 16 Abb., Paperback 9,80

Klaus-Peter Hertzsch/Irmela Maier: **Daniel und die Löwen in der Grube.** Eine biblische Ballade. 48 Seiten, 15 Farbtafeln, Hardcover 22,– (ueP)

Henning Heyde: **Grüße von den ersten Christen.** Aus alten Texten zusammengereimt. 72 Seiten, Paperback 12,80 (ueP)

Helmut Hild: **Die Welt braucht Frieden – den nächsten Krieg gewinnt der Tod.** Kirchliche Verantwortung für praktische Friedensfragen. Vier Reden. 100 Seiten, Paperback 16,80

Günter Jacob: **Die Feste der Christenheit.** Betrachtungen für einen kritischen Zeitgenossen. 100 Seiten, Paperback 16,80

Walter Jens (Hrsg.: **Assoziationen.** Gedanken zu biblischen Texten. Acht Bände: Band 1 (210 Seiten), Band 2 (220 Seiten), Band 3 (240 Seiten), Band 4 (220 Seiten), Band 5 (220 Seiten), Band 6 (260 Seiten), Band 7 (210 Seiten), Band 8 (230 Seiten). Einzelpreis je Band (Paperback): 29,80. Acht Bände *im Schuber,* komplett 192,–. Mit neubearbeitetem, komplettem Register der Bände 1–8

● Walter Jens (Hrsg.): **Festgabe zum 70. Geburtstag für Heinrich Albertz.** Hundert Beiträge und Grußadressen. Herausgegeben und mit einer Einleitung versehen von Walter Jens. 2. Auflage 1985. 248 Seiten, gebunden 39,80

● Walter Jens: **Roccos Erzählung.** Zwischentexte zu »Fidelio« von Ludwig van Beethoven. RadiusBibliothek (hrsg. von Wolfgang Erk). 40 Seiten, Leinen 12,–

Aurel von Jüchen: **Jesus Christus und die Tabus der Zeit.** Vorwort von Helmut Gollwitzer. 144 Seiten, Paperback 16,80

Aurel von Jüchen: **Das Tabu des Todes und der Sinn des Sterbens.** 140 Seiten, Paperback 16,80

Arnim Juhre: **Der Schatten über meiner Hand.** Gedichte. Band 7 der »Reihe: Dichtung ...« (hrsg. von Ingeborg Drewitz). 64 Seiten, Paperback 12,–

● Hansjörg Jungheinrich: **Weltweite Offenbarung.** Vom Schöpfungswunder und von der Unendlichkeit. Im Ringen um eine neue Glaubensgestalt. Ca. 410 Seiten, Paperback 45,– (September '85)

Barbara Just-Dahlmann: **Aus allen Ländern der Erde.** Israel – Verheißung, Schicksal und Zukunft. 120 Seiten mit 91 Fotos von Otto Pfaff, Paperback 29,80

Barbara Just-Dahlmann: **Der Schöpfer der Welt wird es wohl erlauben müssen.** Jüdische Dichtung nach Auschwitz. 100 Seiten mit zahlreichen Abbildungen, Leinen 19,80

Barbara Just-Dahlmann: **Simon.** 2. Auflage 1980, 100 Seiten, Leinen 19,80

Barbara Just-Dahlmann: **Tagebuch einer Staatsanwältin.** Vorwort von Werner Sarstedt. 200 Seiten, Leinen 28,–

Otto Kaiser: **Ideologie und Glaube.** Eine Gefährdung christlichen Glaubens am alttestamentlichen Beispiel aufgezeigt. 160 Seiten, Paperback 23,–

Rudolf Kautzky: **Sein Programm.** Neutestamentliche Texte — neu. 96 Seiten, Paperback 16,80

Bruno Köhler: **Gotha — Berlin — Dachau.** Werner Sylten. Stationen seines Widerstandes im Dritten Reich. 96 Seiten, Paperback 14,80

Paul Krauß: **Der ersehnte Tod.** Tötung auf Verlangen. 112 Seiten, Paperback 17,—

Peter Kreyssig: **Bürgernähe.** 25 Predigten in der Stuttgarter Gedächtniskirche. 160 Seiten, Paperback 23,—

Klaus Krüger: **Der Staat ist reine Menschensache.** Unzeitgemäße Betrachtungen zu einem zeitgemäßen ethischen Problem. 168 Seiten, Paperback 23,—

Jo Krummacher: **Frieden im Klartext.** Schalomgottesdienste. Meditationen — Modelle — Mahlfeiern. 200 Seiten, Paperback 26,—

● Jo Krummacher / Hendrik Hefermehl: **Ratgeber für Kriegsdienstverweigerer.** Komplette Neubearbeitung 1985 unter Berücksichtigung der neuesten Gesetzgebung und Rechtsprechung. 140 Seiten, Paperback 12,80 (September '85)

Leben und Glauben nach dem Holocaust. Einsichten und Versuche. 120 Seiten, Paperback 14,80 (ueP)

Winfried Leuprecht: **Der Versuch, aufrecht zu stehen.** Vorwort von Martin Walser. 140 Seiten, Leinen 23,—

Hartwig Liebich (Hrsg.): **Die Mülltonnen der Reichen und der arme Lazarus.** 15 Predigten über Arme und Reiche in der Mission. 100 Seiten, Paperback 14,80

Elisabeth Ludwig-Klein: **Krebskinder-Tagebuch.** Wagnis einer Hoffnung. 150 Seiten, Leinen 23,—

Kurt Marti: **geduld und revolte.** die gedichte am rand. Band 5 der »Reihe: Dichtung . . .« (hrsg. von Ingeborg Drewitz). 2. Auflage 1985, 100 Seiten, Paperback 16,—

Kurt Marti: **Gottesbefragung.** Der 1. Johannesbrief heute. 2. Aufl. 1983, 180 Seiten, Paperback 23,—

● Kurt Marti: **Lachen, Weinen, Lieben.** Ermutigungen zum Leben. 120 Seiten, Paperback 19,80 (September '85)

Kurt Marti: **Schöpfungsglaube.** Die Ökologie Gottes. 2. Auflage 1985, 100 Seiten, Pb 16,80

Kurt Marti / Ge Gessler: **Der Aufstand Gottes gegen die Herren.** 31 Gedichte und 23 Bilder zum Thema Passion. Bildkommentare von Christian Radecke. Hrsg. von Wolfgang Erk. 94 Seiten, Hardcover 24,80

Maßstäbe des Fortschritts. 230 Seiten, geheftet 18,— (ueP)

Dietrich Mendt: **Unter der Stehlampe.** Märchen. 160 Seiten, Paperback 23,—

Dietrich Mendt: **Vater hat schlechte Laune.** Gebete für Kinder und ihre Eltern. 64 Seiten, Paperback 9,80

A. M. Klaus Müller: **Leid — Glaube — Vernunft.** Signale der Geschöpflichkeit. 96 Seiten, Paperback 14,—

A. M. Klaus Müller: **Die präparierte Zeit.** Der Mensch in der Krise seiner eigenen Zielsetzungen. Geleitwort Helmut Gollwitzer. Einführung Wolf Häfele. 2. Auflage 1973, 672 Seiten, Engl. Brosch. 49,—

Peter Müller: **Gehorsam ist bequemer.** Kirche als Erziehungsfaktor. 224 Seiten, Paperback 26,−

Dê van Nguyên: **Matthäus auf der Reise nach Vietnam.** Notizen zum Evangelium. 80 Seiten, Paperback 12,80

Dê van Nguyên: **. . . wie eine Lilie im Tal.** Konkretionen zum Thema Liebe. 80 Seiten, Paperback 12,80

Hans Ulrich Nübel: **Der Regenbogen hat nie getrogen.** Balladen nach der Bibel. 72 Seiten, Paperback 12,80

Christa B. Opitz: **Auf den Armen des Windes.** Fliegender Augenrettungsdienst in Ostafrika in Aktion. 96 Seiten, Paperback 5,80

Dietrich von Oppen: **Marburger Aufzeichnungen.** Zur Krise der modernen Welt. 320 Seiten, Leinen 45,−

Dietrich von Oppen: **Ohne Angst und ohne Herrschaft.** Gespräche mit dem Arzt und Psychotherapeuten Heinz Mosebach über Goethe. 96 Seiten, Paperback 14,80

Gert Otto: **Die Bibel der Kinder.** Eine Bibelauswahl mit Illustrationen von Kindern. 112 Seiten mit 11 vierfarbigen und 14 schwarzweißen Abbildungen, Hardcover 24,80 (ueP)

Marietta Peitz: **Die bunte Wirrnis der Dinge.** 2. Auflage 1982, 160 Seiten, Leinen 23,−

Marietta Peitz: **Ein fremdes Herz im Schwarm.** Liebesgeschichten. 120 Seiten, Leinen 18,−

Marietta Peitz: **Gotteszahl und Tageseinmaleins.** Tagebuch. 128 Seiten, Leinen 19,80

Marietta Peitz: **Grün, wie lieb ich dich grün.** GartenGedanken. 3. Auflage 1982, 128 Seiten, Leinen 19,80

Marietta Peitz: **Rufus.** Oder: Ballade vom Zwischenmenschen. 180 Seiten, Leinen 24,80

Marietta Peitz: **Von einem, der auszog.** Der Fall Anderman. Roman. 240 Seiten, Leinen 26,80 (ueP)

Ulrike Piechota: **Trauert nicht wie die, die keine Hoffnung haben.** Ein Bericht. 2. Auflage 1984, 160 Seiten, Paperback 25,−

RADIUS. Die Kulturzeitschrift zum Weiter-Denken. (Chefredakteurin: Prof. Dr. Astrid Albrecht-Heide, Berlin). Erscheint im Februar, Mai, September und November. Einzelheft 9,80, Jahresabonnement 33,20; jeweils zzgl. Versandspesen

RADIUS-Almanach. Hrsg. von Wolfgang Erk. Lieferbar sind folgende Ausgaben (alle mit zahlreichen, teils vierfarbigen Abbildungen):
1978/79. 160 Seiten, Engl. Brosch. 14,− (ueP)
1979/80. 160 Seiten, Engl. Brosch. 14,− (ueP)
1980/81. 160 Seiten, Engl. Brosch. 14,− (ueP)
1981/82. 120 Seiten, Engl. Brosch. 14,− (ueP)
1982/83. 152 Seiten, Engl. Brosch. 16,80 (ueP)
1983/84. 136 Seiten, Engl. Brosch. 16,80 (ueP)
1984/85. 128 Seiten, Engl. Brosch. 16,80 (ueP)
● 1985/86. 80 Seiten, Engl. Brosch. 12,− (ueP) − September '85

Helmhold Reinshagen: **Ich habe kein Vaterland.** Lyrik. Band 2 der »Reihe: Dichtung im ausgehenden Zwanzigsten Jahrhundert« (hrsg. von Ingeborg Drewitz). 96 Seiten, Hardcover 22,−

Rüdiger Reitz: **Christen und Sozialdemokratie.** Konsequenzen aus einem Erbe. 2. Aufl. 1984, 352 Seiten, zahlreiche Abbildungen, Paperback 38,−

Hildegard und Fritz Ruoff: **Blicke und Bilder.**
Blicke. Asphaltcollagen. Zwölf Farbfotos. Geleitwort von Kurt Leonhard.
Bilder. Zwölf Aquarelle mit Farbstift. Geleitwort von Peter Härtling.
Je Band 32 Seiten, japanische Broschur. Zwei Bände im Schuber 48,−
(signierte Exemplare: 90,−)

Kurt Scharf (Hrsg.): **Noch immer denke ich an jenen Raben.** Lyrik aus Iran. Band 3 der »Reihe: Dichtung . . .« (hrsg. von Ingeborg Drewitz). 112 Seiten, Hardcover 24,−

Wolfgang Schiffer / Charles Dürr: **Es war schwer, durch diesen Zuckerberg hindurchzukommen.** 50 Seiten, geheftet 7,− (ueP)

Wolfgang Schiffer / Charles Dürr u. a.: **Sprechstörungen.** Vier Hörspieltexte. 128 Seiten, Leinen 24,80

Gerd Schimansky: **Christ ohne Kirche.** Rückfrage beim ersten Radikalen der Reformation: Sebastian Franck. Vorwort von Willy Kramp. 224 Seiten, Paperback 26,−

Gerd Schinkel: **Überlebens-LIEDER und TEXTE übers Leben.** Vorwort von Hanns Dieter Hüsch. Illustrationen von Jürgen von Toměi. 140 Seiten, Paperback 16,80

Ulrich Schmidhäuser: **Entfeindung.** Frieden in Freiheit − Freiheit in Frieden: die spiegelverkehrten Ideologien als Ursache der spiegelverkehrten Ängste. Entwurf eines Denkens jenseits der Feindbilder. 2. Auflage 1984, 92 Seiten, Paperback 16,80

Dietmar Schmidt: **Martin Niemöller.** Eine Biographie. 288 Seiten, Leinen 34,−

Annelore Schmidt-Weyland: **Ruben.** Geschichte eines Jungen. Roman. 2. Auflage 1985, 408 Seiten, Leinen 38,−

Waltraut Schmitz-Bunse: **Anna L., 43.** oder: Niemandes Schlaf zu sein. Erzählung. 140 Seiten, Leinen 18,−

Paul Schwarzenau: **Der größere Gott.** Christentum und Weltreligionen. 256 Seiten, Paperback 29,80 (ueP)

● Olaf Schwencke: **Hoffen lernen.** Zwölf Jahre Politik als Beruf. Eine Zwischenbilanz. 120 Seiten, Paperback 19,80 (September '85)

Elisabeth Siegel: **Dafür und dagegen.** Ein Leben für die Sozialpädagogik. 200 Seiten, Pb 26,−

Volker Sommer: **Nektar der Unsterblichkeit.** Poetische Annäherung an Indien. 180 Seiten, Leinen 25,−

Eberhard Stammler: **Kirche am Ende unsres Jahrhunderts.** Witterungen − Wünsche − Wagnisse. 140 Seiten, Paperback 24,− (ueP)

Vilma Sturm: **Mühsal mit dem Frieden.** Vorwort von Heinrich Böll. 112 Seiten, Paperback 14,80

Irene Taitl-Münzert: **Jeder hat ein Gesicht.** Mit Behinderten leben. Ein Ratgeber. 176 Seiten, Paperback 23,−

Gunther Tietz: **Die Verteidigung der Schmetterlinge.** Lyrik und Prosa. Band 1 der »Reihe: Dichtung im ausgehenden Zwanzigsten Jahrhundert« (hrsg. von Ingeborg Drewitz). Mit 10 Radierungen von Ge Gessler. 80 Seiten, Hardcover 20,–

Heinrich Vogel: **Gesammelte Werke.**
Band   1: Gott in Christo. Dogmatik Teil 1. 440 Seiten, Leinen 68,–
Band   2: Gott in Christo. Dogmatik Teil 2. 688 Seiten. Leinen 84,–
Band   3: Versuche, Gott zu loben. 434 Seiten, Leinen 49,–
Band   4: Gottes Wort in Menschenmund. 420 Seiten, Leinen 65,–
Band   5: Christologie. 477 Seiten, Leinen 68,–
Band   6: Die eiserne Ration eines Christen/Das Nicaenische Glaubensbekenntnis. Eine Doxologie. 411 Seiten, Leinen 68,–
Band   7: Um die Zukunft des Menschen. 365 Seiten, Leinen 59,–
Band   8: Gotteslob um Mitternacht. 342 Seiten, Leinen 42,–
Band   9: Der Christ und das Schöne. 370 Seiten, Leinen 59,–
Band 10: Die Freude an der Wahrheit. 450 Seiten, Leinen 68,–
● Band 11: Gottes Lob in der Frühe. 342 Seiten, Leinen 48,– (September '85)

Heinrich Vogel: **Oster-Requiem und Sterbegebete.** Gesamtausgabe (Noten und Text): 20 Seiten, geheftet 20,–. Textausgabe: 16 Seiten, geheftet 3,90

Gerd von Wahlert: **Ziele für Mensch und Umwelt.** Vorschläge der Biologie für eine bewohnbare Erde. 120 Seiten, Paperback 19,–

Franz H. Waldmann: **Kronzeugen gegen die »Nach«-Rüstung.** Eingeleitet von Alfred Mechtersheimer. 88 Seiten, Paperback 14,–

● Martin Walser: **Variationen eines Würgegriffs.** Bericht über Trinidad und Tobago. RadiusBibliothek (hrsg. von Wolfgang Erk). 80 Seiten, Leinen 18,–

Wolfram Weiße (Hrsg.): **Asania – Namibia – Zimbabwe.** 96 Seiten, Paperback 12,80

Christian Weyer: **HiobsBotschaft.** 4. Auflage 1985, 24 Seiten, geheftet 4,80 (Staffelpreise!)

Christian Weyer: **StippVisite.** Jakobus zu Besuch bei uns. Heute. 32 Seiten, geheftet 5,80 (Staffelpreise!)

Siegfried Wiesinger (Hrsg.): **Licht für die Welt.** Ein Werkbuch der Christoffel-Blindenmission. 160 Seiten, Paperback 5,80

Siegfried Wiesinger: **Die vielen Gesichter der Liebe.** Einblick in die weltweite Behinderten-Diakonie der Christoffel-Blindenmission. Mit 104 Farbfotos von Rolf Kunitsch. 108 Seiten, Paperback 19,80

Siegfried Wiesinger (Hrsg.): **Zeig, was du sagen willst.** Worte von Ernst J. Christoffel und die weltweite CBM-Praxis heute. Zusammengestellt von Wolfgang Erk. 160 Seiten, Paperback 5,80

Hanna Wolff: **Jesus der Mann.** Die Gestalt Jesu in tiefenpsychologischer Sicht. 8. Auflage 1985, 200 Seiten, Paperback 26,80

Hanna Wolff: **Jesus als Psychotherapeut.** Jesu Menschenbehandlung als Modell moderner Psychotherapie. 6. Auflage 1985, 180 Seiten, Paperback 25,–

Hanna Wolff: **Neuer Wein – Alte Schläuche.** Das Identitätsproblem des Christentums im Lichte der Tiefenpsychologie. 3. Auflage 1985, 240 Seiten, Paperback 29,80

● = Neuerscheinungen 1985

Reihe RadiusBibliothek
Herausgegeben von Wolfgang Erk

Peter Härtling
Für Ottla
40 Seiten. Leinen

★

Albrecht Goes
Christtagswege
80 Seiten. Leinen

★

Johann Christoph Hampe
Fundamente und Grenzen
144 Seiten. Leinen

Im RADIUS-Verlag
Kniebisstraße 29 · 7000 Stuttgart 1